陈总编爱车热线书系

汽车一看就懂
全彩图解+视频

陈新亚 编著

二维码总码

机械工业出版社
CHINA MACHINE PRESS

还在被汽车参数、术语绕得晕头转向？让《汽车一看就懂（全彩图解+视频）》拯救你！我们不灌输硬核理论和枯燥讲解，只用超多透视图解+趣味示意图+生动比喻，把复杂知识拆解得明明白白，就像庖丁解牛一样轻松有趣。想知道汽车的身份密码、部件名称、标识含义？想弄清楚燃油汽车、混合动力汽车、纯电动汽车和智能汽车的内在乾坤？想知道汽车为什么能跑得快、跑得稳、跑得远、跑得舒适、跑得安全，甚至还能"思考"和自动驾驶？翻开这本书，统统都能搞懂！

无论是车迷小白、同学少年、驾驶新手、新晋车主、汽车从业者还是科普爱好者，读完这本书你就能变身朋友圈的懂车行家、汽车达人！快来加入驶向汽车世界的奇妙旅程吧！

图书在版编目（CIP）数据

汽车一看就懂：全彩图解+视频 / 陈新亚编著. 北京：机械工业出版社，2025. 5（2025.9重印）. （陈总编爱车热线书系）. -- ISBN 978-7-111-78445-6

Ⅰ. U463-64

中国国家版本馆CIP数据核字第2025SV1945号

机械工业出版社（北京市百万庄大街22号　邮政编码100037）
策划编辑：李　军　　　　　　　责任编辑：李　军　丁　锋
责任校对：甘慧彤　王小童　景　飞　　责任印制：单爱军
北京盛通数码印刷有限公司印刷
2025年9月第1版第2次印刷
184mm×260mm・10.5印张・2插页・279千字
标准书号：ISBN 978-7-111-78445-6
定价：69.90元

电话服务　　　　　　　网络服务
客服电话：010-88361066　机 工 官 网：www.cmpbook.com
　　　　　010-88379833　机 工 官 博：weibo.com/cmp1952
　　　　　010-68326294　金　书　网：www.golden-book.com
封底无防伪标均为盗版　机工教育服务网：www.cmpedu.com

前言
FOREWORD

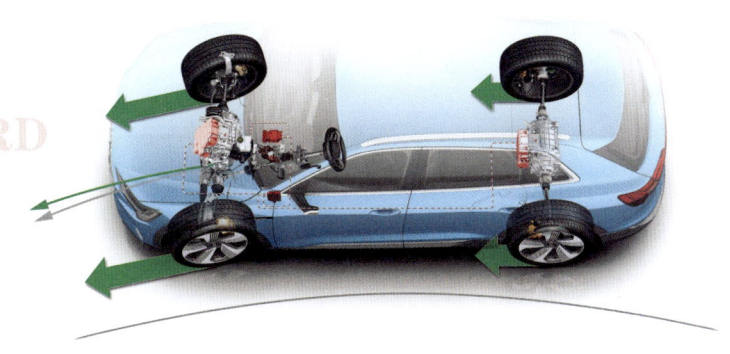

驶向汽车世界的奇妙旅程

亲爱的读者们，无论您是喜欢汽车的同学少年，或是想告别"汽车小白"的驾驶新手，或是渴望与孩子分享汽车趣味的家长，或是单纯想从"坐车的人"变成"懂车的人"，当您被公路上一辆辆风驰电掣、造型各异的汽车所吸引，您是否曾好奇过，这些钢铁巨兽究竟是如何运转的？它们的内部构造隐藏着怎样的奥秘？如果您有这样的疑问，那么恭喜您，翻开这本书，就如同打开了一扇通往汽车奇妙世界的大门。

我们摒弃了过多枯燥的专业术语和烦琐的理论讲解，取而代之的是生动形象的比喻、一目了然的全彩图解。我们用最简单的方式，由浅入深，一步步讲解复杂的汽车知识，将深奥的原理转化为直观的视觉盛宴。

书中有很多非常有趣的比喻，比如，将车身比作"身躯"，车身钣金比作"皮肤"，车身骨架比作"骨骼"，底盘比作"四肢"，电子控制单元比作"大脑"，发动机和驱动电机比作"心脏"，悬架比作"腿"等。还比如，将传动系统比喻为发送快递：发动机生产"动力包裹"，变速器接收并分拣"动力包裹"，传动轴像是物流运输车，差速器像是配送站，半轴像是快递小车，车轮则是接收"动力包裹"的最终客户。

在这里，我们首先从零开始，以最直观的方式，带您认识各种各样的汽车，以及汽车内外每一个部件、标识符号、基本构造等。然后才由浅入深，让您了解汽车是怎样跑起来的？汽车怎样才能跑得快？跑得稳？跑得远？跑得野？跑得舒适？跑得安全？跑得聪明？

书中还特别设置"汽车冷知识""车圈'黑话'解码""小白成长测验"等小板块，带您发现那些藏在细节里的科技智慧，快速了解车圈术语，掌握汽车文化，尽快成长为真正的懂车行家、汽车达人。

相信在轻松读完这本书后，您会对汽车有一个全新的认识，建立起自己的汽车世界观，找到属于您的乐趣与收获，也会更加热爱这个充满科技与激情并越来越聪明的"钢铁侠"。

270963083@qq.com

目录 CONTENTS

前言　驶向汽车世界的奇妙旅程

第1章　汽车"身份"怎样识别？

1.1　怎样认识汽车的类型？　001
　　乘用车：运载乘员 　001
　　商用车：商业运输 　001
　　特殊用途车：特别使用场景 　001
　　燃油汽车（ICEV） 　002
　　普通混合动力汽车（HEV） 　002
　　插电式混合动力汽车（PHEV） 　002
　　纯电动汽车（BEV） 　002

1.2　哪些汽车是乘用车？ 　003
　　轿车（Car） 　003
　　单厢车（One-box） 　003
　　三厢轿车（Sedan） 　003
　　两厢轿车（Hatchback） 　003
　　高级豪华轿车（Luxury Car） 　004
　　超级加长豪华轿车（Limousine） 　004
　　旅行轿车（Wagon） 　004
　　敞篷车（Convertible） 　004
　　SUV（Sport Utility Vehicle） 　005
　　越野型SUV（Off-road SUV） 　005
　　全尺寸SUV（Full-size SUV） 　005
　　SUV轿跑车（SUV Coupe） 　005
　　MPV（Multi-Purpose Vehicles） 　006
　　跑车（Sports Car） 　006
　　超级跑车（Supercar） 　006
　　轿跑车（Coupe） 　007
　　跨界车（Crossover） 　007
　　皮卡（Pick-up） 　007

1.3　怎样快速认识一辆汽车？ 　008
　　看前脸，从设计语言认品牌 　008
　　看车尾，认识车型名字 　009

第2章　车身上部件怎样认？

2.1　站在车前侧认外观部件 　010
2.2　站在车后侧认外观部件 　012
2.3　打开发动机舱盖认部件 　014
2.4　打开车门的"姿势"有几种？ 　016
　　剪刀式车门 　016
　　鸥翼式车门 　016
　　蝴蝶式车门 　016
　　旋转式车门 　017
　　对开式车门 　017
　　滑动式车门 　017
2.5　进入驾乘舱内认部件 　018
　　燃油汽车驾乘舱内部件 　018
　　电动汽车驾乘舱内部件 　019
　　驾乘舱内部件名称 　020

第3章　车内标识符号怎样认？

3.1　驾驶操作标识符号 　021
　　起动及变速杆周围标识符号 　021
　　方向盘上的标识符号 　022
3.2　仪表盘上指示灯、警告灯含义 　023
　　蓝色和绿色指示灯 　023
　　黄色警告灯 　023
　　红色警告灯 　023
3.3　功能调节标识符号 　025
　　电动座椅调节 　025
　　座椅位置记忆 　025
　　电动车窗调节 　026
　　中控门锁控制 　026
　　电动车外后视镜调节 　026
　　四轮驱动操作 　026
　　空调调节 　027
　　灯光照明调节 　027

第4章　汽车"身躯"是怎样构成的？

4.1　认识燃油汽车的"身体构造" 　028
　　车身：汽车的"骨骼" 　028

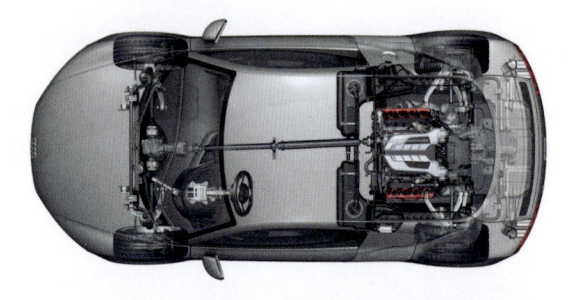

IV

动力系统：汽车的"心脏"		028
底盘：汽车的"四肢"		028
前横置发动机前轮驱动汽车构造		029
后中置发动机后轮驱动汽车构造		029
一辆汽车约有多少个零部件？		030
前纵置发动机后轮驱动汽车构造		032
前横置发动机四轮驱动汽车构造		034
前纵置发动机四轮驱动汽车构造		034
前纵置发动机后轮驱动双门轿车构造		036
前纵置发动机四轮驱动汽车构造		037

4.2 认识电动汽车的"身体结构" 038

4.3 认识汽车的"皮肤" 040
　　车身钣金：汽车的"皮肤" 040

4.4 认识汽车的"骨骼" 042
　　车身壳体 042
　　承载式车身 042
　　非承载式车身 042
　　敞篷汽车的"骨骼" 043
　　双门跑车的"骨骼" 043
　　电动汽车的"骨骼" 043

第5章　汽车"四肢"是怎样行走的？

5.1 谁是汽车的"四肢"（底盘）？ 044
　　传动系统 044
　　转向系统 044
　　悬架系统 044
　　制动系统 044

5.2 传动系统：汽车的"动力快递员" 046
　　变速器：接收和调节动力 048
　　变速器有哪些类型？ 048
　　传动轴与半轴 049
　　差速器：协调动力分配 050

　　锥齿轮差速器 050
　　行星齿轮差速器 050
　　分动器 051

5.3 悬架系统：汽车的"腿" 052
　　减振弹簧："缓冲主力" 052
　　减振器："防抖神器" 052
　　稳定杆："防侧倾神器" 052
　　悬架连杆："骨骼支架" 052
　　什么是空气悬架？ 054
　　电动汽车的悬架系统 055

5.4 转向系统：汽车的"向导" 056

5.5 制动系统：汽车的"缰绳" 057
　　盘式制动 057

第6章　汽车"心脏"是怎样跳动的？

6.1 从"机械心脏"到"电子心脏" 058
　　燃油汽车的"心脏"：发动机 058
　　电动汽车的"心脏"：驱动电机 058

6.2 认识发动机的类型 059
　　直列发动机："排成一列" 059
　　水平对置发动机："拳击手对决" 060
　　V形发动机："胜利手势" 061
　　W形发动机："两个胜利手势" 062

6.3 透视燃油汽车的"心脏" 063
　　直列4气缸汽油发动机构造 063
　　直列5气缸汽油发动机构造 064
　　V形6气缸汽油发动机构造 065
　　什么是动力总成？ 066

6.4 解剖燃油汽车的"心脏" 068
　　一台汽油发动机共有多少个零件？ 068

6.5 发动机是怎样工作的？ 070
　　往复式发动机是怎样工作的？ 070
　　转子发动机："陀螺旋转" 071

6.6 交流电机是怎样工作的？ 072
　　永磁同步电机：自带"磁铁"的同步伴舞 072
　　交流异步电机：异步追赶游戏 073

第7章　燃油汽车是怎样跑起来的？

7.1 燃油汽车为什么会跑？ 074

V

　　　　　汽车奔跑原理"三部曲" 074
　　　　　汽车奔跑原理像是快递"动力包裹" 075
7.2　变速器是怎样"变魔法"的？ 076
　　　　　手动变速器（MT）："齿轮组合游戏" 076
　　　　　怎样驾驶手动档车？ 077
　　　　　走什么路，换什么档 077
　　　　　液力自动变速器（AT）："对吹的风扇" 078
　　　　　双离合变速器（DCT）："两个驾驶人" 079
　　　　　无级变速器（CVT）："会变形的滑轮" 080
7.3　燃油动力怎样"快递"到车轮？ 081
　　　　　驱动方式：是在前拉还是在后推？ 081
　　　　　前横置前驱："在前面拉着跑" 082
　　　　　前横置四驱："前拉后推" 082
　　　　　前纵置前驱："大力士拉车" 083
　　　　　前纵置后驱："绅士推车" 083
　　　　　前纵置四驱："大力士前拉后推" 084
　　　　　前中置后驱："人骑马背，车随心动" 084
　　　　　后中置后驱：像"骑摩托"，人车一体 085
　　　　　后中置四驱："稳＋准＋狠"，超跑最爱 085
　　　　　后横置后驱："在后推着车跑" 086
　　　　　后纵置后驱："狂暴野兽"的挑战 086
　　　　　后纵置四驱：驯服的"狂暴野兽" 087

第8章　新能源汽车为什么会跑？

8.1　什么是新能源汽车？ 088
　　　　　燃油汽车与新能源汽车动力系统对比 088
8.2　电动汽车的"三电"是什么？ 089
　　　　　电动汽车VS燃油汽车 089
　　　　　驱动电机：电动汽车的"心脏" 090
　　　　　动力电池：电动汽车的"燃油箱" 091
　　　　　驱动电机控制器：电动汽车的"大脑" 092
8.3　纯电动汽车是怎样奔跑的？ 093
8.4　普通混合动力汽车 094
8.5　插电式混合动力汽车 095
　　　　　并联式插电混合动力汽车 095
　　　　　混联式插电混合动力汽车 096
　　　　　串联式插电混合动力汽车（增程式电动汽车） 096
8.6　燃料电池汽车 097

第9章　汽车怎样才能跑得快？

9.1　这辆汽车能跑多快？ 098
　　　　　加速时间与最高车速 098
　　　　　0—100km/h加速时间排行 098
　　　　　超级跑车最高车速排行 098
9.2　谁影响汽车的加速性能？ 099
　　　　　关键因素1：质量功率比 099
　　　　　关键因素2：转矩特性 100
　　　　　关键因素3：变速器与传动效率 101
　　　　　关键因素4：轮胎与胎压 101
9.3　怎样让发动机更"有劲"？ 102
　　　　　增大排量："胃口大" 102
　　　　　采用增压器："压力高" 102
　　　　　提高压缩比："压缩狠" 102
　　　　　采用长行程："力臂长" 102
9.4　为什么电动汽车起跑快？ 103
9.5　谁决定了汽车的最高速度？ 104
　　　　　关键因素1&2：最大功率、风阻系数 104
　　　　　关键因素3：最小传动比 105
　　　　　关键因素4：制动性能 105

第10章　汽车怎样才能跑得远？

10.1　谁决定了燃油汽车跑更远？ 106
　　　　　关键因素1：燃油箱容量 106
　　　　　关键因素2：发动机节能技术 106

10.2　发动机节能技术有哪些？ 107
　　　　　电控燃油喷射：给发动机装上"脑子" 107
　　　　　燃油缸内直喷：跨过"中间渠道" 108
　　　　　可变气门：告别"死板呼吸" 108
　　　　　排量可变：工作量小时就"裁员" 109
　　　　　阿特金森循环："少干活少吃饭" 109

10.3	谁决定了电动汽车跑更远？	110
	关键因素1：动力电池容量	110
	关键因素2：整车自重	110
	关键因素3：车身风阻系数	111
	关键因素4：能量回收	111
	关键因素5：外界温度	112
	关键因素6：驾驶习惯	112
10.4	电动汽车的"里程焦虑症"	113
	什么是电动汽车的"里程焦虑症"？	113
	哪些因素导致"里程焦虑症"？	113
10.5	为什么混合动力汽车跑得远？	114
	为什么混合动力汽车油耗低？	114
	增程式电动汽车"治愈"里程焦虑症	114
	插电式混合动力汽车"治愈"里程焦虑症	115

第11章　汽车怎样才能跑得稳？

11.1	什么是汽车的操控性？	116
	操控性好的表现有哪些？	116
	操控性不好的表现有哪些？	116
11.2	谁决定了汽车的操控性？	117
	关键因素1：悬架是操控性的关键	117
	关键因素2：非簧载质量	118
	高性能悬架：多连杆悬架	119
	高性能悬架：双叉臂悬架	119
	关键因素3：转向是操控性的保障	120
	关键因素4：动力传动是操控性的根本	120
	关键因素5：制动性能是操控性的底线	121
	关键因素6：轮胎性能	122
11.3	什么是行驶稳定性？	123
	体现稳定性的实际场景有哪些？	123
11.4	谁决定了汽车的行驶稳定性？	124
	关键因素1：重心高度	124
	关键因素2：轴荷分配	124
	关键因素3：驱动形式	125
	关键因素4：转向助力	125
	关键因素5：车身重量	125
	关键因素6：轮距	126
	关键因素7：轴距	126
	关键因素8：轮胎性能与胎压	126
	关键因素9：空气动力学设计	127

11.5	操控稳定性又是什么？	128
	操控稳定性的利器：电子稳定控制（ESC）	128
	操控稳定性的利器：电磁减振器	129
	操控稳定性的考场：麋鹿测试	129

第12章　汽车怎样才能跑越野？

12.1	什么是汽车的越野性？	130
12.2	谁决定了汽车的越野性？	130
	关键因素1：动力系统	130
	关键因素2：悬架系统	131
	关键因素3：四驱系统	131
	关键因素4：车身规格	132
	关键因素5：轮胎	132
12.3	汽车越野利器有哪些？	133
	差速锁："脱困神器"	133
	两档位分动器：扭力"放大器"	133
	非承载式车身："硬骨头"	134
	越野驾驶模式："越野老手"	134
	高位进气管："潜水呼吸管"	134
	陡坡缓降功能："帮你扶车的人"	135
	副燃油箱："续命食粮"	135
	电动绞盘："救命绳索"	135
12.4	越野车圈"黑话"盘点	136

第13章　汽车怎样才能跑得舒适？

13.1	什么是汽车的舒适性？	138
	提高舒适性有什么好处？	138
	怎样了解汽车的舒适性？	138
13.2	谁决定了汽车的舒适性？	139
	关键因素1：座椅舒适性	139
	关键因素2：驾驶姿势调节	139
	关键因素3：驾驶视野	139

关键因素4：驾乘空间		139
关键因素5：车内噪声		140
发动机噪声是怎样产生的？		140
"胎噪"是怎样产生的？		141
"风噪"是怎样产生的？		141
关键因素6：悬架性能		142
关键因素7：动力系统		143

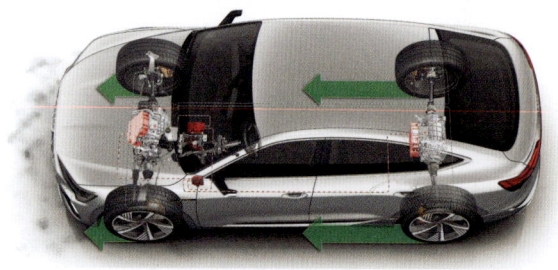

第14章　汽车怎样才能跑得安全？

14.1	什么是汽车的安全性？	144
	怎样评价一辆汽车的安全性？	144
14.2	谁能主动防止事故发生？	145
	制动防抱死系统（ABS）："老司机点制动"	145
	车身稳定系统（ESC）："电子保镖"	145
	自动紧急制动（AEB）："电子副驾"	145
	自适应巡航控制（ACC）："千里眼"	145
	车道偏离警告（LDW）："车道哨兵"	146
	车道保持辅助（LKA）："车道保镖"	146
	盲区监测系统（BMS）："第三只眼"	146
	胎压监测（TPMS）："预警卫兵"	146
	疲劳驾驶预警系统："守护天使"	146
	前方碰撞预警（FCW）："预判大师"	146
14.3	发生事故时谁能保护你？	147
	笼式车身："生命笼"	147
	吸能车身："弃车保帅"	147
	撞击力引导："化整为零"	148
	车门防撞梁："钢铁门神"	148
	安全带："人体保险带"	149
	安全气囊："瞬间充气垫"	149
	主动式头枕："预防鞭打"	149
14.4	电动汽车为什么会着火？	150
	元凶1：热失控	150
	元凶2：设计制造缺陷	150

	元凶3：高温环境	150
	元凶4：过充电	150
	元凶5：物理损坏	151
	元凶6：电线故障	151
	元凶7：动力电池老化	151
	元凶8：外部火源	151

第15章　汽车怎样才能跑得聪明？

15.1	汽车是怎样逐步变聪明的？	152
	长出"眼睛耳朵"的阶段	152
	装上"小脑"的阶段	152
	诞生"大脑"的革命	152
	学会"上网课"，远程升级	153
	向"智能终端"发展	153
	你的汽车有多聪明？	153
15.2	驾驶模式："性格切换键"	154
	经济模式（ECO）："吝啬鬼"	154
	运动模式（Sport）："运动员"	154
	舒适模式（Comfort）："大沙发"	154
	特殊路况模式："越野老炮儿"	154
	智能模式（AI Drive）："神机妙算"	154
15.3	什么是智能网联汽车？	155
	智能网联汽车的核心技术	155
15.4	自动驾驶是怎样实现的？	156
	感知系统像"千里眼"	156
	决策系统像"大脑"	156
	执行系统像"手脚"	156
15.5	智能汽车的"眼睛"怎样看路？	157
	激光雷达（LiDAR）："三维扫描仪"	157
	毫米波雷达："全天候哨兵"	157
	摄像头："智能识别专家"	157
	超声波传感器："泊车小能手"	157
15.6	什么是智能座舱？	158
	智能座舱有哪些功能？	158
15.7	什么是车联网？	159
	车联网支持哪些功能？	159
15.8	什么是远程升级（OTA）？	160
	怎样完成远程升级（OTA）？	160

第1章 汽车"身份"怎样识别?

想一眼认出那是一辆什么车吗?是 MPV、SUV、两厢轿车,还是旅行轿车?
这辆跑车是什么牌子?越野车与 SUV 有什么不同?

1.1 怎样认识汽车的类型?

汽车的种类可以按多种方式划分,比如国别、用途、动力类型、行驶条件、使用场景、价格定位等。如果按照用途,汽车可以简单分为乘用车、商用车和特殊用途车。

乘用车:运载乘员

乘用车主要用于运载乘员或小型货物,座位数量不超过9个。乘用车按外形可分为轿车、跑车、SUV、MPV等。

- 两厢轿车
- 三厢轿车
- 敞篷轿车
- 轿跑车
- 超级跑车
- SUV
- 旅行轿车
- 越野型SUV
- 全尺寸SUV
- MPV

商用车:商业运输

商用车主要用于商业运输,包括大型货物和载客。商用车根据用途可分为大型客车(大巴)、中型客车(中巴)、轻型客车、自卸车、挂车、牵引车(拖车头)等。

- 轻型客车
- 中型客车
- 大型客车
- 公交客车
- 轻型载货车
- 载货汽车
- 牵引车
- 集装箱牵引车

特殊用途车:特别使用场景

特殊用途车是指在特别场景使用的汽车,比如竞赛汽车、消防汽车、医疗救护车、矿山专用车、环卫环保作业车等。

- 矿山专用车
- 竞赛汽车
- 消防汽车
- 医疗救护车
- 警车
- 防暴车

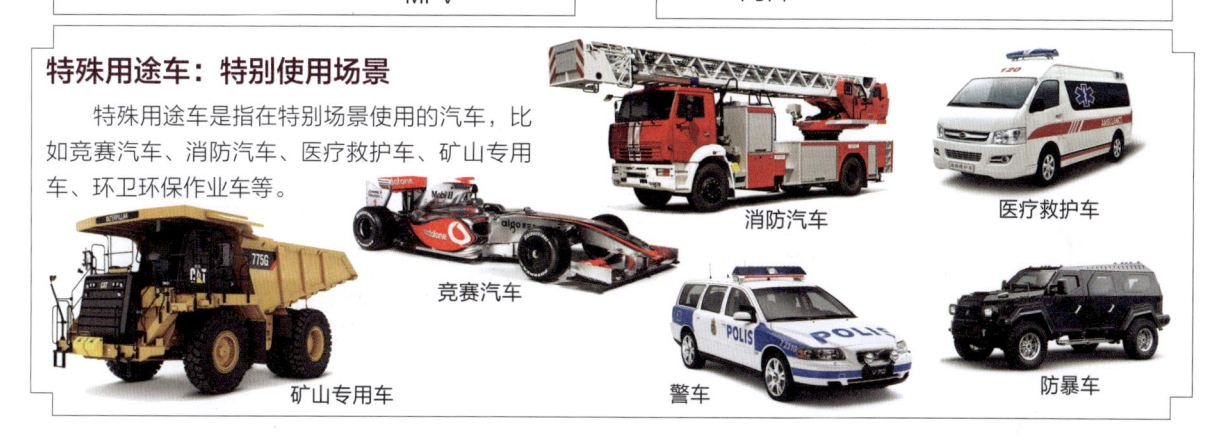

按照动力系统不同，汽车可分为燃油汽车、普通混合动力汽车、插电式混合动力汽车、纯电动汽车、燃料电池汽车等。

燃油汽车（ICEV）

燃油汽车（Internal Combustion Engine Vehicle，ICEV），是通过发动机燃烧汽油、柴油或液化石油气等石化燃料作为动力源的汽车。

加油 → 发动机

燃油汽车

普通混合动力汽车（HEV）

通常所说的普通混合动力汽车（Hybrid Electric Vehicle, HEV）是指油电混合动力汽车，它只能加油而不能外接充电，主要依靠燃油发动机驱动，但在低速或起停时使用驱动电机驱动以减少油耗。

加油 → 发动机 + 驱动电机

普通混合动力汽车

插电式混合动力汽车（PHEV）

插电式混合动力汽车（Plug-in Hybrid Electric Vehicle，PHEV）是一种可以外接电源充电的油电混合动力汽车，既可以加油，又可以充电，因此续驶里程比较长。

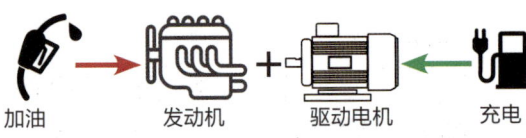

加油 → 发动机 + 驱动电机 ← 充电

插电式混合动力汽车　充电口

纯电动汽车（BEV）

纯电动汽车（Battery Electric Vehicle，BEV）是指完全由驱动电机驱动，并且驱动电机电能来源于外部电源充电的汽车。

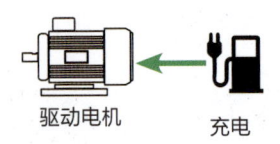

驱动电机 ← 充电

纯电动汽车　充电口

1.2 哪些汽车是乘用车?

轿车（Car）

宾利 慕尚

轿车是指用于载送人员及其随身物品，座位布置在两轴之间的四轮汽车，包括驾驶人在内，座位数最多不超过9个。主要包括：三厢轿车、两厢轿车、旅行轿车、敞篷轿车等。

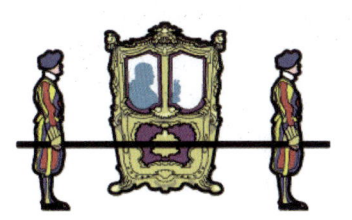

"轿车"的名称来源于古代的交通工具——轿子

三厢轿车（Sedan）

发动机舱　驾乘舱　行李舱

奥迪 A6L

三厢轿车具有相对独立的发动机舱、驾乘舱、行李舱，因此被称为"三厢"轿车。三厢轿车有4个侧门和封闭的硬车顶。它们通常没有很高的离地间隙，但足够长和宽敞，可舒适地容纳4~5人。

两厢轿车（Hatchback）

发动机舱　驾乘舱+行李舱

马自达3 两厢

两厢轿车的行李舱和驾乘舱整合在一起，后尾门可以向上掀起打开。它有两排座椅，可乘坐4~5人。它有4个侧门和1个尾门，因此也称为5门轿车。两厢轿车短小精悍、车身质量小、转弯灵巧，通常是年轻人购买的第一辆汽车。

单厢车（One-box）

单厢车是指车头很短或为平头、发动机舱盖与前风窗玻璃几乎成一个斜面、车身整体看起来浑然一体的车辆。这种车辆的发动机通常放置在驾驶座前方或下方，发动机舱、驾乘舱和行李舱连在一起，像是被整合于一个车厢，因此称为单厢车。

雪铁龙 毕加索

五菱 鸿途

汽车冷知识

什么是"面包车"？

面包车是一种单厢车，平头或短头，其前后没有凸出的发动机舱和行李舱，外形类似一块面包，故称为"面包车"。

根据我国相关标准，"面包车"是指平头或短头车身结构、单层地板、发动机中置（指发动机缸体整体位于汽车前后轴之间的布置形式）、宽高比（指整车车宽和车高的比值）小于或等于0.90、乘坐人数小于或等于9人、安装座椅的载客汽车。

面包车的两个后侧门通常采用滑动式设计，便于乘员上下车。尾门可以向上掀起打开，便于装卸物品。

高级豪华轿车（Luxury Car）

顾名思义，装饰讲究、工艺先进、功率强劲、驾乘舒适的轿车，可称为高级豪华轿车。但"高级""豪华"都没有标准，而且随着技术进步，豪华配置也在不断变化，使高级豪华轿车的概念越来越模糊。

目前来看，作为一款高级豪华轿车，它的车身长度应超过5m，轴距应超过3m，比如，红旗L5、劳斯莱斯幻影、宾利欧陆、梅赛德斯-迈巴赫S 600等，都是典型的高级豪华轿车。

红旗 L5

超级加长豪华轿车(Limousine)

梅赛德斯-迈巴赫 S 级 Pullman

超级加长豪华轿车的车身长度通常超过6m。一些超级加长豪华轿车的驾驶舱与乘员舱，用一块可升降的玻璃隔开，乘员有事告诉驾驶人可用车内电话。

超级加长豪华轿车的生产有两种，一是汽车公司专门设计制造的，比如梅赛德斯-迈巴赫S级Pullman等。而更多的则是由高级豪华轿车改装而成，车身最长甚至可达30m以上。超级加长豪华轿车通常作为礼宾车租用，或作为总统、巨富、明星等显要人物专用车辆。

旅行轿车（Wagon）

梅赛德斯-奔驰 E 级旅行轿车

旅行轿车通常与三厢轿车同平台生产，将驾乘舱与行李舱共享一个空间，从而成为空间充裕的两厢车型，更适合出门旅行时放置更长、更多的物件。旅行轿车为两排或三排座椅设计，可以乘坐5~7人。尾门可以向上打开，行李舱底板距地面较低，方便取放行李。

旅行轿车在欧洲最受欢迎。在中国，车迷们称其为"瓦罐"，源自旅行轿车的英文名（Wagon）的发音。常见的旅行轿车包括大众蔚揽、沃尔沃V60、奥迪Allroad以及奥迪车名中带"Avant"的车型等。

敞篷车（Convertible）

梅赛德斯-奔驰 SL65 AMG

敞篷车以敞篷式车身、优美的造型为卖点，吸引时尚、浪漫的人们。过去这种车以软顶敞篷为主，现在大多采用自动折叠的硬顶。这种车采用双座或"2+2"座设计（两个后座特别狭窄）。由于尾部要收纳车顶篷，因此行李舱空间比较小。

梅赛德斯-奔驰 SLK 350

SUV（Sport Utility Vehicle）

SUV是"运动型多用途车辆"（Sport Utility Vehicle）的英文缩写，它拥有较高的离地间隙，通常采用四轮驱动，轴距较短，因此具有较高的通过能力。SUV通常采用5门或3门设计，拥有两排或三排座椅，大型SUV最多能够容纳7~8人。

SUV主要适合在城市和公路上奔跑，一些SUV的最小离地间隙并不比轿车高多少，甚至一些SUV只有前轮驱动，因此也将这类SUV称为城市SUV或轻型SUV，比如，本田CR-V、丰田RAV4荣放、日产逍客、大众途观等。

奇瑞 瑞虎

越野型SUV（Off-road SUV）

越野型SUV也称硬派SUV，它在非铺装路面和恶劣路况行驶时，具备较强的越野能力、通过性和载货能力。越野型SUV通常具备以下特点：

1）非承载式车身。
2）分时四驱或全时四驱。
3）低转速高转矩的动力性能。
4）带低档位的分动器。
5）前、中、后3个差速锁，俗称"三把锁"。
6）较大的最小离地间隙。
7）较大的接近角和离去角。
8）较高的最大涉水深度。

越野型SUV代表车型：吉普牧马人、福特烈马、路虎卫士、奔驰G级、长城坦克系列、东风猛士等。

吉普 牧马人

长城 坦克300

全尺寸SUV（Full-size SUV）

全尺寸SUV是指外形尺寸最大的SUV车型，车身长度接近或大于5m，轴距一般大于3m，座位数5~8个，能轻松容纳第三排座椅，而且第三排乘员的腿部和头部空间都比较充裕。

全尺寸SUV车型：凯迪拉克凯雷德、雪佛兰太浩/萨博班、福特征服者MAX、林肯领航员L、吉普大瓦格尼L、英菲尼迪QX80等。

凯迪拉克 凯雷德

SUV轿跑车（SUV Coupe）

近年来在SUV设计中有个趋势，将SUV的尾部设计成溜背式，称为"SUV轿跑车"。它们既有SUV的高大身姿和四轮驱动技术，具有较高的通过性，又拥有轿跑车的漂亮流线造型，因此受到年轻时尚、喜欢运动的人们喜欢，比如，奔驰GLC Coupe、GLE Coupe、宝马X6等，都是典型的SUV轿跑车型。

梅赛德斯-奔驰 GLE Coupe

MPV（Multi-Purpose Vehicles）

MPV是"多用途车辆"（Multi-Purpose Vehicles）的英文缩写，它的驾乘舱与行李舱集成为一个空间，通常采用三排座设计，空间大而灵活，舒适性强，可乘坐7人，而且座椅布局变化较多，第二排和第三排座椅可以完全放倒，形成一个宽大的平底，非常适合两孩家庭出游使用。

MPV的最小离地间隙与轿车近似，拥有较好的操控性和行驶稳定性。通常采用滑动式后侧门设计，方便乘员上下车或在狭窄空间装卸物品。

本田 奥德赛

跑车（Sports Car）

跑车通常只有两个车门，双座或"2+2"座，车身轻便，发动机中置，功率强大，所以它的加速性能超群，最高车速较高。

跑车设计时更注重操控性，悬架比较硬朗，底盘较低，舒适性和通过性相对轿车要差一些，越高级的跑车，这些特点越明显。

常见跑车包括：保时捷911、日产GT-R、法拉利488 GTB、捷豹F-TYPE、奥迪TT、宝马Z4、奔驰CLE AMG等。

保时捷 Cayman S

奥迪 TT Coupe

超级跑车（Supercar）

Saleen S7 Twin Turbo

兰博基尼 Gallardo Coupe

科尼赛克 CCX

超级跑车是跑车中的极品，它只有两个车门、两个座位，车身低矮，外形极酷，动力强劲，发动机中置，采用后轮或四轮驱动，3s内可从静止加速到100km/h，最高车速超过300km/h，售价超百万人民币，甚至高达数千万元。

有人形容超级跑车的特点：外观鲜艳夺目，造型极酷，让人爱得要"死"；加速时令人皮肤绷紧，汗毛直竖，让人吓得要"死"；数量奇少，价格奇高，让人想得要"死"。

著名超级跑车品牌：布加迪、法拉利、兰博基尼、迈凯伦、阿斯顿·马丁、帕加尼、科尼赛克等。

轿跑车（Coupe）

宝马 430i Coupe

轿跑车通常是指流线造型、硬顶车身、动力强劲、双门、"2+2"座的车型。它的尾部采用溜背式造型设计，行李舱盖和后风窗的外形线条连成一体。比如，奔驰CLE Coupe、福特Mustang、宝马4系Coupe、奥迪A5 Coupe等，都是典型的双门轿跑车。然而，现在四门轿跑车却越来越多，可以像轿车那样乘坐4个或5个人，比如，保时捷Panamera、宝马4系Gran Coupe、奔驰CLS等。

福特 Mustang

跨界车（Crossover）

跨界车是指融合了多个车型特点的车型，它既有轿车的灵活操控性、轻便舒适性，MPV的空间灵活性、行驶稳定性，又有SUV的良好通过性、安全性，以及轿跑车的时尚外观造型等，成为"四不像"的特殊车型。比如马自达CX-4、本田歌诗图以及SUV轿跑车型等，都属于跨界车型。

本田 歌诗图

马自达 CX-4

福特 F-150

扫码观看各种汽车特点视频

皮卡（Pick-up）

皮卡通常是在越野型SUV的基础上，为提高装载能力而设计的。驾乘舱内采用单排或双排座设计。它的后部通常为开放式货箱，便于取放物品和装载物品。一些皮卡还会为货箱装上一个盖子。皮卡在美国市场很受欢迎，不仅可用于日常购物、运输，更可以拖挂车辆、越野等。皮货车型示例：长城炮、长安揽拓者、福特F-150猛禽等。

长城 炮

1.3 怎样快速认识一辆汽车？

1 看前脸，从设计语言认品牌

汽车前脸上的设计语言就是汽车品牌的特征，包括品牌标志、前脸造型、灯组设计语言等。

品牌标志

汽车上的品牌标志就是"车标"，像是汽车的招牌，镶嵌在车身最显眼的位置，如车头、车尾、车轮中央、方向盘中央。只要能认识车标，就能迅速识别汽车的品牌。

前脸造型

比如宝马的"双肾形"、奥迪的六边形"大嘴"、雷克萨斯的"纺锤形"、阿尔法·罗密欧的"盾牌"、吉普的"七竖孔"、劳斯莱斯的"帕特农神殿"、阿斯顿·马丁的"鲨鱼唇"、雪铁龙的"双人字"、起亚的"虎啸"等。

灯组设计语言

比如沃尔沃的"雷神之锤"日间行车灯、宝马的"天使眼"、雪铁龙的"飞去来器"、凯迪拉克的"垂直闪电"、小鹏、理想等汽车的贯通式日间行车灯等。

吉普

起亚

雷克萨斯

凯迪拉克

沃尔沃

劳斯莱斯

阿斯顿·马丁

宝马

迷你

小鹏

第1章 汽车"身份"怎样识别？

2 看车尾，认识车型名字

车尾上既有品牌标志，还有车型名称和制造商名称等。车型名称就是常说的"车名"，它们一般使用英文和数字标识，如REGAL（君威）、PASSAT（帕萨特）、A6等。也有使用中文标识的，如"星越""海豚""大狗""宏光""奔奔"等。

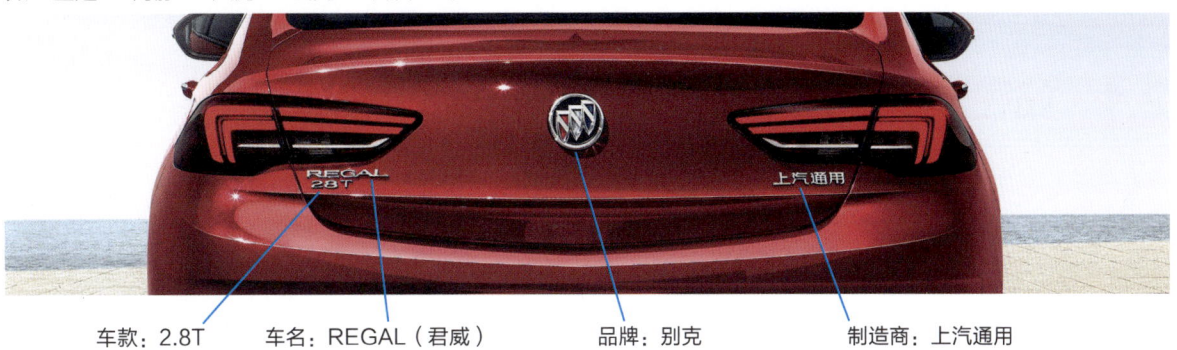

车款：2.8T　　车名：REGAL（君威）　　品牌：别克　　制造商：上汽通用

汽车冷知识

制造商、品牌与车型之间啥关系？

一家汽车制造公司有一个或多个汽车品牌，如一汽-大众就有大众和奥迪两个品牌；上汽通用则有凯迪拉克、别克和雪佛兰等品牌。同时，也可能有两个或多个汽车公司生产同一个品牌的汽车，如一汽-大众和上汽大众都制造大众品牌的汽车；广汽丰田和一汽丰田都制造丰田品牌的汽车。一个品牌下通常有多款车型，如丰田品牌下有汉兰达、凯美瑞、花冠等车型。

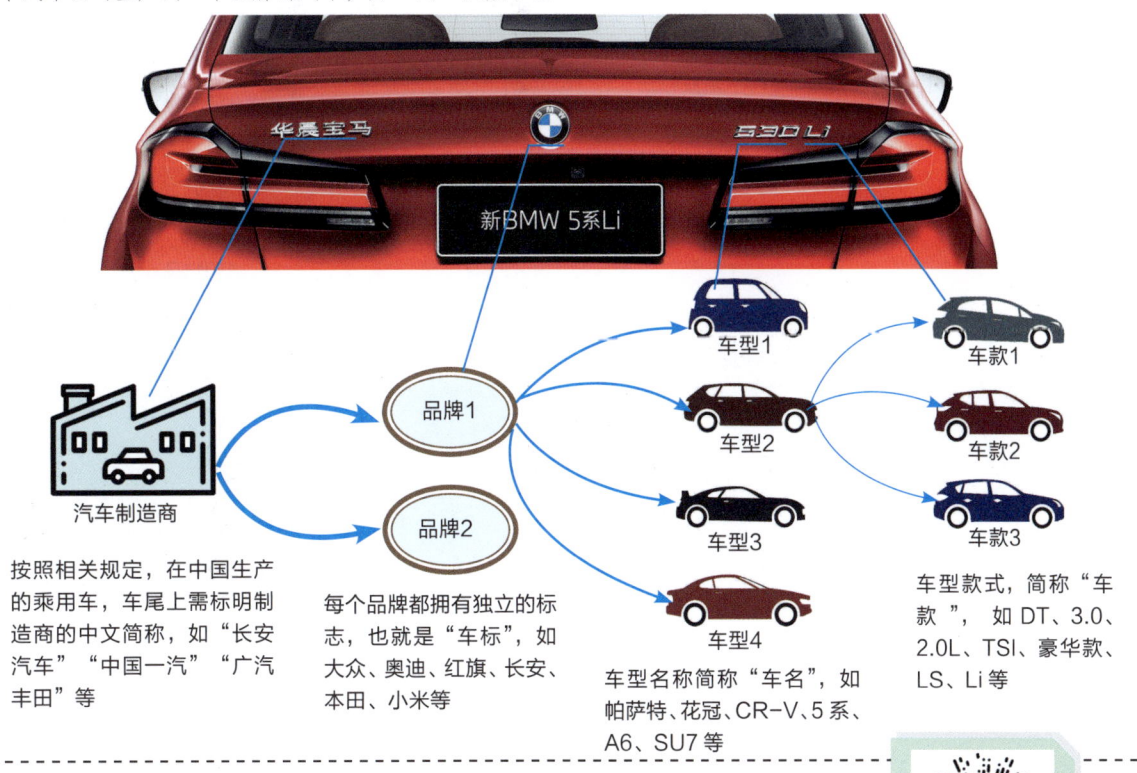

按照相关规定，在中国生产的乘用车，车尾上需标明制造商的中文简称，如"长安汽车""中国一汽""广汽丰田"等

每个品牌都拥有独立的标志，也就是"车标"，如大众、奥迪、红旗、长安、本田、小米等

车型名称简称"车名"，如帕萨特、花冠、CR-V、5系、A6、SU7等

车型款式，简称"车款"，如DT、3.0、2.0L、TSI、豪华款、LS、Li等

小白成长测验（第1级）

1）车标通常镶嵌在汽车上哪几个部位？
2）"乘用车"的座位数最多不超过几个？
3）什么是全尺寸SUV？
4）PHEV是什么车型的英文名缩写？
5）"帕萨特"是品牌名还是车名？

扫码观看汽车品牌标志视频

009

第2章　车身上部件怎样认？

车身上各种部件都叫什么名字？哪个是 B 柱？什么是"自杀门"？
发动机舱盖下的部件都叫什么？车内的各种部件和配置分别叫什么名字？

2.1　站在车前侧认外观部件

发动机舱盖

发动机舱盖是一种薄板制成的盖子，铰接在发动机舱后沿。发动机舱盖可以打开，以便直接进入发动机舱进行维护和保养。此外，它还可以保护汽车内的部件免受阳光直射和灰尘的影响。发动机舱盖的前端由隐藏式闩锁固定，可以通过驾乘舱内的一个拉手松开闩锁

风窗玻璃

车辆的风窗玻璃是指前风窗上的玻璃，为驾驶人提供较佳的视野，保护车辆乘员免受风和飞行碎片（例如灰尘、昆虫和岩石）的影响，并保证车辆拥有较好的空气动力学特性，减小空气阻力。通常风窗玻璃由夹层玻璃或钢化玻璃制成

进气格栅

进气格栅也称中网，自然风可从这里进入发动机舱，供发动机工作时吸入新鲜空气，同时允许冷空气流过散热器，使发动机和空调器得到冷却

前保险杠

前保险杠的功能是：在汽车发生正面低速碰撞时，可以吸收和缓冲大部分冲击力，防止对驾乘人员和车辆造成更严重的伤害。为了减小车身质量、降低制造成本，现在轿车上的保险杠大多由聚丙烯塑料制成

车唇

进气孔

自然空气也从进气孔进入发动机舱和车底，帮助散热器冷却和减小空气阻力

雾灯

雾灯可以穿透薄雾、雾雨甚至灰尘，在雨天和雾天等恶劣天气条件下提高能见度，减小行车危险。前雾灯发出黄光或白光。后雾灯使用明亮的红色灯泡，提醒其他道路使用者注意

前照灯

前照灯由近光灯和远光灯组成，可以让驾驶人在黑暗中看清道路，也让其他驾驶人在黑暗中看到自己，避免碰撞

第2章 车身上部件怎样认？

天窗
天窗是车顶上的一块玻璃面板，可以滑动打开或上翘，可让光线进入或空气进出，从而为车内乘员提供良好、清晰的天空视野，保持车内通风，在车中营造出开放空间的感觉

车身支柱
车身支柱主要起垂直支撑作用，从轿车侧视图中从前往后数，分别是A柱、B柱、C柱

扫码观看车身部件名称视频

车窗玻璃
车窗玻璃有助于车内乘员观察汽车周围的情况，允许自然光或照明灯光进入车辆。车窗玻璃通常使用单层钢化玻璃或夹层安全玻璃

A柱　　B柱　　C柱

车轮
车轮相当于是汽车的脚，具有承载和支撑车辆重量、传递动力、吸收和缓冲振动、保证操控稳定性以及美学等功能

车门
车门通常铰接在车身骨架上，但不同车门形式的铰接位置可能不同。车门形式有多种，如滑动门、对开门、鸥翼门和蝴蝶门等。车门可以手动操作，也可以电动辅助打开和关闭

车门把手
车门把手帮助驾驶人或乘员进出汽车。通常使用车门把手从外部或内部解锁汽车车门。现在隐藏式门把手越来越流行

轮胎
轮胎是包裹车轮并抓住路面的橡胶部分，它相当于汽车的鞋。尽管车轮可以在没有轮胎的情况下旋转，相当于光脚跑，但汽车不会行驶很远

轿车车身外观部件示意图（一）

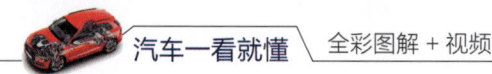

2.2 站在车后侧认外观部件

车外后视镜
车外后视镜位于车辆外部两侧，可帮助驾驶人看到车后方或驾驶人周边视野之外的区域。凸面后视镜的优点是驾驶人可以看到汽车两侧更广阔的视野，从而有助于减少盲区

车窗装饰条
起装饰作用，大多使用不锈钢、铝合金和镀铬塑料制作

B柱外饰板
也叫车门外饰板，由塑料制成，通常为黑色，主要起装饰作用

前翼子板
前翼子板位于车门与发动机舱盖之间，主要功能是防止沙、泥、岩石、液体和其他道路喷溅进入驾乘舱

侧面转向灯
当打转向灯时，此灯与前后转向灯同时闪烁，以警示侧方行人或侧面车辆注意。为了提升车辆的时尚感并且更加醒目，现在侧面转向灯已逐渐转移到外后视镜上

侧裙
汽车侧裙可增强美观感和保护车身

腰线
车身腰线使车身侧面更具动感和力量感，并能增强车辆的识别度

翼子板衬里
每个车轮都有一个单独的翼子板衬里，其作用是防止污垢、泥土、水、环境污物、雪泥和其他杂质渗入车身，造成严重腐蚀和伤害

第2章 车身上部件怎样认？

后风窗
后风窗能够让驾驶人清晰地看到车后方情况，确保行车安全。
由于空气动力学的原因，两厢车的后风窗非常容易脏，因此通常都会安装一个后刮水器，用来清除雨水和污垢

天线
主要用于接收外部的无线电信号，包括FM/AM收音机信号、卫星导航系统信号等，确保车载设备的正常工作

倒车灯
尾灯组合中白色灯光是倒车灯，当挂入倒档时此灯亮起

行李舱盖
行李舱是汽车上的主要储物空间，通常位于汽车的后部。而一些纯电动轿车或后中置发动机的超级跑车，在车前部也有一个小行李舱

尾灯
尾灯也称制动灯，安装在汽车后部保险杠的上方，可以让您的车辆在低能见度条件下被他人看到，或在您制动时发出提示，表明您将放慢车速，请后面车辆注意。尾灯是红色的，这样更加醒目

后保险杠
后保险杠的功能是在汽车发生低速追尾碰撞时，吸收和缓冲大部分冲击力，防止对驾乘人员和车辆造成更严重的伤害。后保险杠大多由聚丙烯塑料制成

后翼子板
后翼子板是车身后部的侧面部分，通常包裹在后车轮舱的上方，位于车门与行李舱盖之间

后保险杠灯
此灯主要起装饰作用

排气管口
发动机尾气从此排放到大气中。通常V形发动机有左右两个排气管口。直列发动机只有一个排气管口，但为了对称好看，一些直列发动机汽车在另一侧也会安装一个假排气管口

轿车车身外观部件示意图（二）

013

2.3 打开发动机舱盖认部件

减振器上座

冷却液膨胀壶

制动液加注口

机油加注口

发动机罩

进气管

空气滤清器盒

减振器上座
减振器上座也称减振器塔顶、减振塔，其主要功能是安装、稳固减振器

玻璃清洗液加注口

机油量尺

进气口

发动机舱盖锁扣

12V 蓄电池
12V 蓄电池通常为铅酸蓄电池，其主要作用是：
1）起动发动机时，给起动机供电。
2）需要时向用电设备供电。
3）储存发电机产生的电能。

发电机
发电机通过发动机驱动旋转，产生电能，然后通过整流器将交流电转换为直流电，以供汽车用电设备使用或向蓄电池充电

起动机
当驾驶人转动钥匙起动车辆时，起动机通过电磁铁吸引齿轮与发动机飞轮啮合，从而带动曲轴旋转，使发动机起动

发动机舱部件示意图（一）

014

冷却液膨胀壶
与散热系统连接，内部有一定量的冷却液，当散热系统压力过高时可以容纳部分膨胀出来的冷却液，等冷却系统压力恢复后又可以及时将冷却液补充进冷却系统

制动液加注口
制动液的主要作用：
1）传递压力，帮助实现制动。
2）润滑运动部件。
3）防腐、防锈、散热。
汽车制动液应定期更换，比如每两年或 5 万 km 更换一次

熔断器盒
主要作用是保护电路安全、控制电流和方便维修

玻璃清洗液加注口　　　　**进气管**　　　　**蓄电池**

空气滤清器盒
主要作用包括降低进气噪声、确保气缸接收足够且清洁的空气，保护发动机免受尘埃损害。
盒内的空气滤清器芯应定期更换

机油量尺
机油量尺能够精确测量机油的高度，让车主知道车辆的机油量是否在合理范围内。通常，机油量尺会有明显的上限和下限标记，只要机油的油位在这两个标记之间，就可以认为机油量是合适的。另外，通过观察机油量尺上的油液颜色和黏稠度，可以判断机油是否需要更换

发动机舱盖锁扣

发动机罩
发动机罩能有效隔绝发动机工作时产生的热量和噪声，降低车内温度，减少噪声传递，提升驾乘舒适性

发动机舱部件示意图（二）

2.4 打开车门的"姿势"有几种?

剪刀式车门

　　剪刀式车门是指车门打开后像是一个剪刀,它的开关方式也与剪刀相似。兰博基尼的一些车型喜欢采用剪刀式车门设计。

扫码观看车门打开方式视频

鸥翼式车门

　　鸥翼式车门是指两侧车门掀开后像是海鸥展翅那样,故称为鸥翼式车门。最早的鸥翼式车门出现在奔驰300SL跑车上。

蝴蝶式车门

　　蝴蝶式车门的结构与剪刀式车门近似,但它是向外展开,从车前方看像是蝴蝶张开翅膀。

旋转式车门

　　旋转式车门可以向外展开并90°旋转，不仅节省了车身两侧的空间，还使得乘员在上下车时拥有更大的活动范围。

　　旋转式车门的开启方式需要通过外展、旋转和前推3个动作才能实现。

对开式车门

　　如果车侧后门可以向后打开，车身没有B柱，就称其为对开式车门。这种车门方便上下乘员，但对车身安全性会有一定影响，而且如果开后门下车时受到后方来车撞击，会造成更严重的伤害。因此，有人将向后方打开的车门称为"自杀门"。

滑动式车门

　　可以完全向后滑动打开的车门，称为滑动式车门。滑动车门通常应用在MPV或面包车上，它在狭窄的空间也能打开车门，而且打开后形成的开口比较大，对上下乘员或装卸货物都非常方便。

汽车冷知识

为什么两厢车的行李舱盖是"尾门"？

　　两厢车的行李舱盖比较宽大，打开后的空间不比侧门小，甚至想从此进出车内也没问题，因此把两厢车的行李舱盖称为"尾门"，这才有了"三门车"和"五门车"。

| 三门车型 | 四门车型 | 五门车型 |

2.5 进入驾乘舱内认部件

燃油汽车驾乘舱内部件

仪表盘
仪表盘像一扇窗户，随时反映车辆内部机器的运行状态。仪表盘上主要显示车速、发动机转速、燃油油位、蓄电池电量、已行驶里程、车外温度以及各种提示或警告灯等

车内后视镜
主要作用：
1）帮助驾驶人及时观察到后方车辆，判断是否可以变道或者超车。
2）在需要紧急制动时，观察后方是否有尾随紧跟的车辆，避免追尾事故。
3）驾驶人不用转头即可观察后座乘员情况，尤其是当后座有人时，从而减少安全隐患

遮阳板
出风口
出风口
杂物箱盖
杂物箱开关
音响扬声器
遮阳板
出风口

驾驶人座椅
灯光开关
方向盘
安全带插口
中央扶手
变速杆
操作变速杆可以改变变速器的档位，从而控制汽车实现加速、减速或倒车

安全带插口
前排乘员座椅
车门储物格
车门扶手

中控台
中控台上布置了各种控制按钮、旋钮和显示屏，使驾驶人能够方便地集中控制和调节驾驶模式、音响、导航、空调、娱乐等功能

燃油汽车驾乘舱内部件示意图

018

电动汽车驾乘舱内部件

平底方向盘
平底方向盘的好处：
1）相较于传统的圆形方向盘，它提供了更多的腿部活动空间，使得驾驶体验更为舒适。
2）在激烈驾驶或需要大角度转向时，平底方向盘能提供更清晰的定位和操控感。
3）平底方向盘的设计让驾驶人联想到运动和速度，符合现代运动车型的审美，增加了车辆的运动感。

中控屏
中控屏的优点：
1）信息整合：中控屏可以将车辆的各种信息进行整合，如导航、娱乐、驾驶信息等，使驾驶人能够更方便地获取所需信息。
2）提高安全性：通过语音控制或者触摸屏操作，可减少驾驶人在行驶过程中的注意力分散，降低交通事故风险。
3）提升舒适性：中控屏可以提供丰富的娱乐功能，如音乐、电台等。

车内后视镜

A柱盲区
汽车在转弯时，驾驶人的视线会被A柱遮挡，从而形成一个视野上的盲区，不利于安全行车。A柱越粗，盲区范围越大

车门扶手

中央扶手 + 杂物箱

车门储物格

歇脚板
又称左脚休息板、搁脚台等，在驾驶途中驾驶人可将左脚放在上面休息，帮助减轻驾驶疲劳

前排乘员座
又称副驾驶座，在驾驶过程中前排乘员座上的乘员可以辅助驾驶人进行导航、观察道路情况等任务，减轻驾驶人的负担，提高驾驶安全性。
未满12周岁的儿童不得坐在前排乘员座位，因为安全气囊和安全带都是针对成人设计的，启爆时对儿童可能造成伤害；儿童好动也可能会干扰驾驶人的安全驾驶

加速踏板
用于控制车辆的加速，当踩下加速踏板时，车会加速前进

制动踏板
又称制动踏板，用于减速或停车。当踩下制动踏板时，车辆会减速或完全停止

纯电动汽车驾乘舱内部件示意图

驾乘舱内部件名称

轿车座椅部件和功能调节

标注：头枕、靠背、安全带、座垫、后排腰托调节、后排中央扶手和杯架、靠背、腰托、按摩和腿托调节、靠背角度调节、座椅前后和座垫高度调节、腿托、车门拉手

轿车后排座位部件

标注：安全带高度调节、音响扬声器、车门扶手、车顶、车顶拉手、头枕、后排娱乐显示屏、脚踏板、车窗玻璃升降、后排座椅靠背角度调节、杂物袋、空调出风口、储物格、后排中控台、后排中控屏、后排中央扶手

CAR TEST

小白成长测验（第2级）

1）翼子板是指车身上哪个部件？
2）你能说出几种车门打开方式？
3）中控屏有哪些优点？
4）为什么对开门又称"自杀门"？
5）12V蓄电池有哪些用处？

第3章 车内标识符号怎样认？

方向盘上的符号是什么意思？变速杆周围的字母代表什么？中控台上的各种符号什么意思？仪表盘上显示的符号是什么含义？怎么还有红色、黄色、绿色和蓝色之分？

3.1 驾驶操作标识符号

起动及变速杆周围标识符号

ACC：附件通电
钥匙转到此位置时，车上的音响系统、导航等可以使用，但发动机是关闭的，适合在车中休息时用

LOCK：全车锁止
这是正常的停车位置，只有在该位置，车钥匙才能拔下来，这样就锁上了点火开关，而且将方向盘锁止而不能转动

ON：全车通电
钥匙在此位置时，所有电气系统都处于通电状态，仪表盘中所有警示和检测信号都会亮，一般在起动发动机前最好在此位置停留片刻，以便发动机能自动检测各部件是否正常

START：车辆起动
这一位置是用来起动发动机的，在发动机起动后应该马上松开钥匙

点火开关

一键起动按钮

自动档变速杆

P位（驻车档）：在熄火停放或汽车静止时使用。
N位（空档）：暂时停车时使用。
R位（倒车档）：与手动倒车档相同。
D位（前进档）：行驶在一般路面上时使用，能够根据路面情况和汽车速度自动切换到舒适的工作状态。
M位（手动模式）及"+/-"：前进档的手动模式，可手动加减档。
S位（运动模式）：此模式时慢升档或早降档，以使发动机保持较高转速，提升加速能力，但油耗相对D位高

警告声静音

车身稳定系统功能取消

车身稳定系统功能取消

驾驶模式选择
SPORT=运动模式
COMFORT=舒适模式
ECOPRO=节能模式

电子驻车按钮

制动自动保持

变速杆上及周围的标识

021

方向盘上的标识符号

宝马汽车方向盘上标识符号

- 设置当前巡航速度
- 换档拨片（减档）
- 换档拨片（加档）
- 音量调节
- 多媒体
- 巡航开启/关闭
- 驾驶辅助模式选择
- 巡航速度增减调节
- 仪表盘显示信息选择
- 电话接听/挂断
- 上下拨动选择信息，下按确认，左右切歌
- 语音控制
- 前风窗除霜
- 危险警告灯
- 后风窗除霜

理想汽车方向盘上标识符号

- 语音唤醒
- 音量调节滚轮
- 音乐切换下一首
- 驱动模式
- 剩余能量
- 速度/档位显示
- 能耗显示
- 档位显示
- 全景影像
- 巡航控制开启
- OK确认
- 接打电话
- 静音
- 音乐切换上一首
- 自定义
- 定速巡航控制速度调节
- 撤销返回

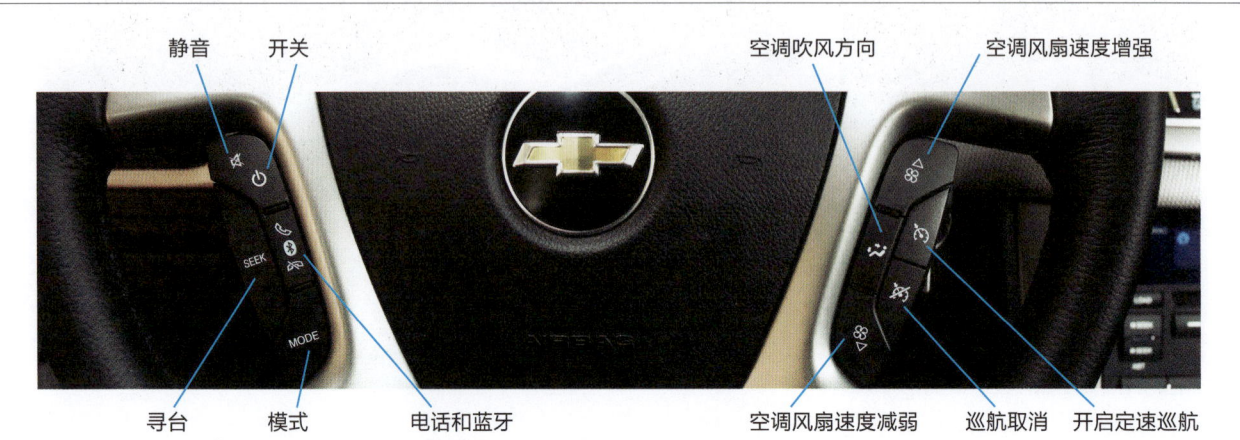

雪佛兰汽车方向盘上标识符号

- 静音
- 开关
- 空调吹风方向
- 空调风扇速度增强
- 寻台
- 模式
- 电话和蓝牙
- 空调风扇速度减弱
- 巡航取消
- 开启定速巡航

3.2 仪表盘上指示灯、警告灯含义

蓝色和绿色指示灯
通常表示车辆的运行状态正常，不需要特别注意。

黄色警告灯
通常表示车辆存在潜在的安全隐患，驾驶人需要重视并尽快解决，以免问题恶化。

红色警告灯
通常是故障警告灯，一旦亮起，驾驶人需要立即停车或熄火检修，不能继续行驶。

扫码观看仪表指示灯、警告灯符号视频

机油压力警告灯	轮胎气压警告灯	发动机冷却液温度警告灯	车身稳定系统警告灯	ABS警告灯
发动机故障警告灯	发动机检测警告灯	蓄电池警告灯	低燃油量警告灯	自动换档锁止灯
未系安全带警告灯	安全气囊警告灯	安全防护警告灯	前雾灯指示灯	清洗液液位低警告灯
安全系统起动警告灯	循迹控制系统警告灯	故障警告灯	尽快维修车辆警告灯	制动片磨损警告灯

汽车仪表盘显示指示灯、警告灯符号（一）

驻车制动灯	侧安全气囊故障警告灯	空气悬架警告灯	巡航系统开启指示灯	制动灯泡不亮警告灯
节能模式指示灯	减振器调节警告灯	车门没关提醒警告灯	后风窗除霜警告灯	灯泡故障警告灯
制动警告灯	车道偏离警告灯	变速器温度警告灯	前方车距警告灯	前风窗除霜警告灯
系统故障警告灯	盲点监测警告灯	示廓灯	危险警告灯	行李舱盖没关警告灯
后雾灯警告灯	主动巡航开启警告灯	转向信号指示灯	自动启停功能	转向助力故障警告灯
安全气囊故障警告灯	前方行人警告灯	充电线连接警告灯	动力电池故障警告灯	动力电池过热警告灯
驱动电机过热警告灯	动力电池切断警告灯	低电量警告灯	夜视功能警告灯	前方碰撞预警警告灯

汽车仪表盘显示指示灯、警告灯符号（二）

3.3 功能调节标识符号

电动座椅调节

座椅调节操作方式都比较形象，调节钮和座椅形状近似，直接按照对应部位，即可调节座椅的高度、前后位置以及靠背的倾斜度等。

座位位置记忆设置
座位位置记忆1
座位位置记忆2
座位位置记忆3
腰部支撑调节
座垫位置调节
靠背角度调节

❶ 整个座椅向前移动
❷ 整个座椅向后移动
❸ 整个座椅向上移动
❹ 整个座椅向下移动
❺ 座垫前端抬高
❻ 座垫前端降低
❼ 靠背仰角减小
❽ 靠背仰角增大
❾ 腰部支撑向上移动
❿ 腰部支撑度减小
⓫ 腰部支撑向下移动
⓬ 腰部支撑度增大

座椅位置记忆

调整好座椅位置后，先按下SET或M钮，然后再按下数字钮"1"，或"2"，或"3"。当其他人驾驶过车辆后，你想重新调整座椅位置，只要按下原来设定记忆的座椅位置，座椅就能自动恢复到你所记忆的座椅位置。驾驶位置记忆信息，通常包括车外后视镜的位置。

中控门锁打开
头枕调节
座位位置记忆设置
座位位置记忆1、2、3
车门内拉手
中控门锁锁止
靠背调节
座垫调节

座椅位置记忆操作标识符号

电动车窗调节

电动车窗开关可以控制车辆前、后车窗玻璃升降，并且有一个车窗玻璃升降锁止键。按下锁止键时，其他车门的玻璃升降开关键将失去作用，以防止后排儿童打开车窗。再按下此键，即可解除锁止状态。

一些车窗具有防夹功能，如果车窗玻璃在上升过程中遇到阻力，它会停止上升，以防夹到乘员的头、手或臂等。

扫码观看电动车窗原理视频

左后车窗玻璃控制　左前车窗玻璃控制　选择左后视镜　后视镜调节钮　选择右后视镜

安全开关，按下此键后将车窗锁止，防止后排儿童开窗

右后车窗玻璃控制　右前车窗玻璃控制　折叠后视镜（同时按下L、R按钮）

中控门锁控制

驾驶人关上车门后，按下中控锁的"LOCK"按钮，所有车门都会锁上；当再按下"UNLOCK"钮，所有车门就都开锁了。但现在更多的是用"解锁"和"闭锁"的图形来表示。

现在轿车一般都有自动落锁功能。如果汽车超过一定速度（如30km/h），车子会自动落锁，并听到"哗"的一声。

为了防止误开车门，往往需要拉两下车门拉手，才能在车内将车门打开。

车门中控解锁

车门内拉手　车门中控锁止

电动车外后视镜调节

先扳动选择开关"L"或"R"，选择左或右后视镜，然后按动四边形调节钮，即可调整后视镜的角度。

选择左后视镜　选择右后视镜　后视镜折叠

前照灯高度调节钮　后视镜角度调节钮

四轮驱动操作

4H=高速四轮驱动
4L=低速四轮驱动
PUSH=推按
4H LOCK=高速四轮驱动、中央差速器锁止
4L LOCK=低速四轮驱动、中央差速器锁止

空调调节

按下"AC"键即可打开空调系统,再按一次按键可关闭空调。

按照冷(蓝色)、热(红色)指示方向旋转温度控制旋钮。

调整风扇档位旋钮,就像调整家用空调的风速一样,使风速达到合适。

如果是自动空调,按下"AUTO"后再调整所需温度即可。

依照图示符号,按下相应按键,即可调整空气流向足部、胸部、膝部或风窗玻璃等方向。

| 单独调节 | 自动调节 | 向前风窗吹风 | 风扇速度 | 向后风窗吹风 | 空调关闭 |

| 座椅加热 | ESP关闭 | 陡坡缓降功能 | 爬坡辅助 | 车身高度调节 | 座椅加热 |
| 减振器阻尼调节 | | 前排乘员座安全气囊关闭 | | 驻车距离语音警告关闭 | |

灯光照明调节

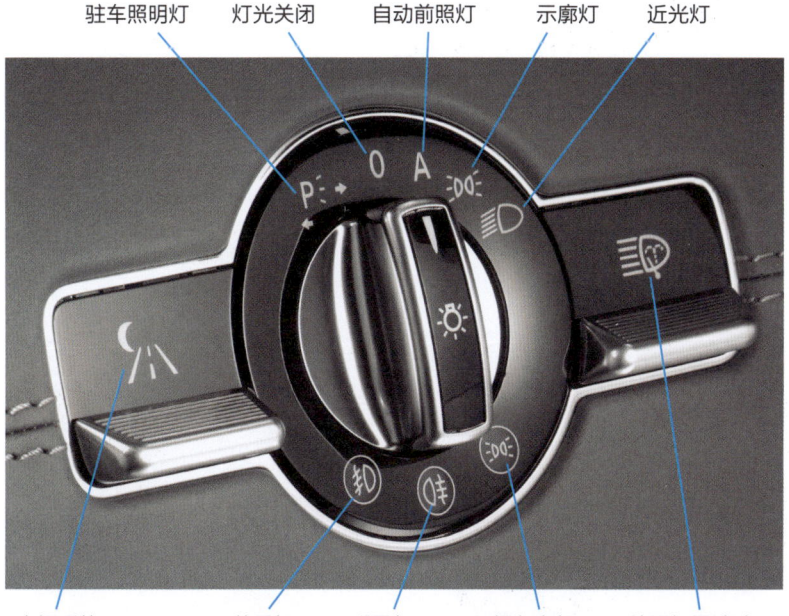

驻车照明灯　灯光关闭　自动前照灯　示廓灯　近光灯

夜视系统　前雾灯　后雾灯　日间行车灯　前照灯罩清洗

小白成长测验(第 3 级)

1)自动档变速杆周围的"R"位是什么意思?

2)当仪表盘显示红色警告灯时,驾驶人应怎样做?

3)仪表盘显示黄色警告灯时,必须马上停车检查吗?

4)中控台上的"AC"按钮是什么操作钮?

5)点火钥匙孔上的"ACC""ON"分别代表什么含义?

6)"ESP OFF"是什么操作按键?

第4章　汽车"身躯"是怎样构成的？

汽车是怎样构成的？为什么有的发动机在前，有的在后？
为什么一些发动机横着放，而有的则竖着放？
一辆普通轿车大概有多少个零件？汽车也有"皮肤"和"骨骼"吗？

4.1　认识燃油汽车的"身体构造"

燃油汽车通常由车身、动力系统、底盘和电子电气系统4大部分组成。

车身：汽车的"骨骼"

车身的主要作用是保护车内乘员、提供操作稳定性、承载动力系统、控制空气动力学、控制噪声和安全性能等。

车身结构图

动力系统：汽车的"心脏"

动力系统是产生动力的系统，包括发动机、燃油箱、冷却系统和蓄电池等。

扫码观看汽车构造认识视频

发动机结构图

底盘：汽车的"四肢"

汽车底盘包括传动系统、转向系统、悬架系统、制动系统以及车轮和轮胎等。

汽车底盘结构图

前横置发动机前轮驱动汽车构造

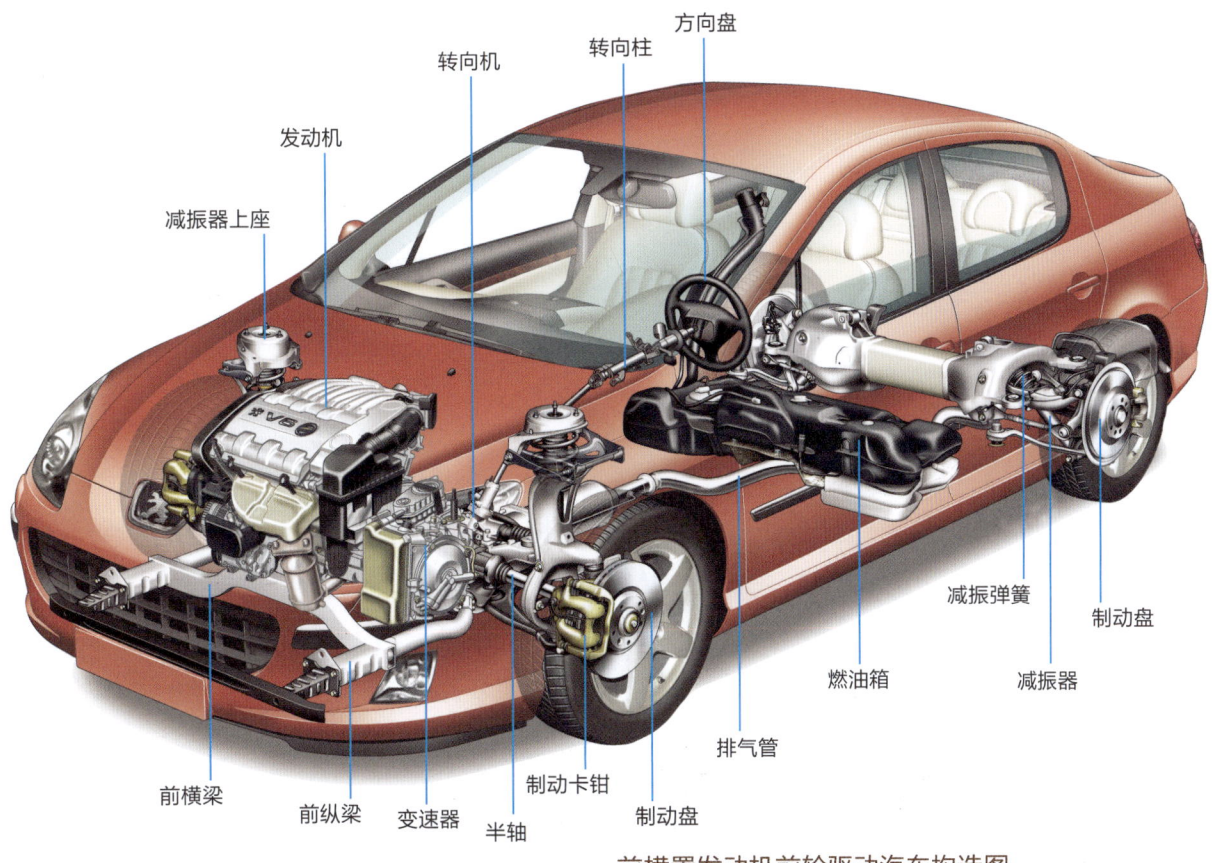

前横置发动机前轮驱动汽车构造图

后中置发动机后轮驱动汽车构造

后中置发动机后轮驱动汽车构造图

一辆汽车约有多少个零部件？

据估计，一辆燃油汽车约由2万~3万个不可拆解的独立零部件组成，包括所有电气和机械零部件。根据汽车复杂程度，其零部件数量有所不同。

电动汽车的构造相对燃油汽车简单。据估计，一辆纯电动汽车的零部件总数约为1.6万~2.2万个。

前风窗玻璃

刮水器

车外后视镜

发动机

发动机舱盖

进气格栅

前保险杠

前照灯

前雾灯

前悬架连杆

制动盘

制动卡钳

前发动机后轮驱动四门轿车构造图

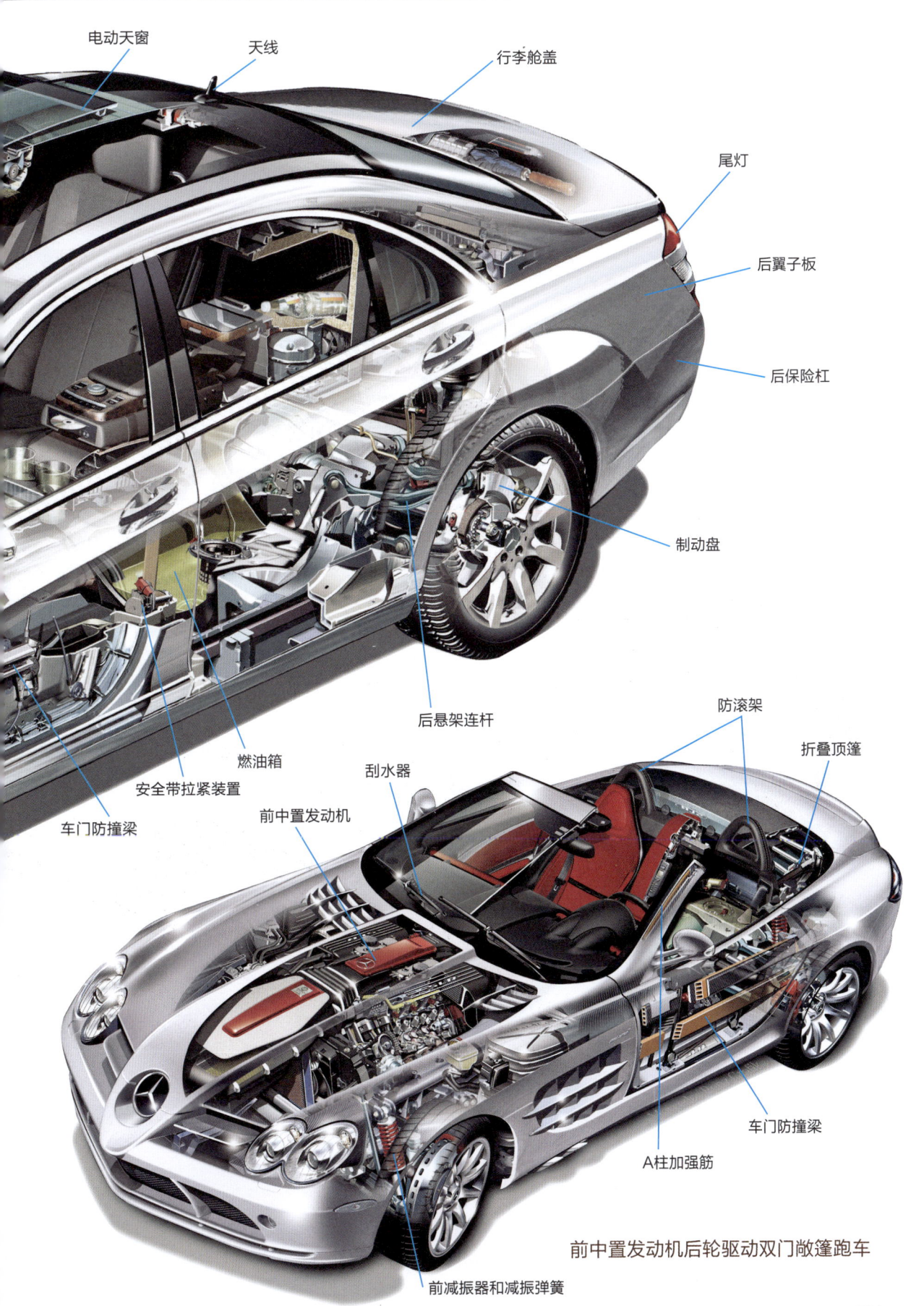

第4章 汽车"身躯"是怎样构成的？

- 电动天窗
- 天线
- 行李舱盖
- 尾灯
- 后翼子板
- 后保险杠
- 制动盘
- 后悬架连杆
- 燃油箱
- 安全带拉紧装置
- 车门防撞梁
- 刮水器
- 前中置发动机
- 防滚架
- 折叠顶篷
- A柱加强筋
- 车门防撞梁
- 前减振器和减振弹簧

前中置发动机后轮驱动双门敞篷跑车

031

前纵置发动机后轮驱动汽车构造

前纵置发动机后轮驱动汽车透视图

第4章 汽车"身躯"是怎样构成的？

行李舱盖
空气减振器
尾灯
排气消声器
制动钳
制动盘
悬架连杆
差速器
传动轴
B柱
门槛

发动机
半轴
差速器
传动轴
变速器

前纵置发动机后轮驱动汽车动力传动系统

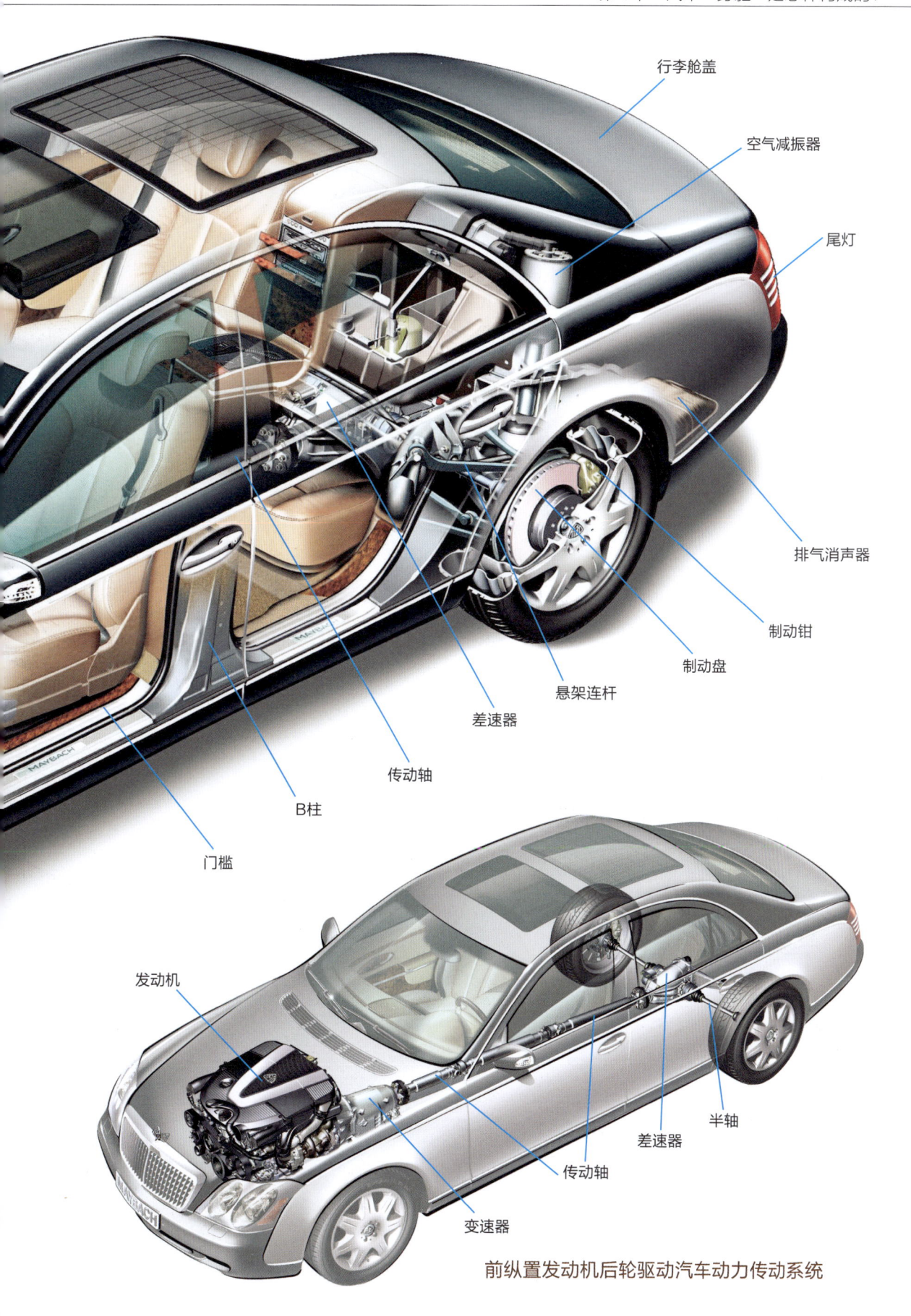

033

前横置发动机四轮驱动汽车构造

- 横置发动机
- 减振器上座
- 发动机进气口
- 空气滤清器
- 减振弹簧
- 减振器
- 半轴
- 转向拉杆
- 排气管
- 三元催化转换器

前纵置发动机后轮驱动汽车构造

- 纵置发动机
- 减振器上座
- 防滚架
- 减振器
- 蓄电池
- 变速器
- 传动轴
- 减振器

前纵置发动机后轮驱动敞篷跑车构造图

第4章 汽车"身躯"是怎样构成的?

防滚架

电磁减振器

尾灯

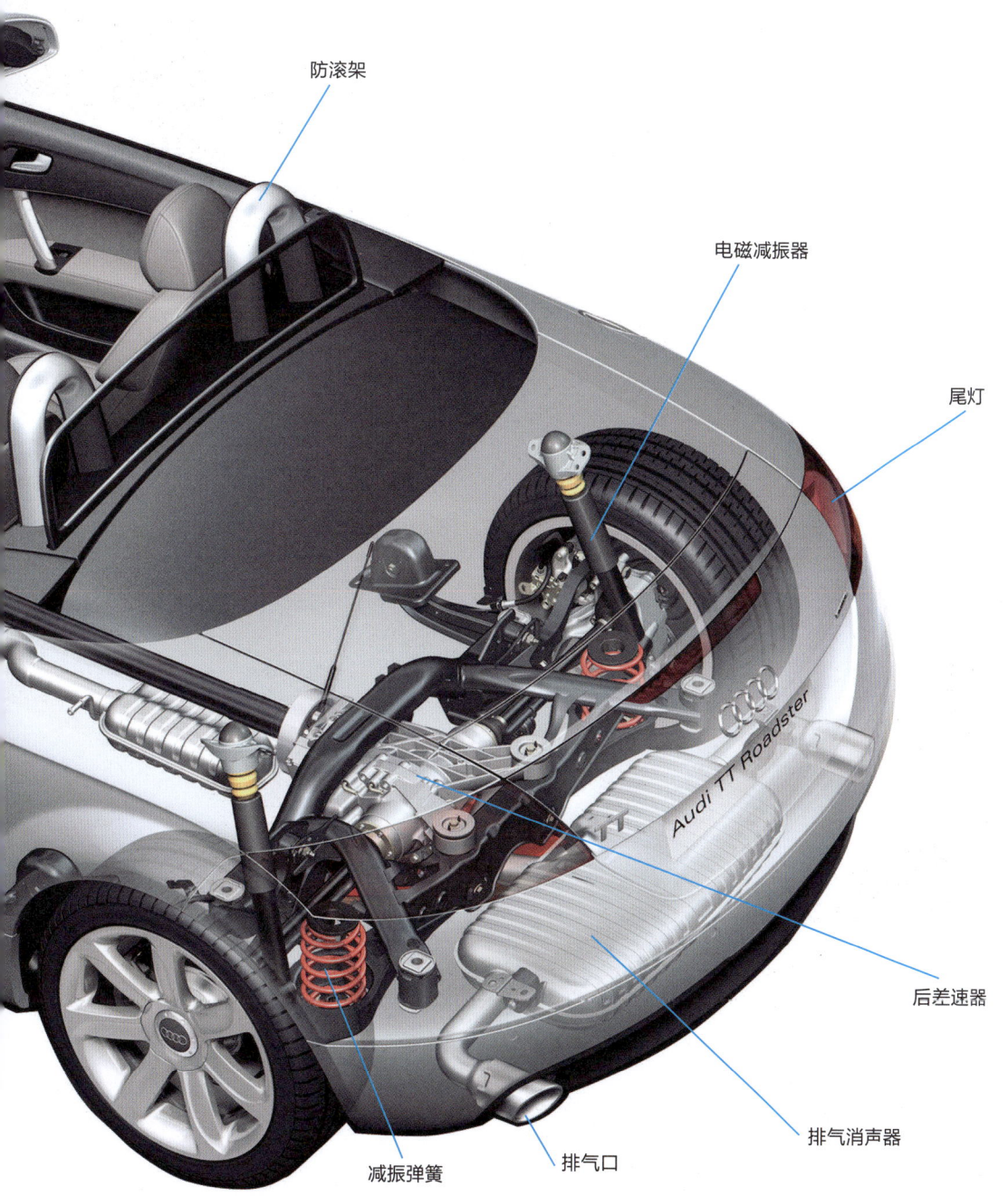

后差速器

排气消声器

减振弹簧　排气口

前横置发动机四轮驱动敞篷跑车构造图

汽车冷知识
什么是发动机横置、纵置?

站在车头前面,打开发动机舱盖,如果看到发动机的气缸排列方向是左右方向,那么此车发动机就是"横置",比如本跨页上图所示就是横置发动机;如果看到发动机的气缸排列方向为前后方向,那么此车发动机就是"纵置",比如上页下图所示就是纵置发动机。

发动机横置　　发动机纵置

035

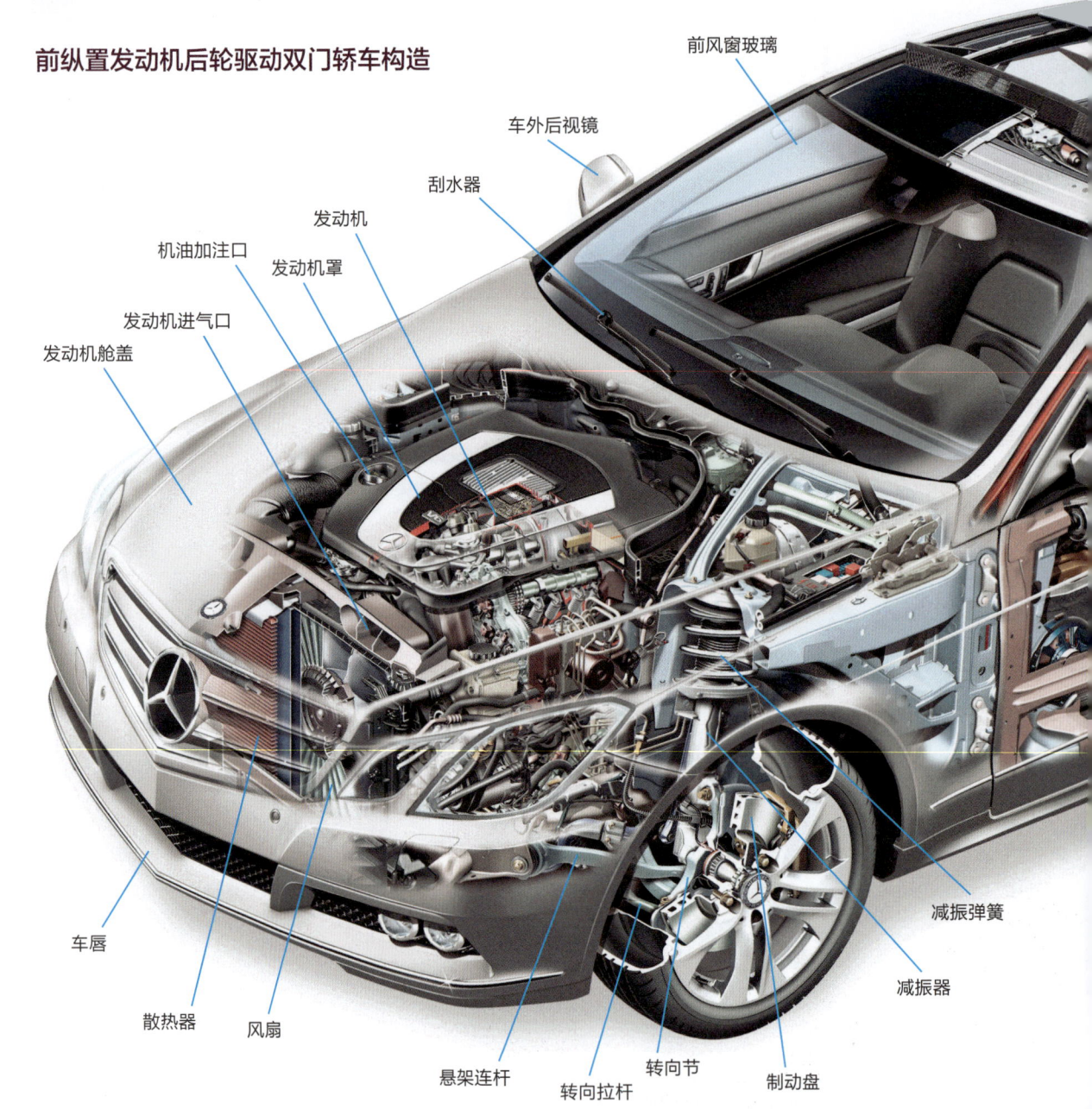

前纵置发动机后轮驱动双门轿车构造

前风窗玻璃
车外后视镜
刮水器
发动机
发动机罩
机油加注口
发动机进气口
发动机舱盖
减振弹簧
减振器
制动盘
转向节
转向拉杆
悬架连杆
风扇
散热器
车唇

前纵置发动机后轮驱动双门轿跑车构造透视图

车圈"黑话"解码

"筷子悬架" "板车悬架" "大梁" "笼式车身" "油改电"

"筷子悬架":指某些细长型多连杆悬架,因连杆纤细形似筷子而得名,常被调侃结构强度不足。
"板车悬架":指扭力梁非独立悬架,结构简单、成本低,因类似板车底盘而得名。
"大梁":指非承载式车身中的骨架结构,常见于硬派越野车、皮卡等车型。
"笼式车身":指通过高强度钢材形成网状结构的安全车身设计,强调抗撞击能力。
"油改电":调侃在燃油汽车平台上直接改造的电动汽车,常被指空间布局不合理、安全性不足。

第4章 汽车"身躯"是怎样构成的？

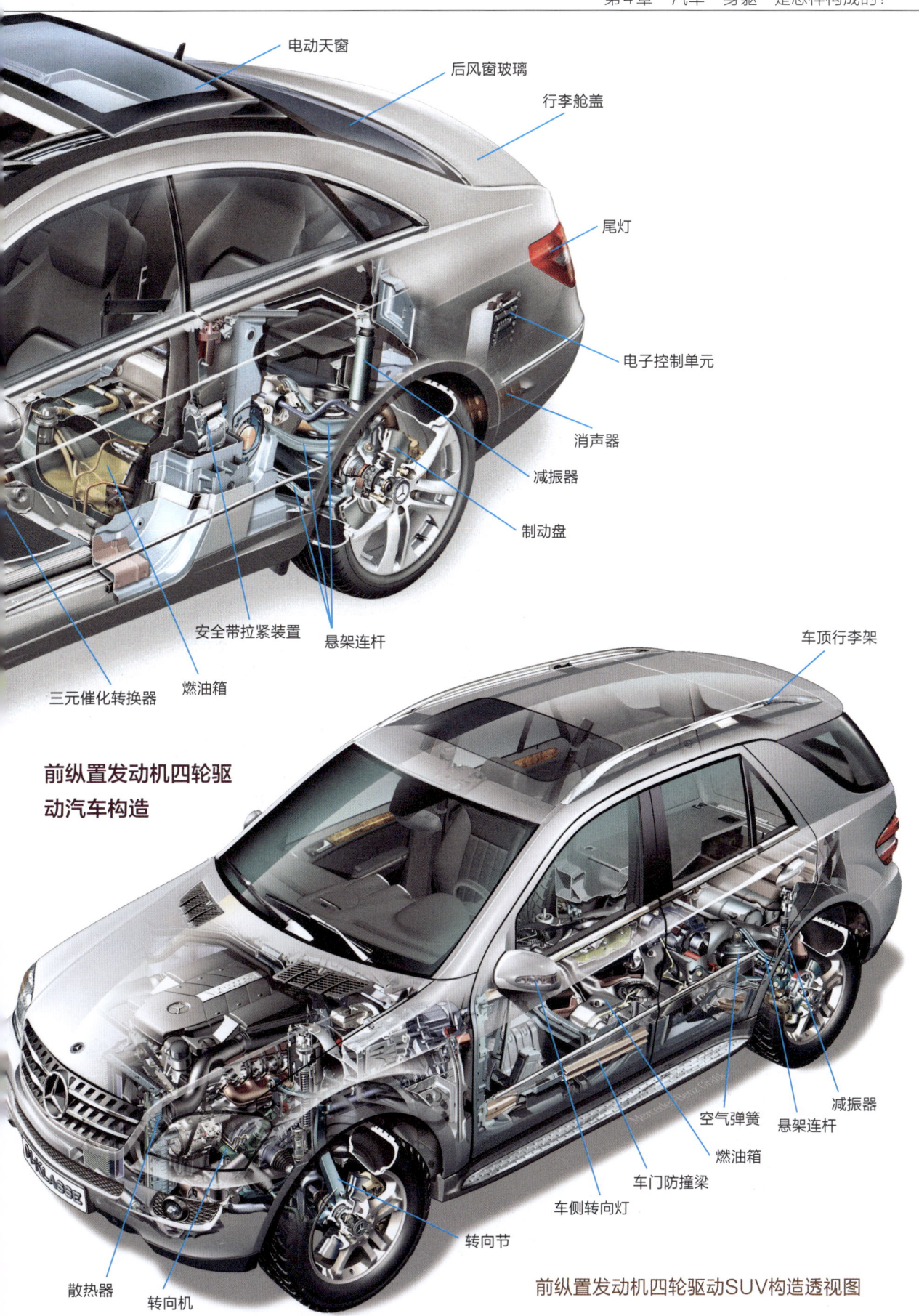

电动天窗
后风窗玻璃
行李舱盖
尾灯
电子控制单元
消声器
减振器
制动盘
悬架连杆
安全带拉紧装置
燃油箱
三元催化转换器

前纵置发动机四轮驱动汽车构造

车顶行李架
减振器
悬架连杆
空气弹簧
燃油箱
车门防撞梁
车侧转向灯
转向节
转向机
散热器

前纵置发动机四轮驱动SUV构造透视图

037

4.2 认识电动汽车的"身体结构"

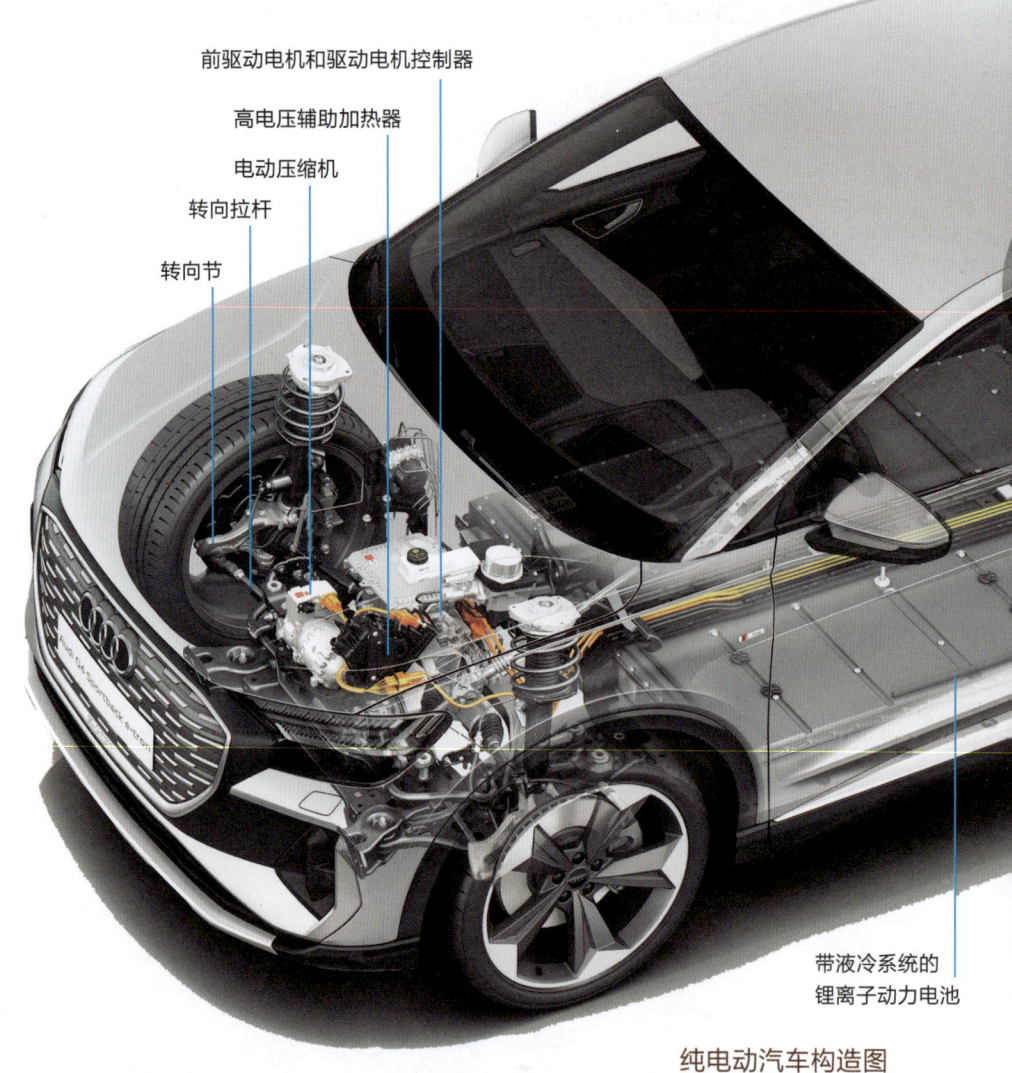

扫码观看电动汽车主要部件视频

前驱动电机和驱动电机控制器
高电压辅助加热器
电动压缩机
转向拉杆
转向节
带液冷系统的锂离子动力电池

纯电动汽车构造图

减振弹簧和减振器
充电插接口
半轴
转向柱
前差速器
高压电缆
动力电池包
减振器
车载充电器

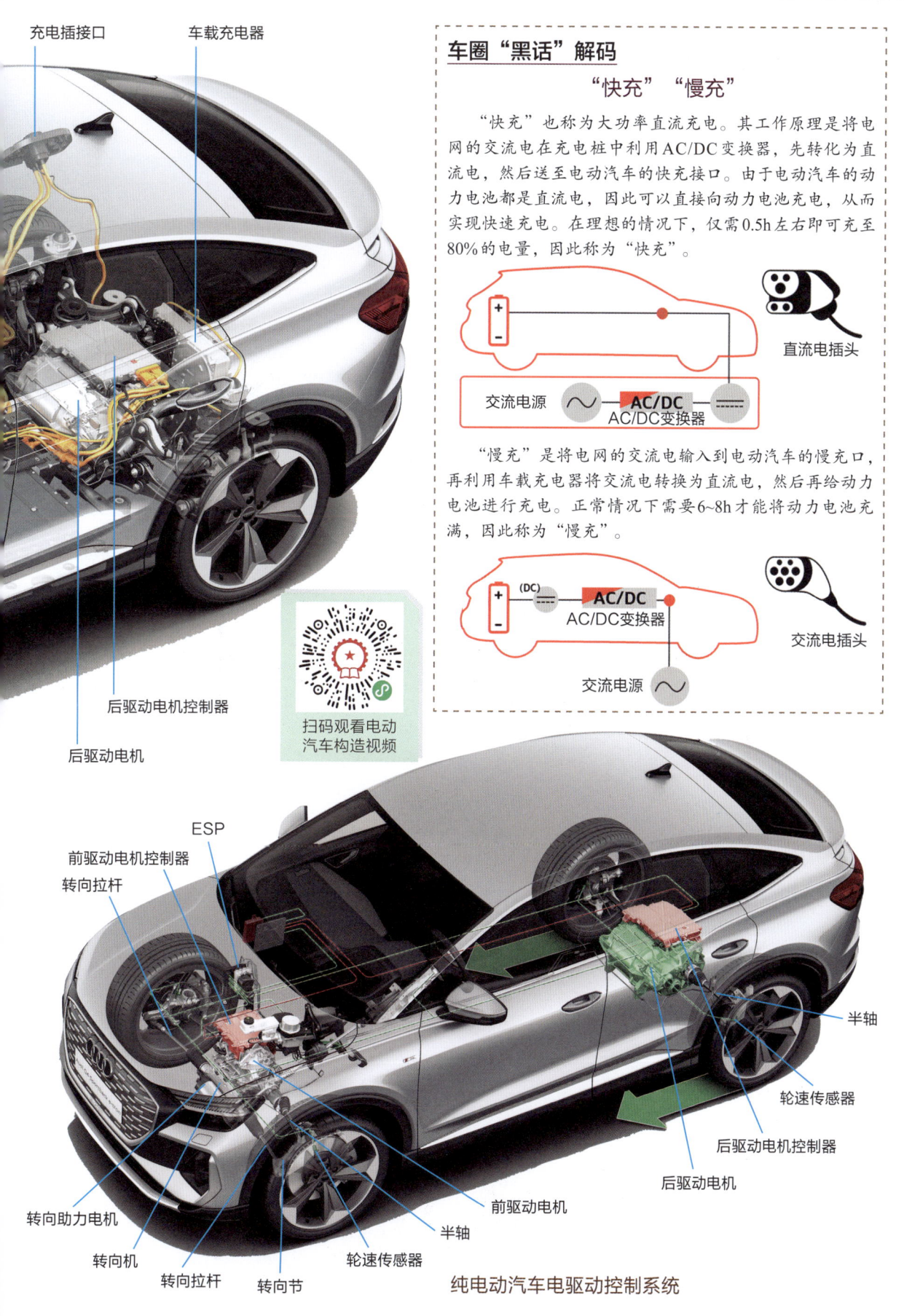

第4章 汽车"身躯"是怎样构成的？

车圈"黑话"解码

"快充""慢充"

"快充"也称为大功率直流充电。其工作原理是将电网的交流电在充电桩中利用AC/DC变换器，先转化为直流电，然后送至电动汽车的快充接口。由于电动汽车的动力电池都是直流电，因此可以直接向动力电池充电，从而实现快速充电。在理想的情况下，仅需0.5h左右即可充至80%的电量，因此称为"快充"。

"慢充"是将电网的交流电输入到电动汽车的慢充口，再利用车载充电器将交流电转换为直流电，然后再给动力电池进行充电。正常情况下需要6~8h才能将动力电池充满，因此称为"慢充"。

扫码观看电动汽车构造视频

纯电动汽车电驱动控制系统

4.3 认识汽车的"皮肤"

车身钣金：汽车的"皮肤"

车身钣金是指覆盖在车体外部的一层金属或复合材料外壳，主要包括车门、发动机舱盖、车顶盖板、翼子板等部件。它如同人类的皮肤一样，包裹着内部骨架和机械结构，同时也是车体的第一道防线，直接接触外界环境（如雨水、碎石、碰撞）。

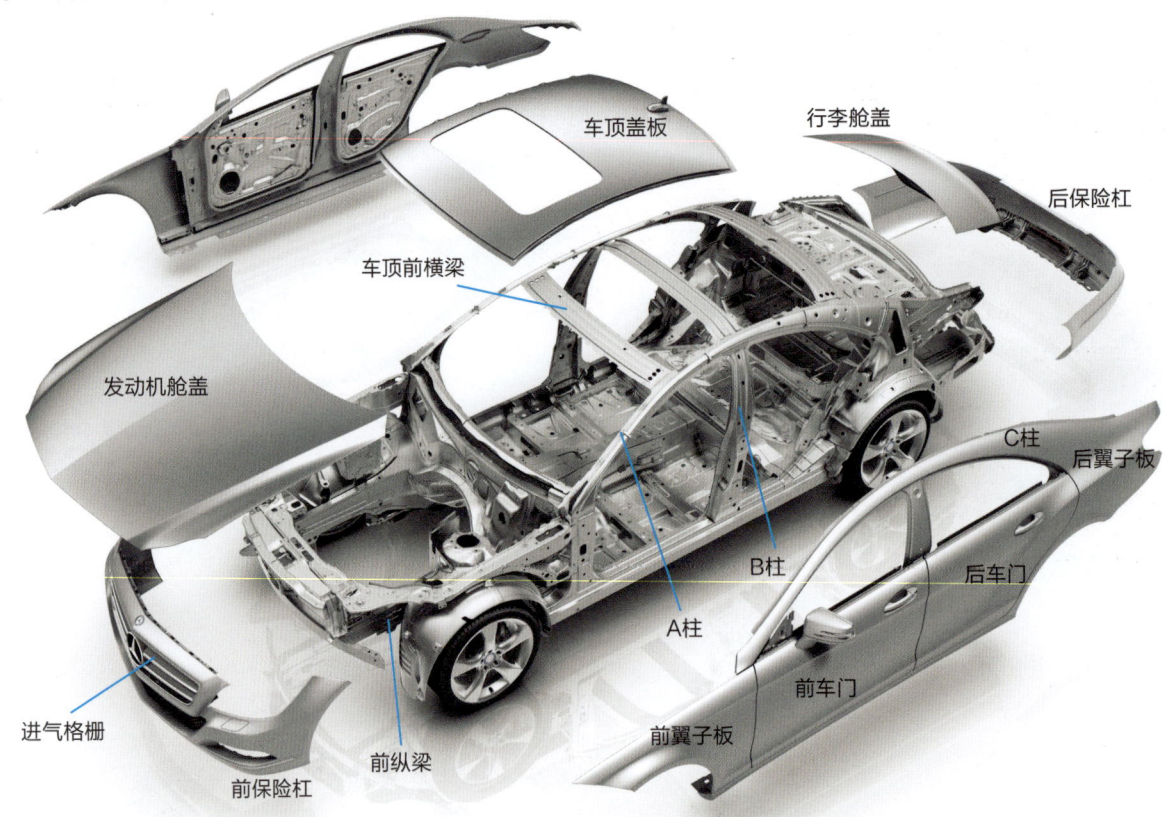

燃油轿车车身结构图

（标注：车顶盖板、行李舱盖、后保险杠、车顶前横梁、发动机舱盖、C柱、后翼子板、B柱、后车门、A柱、前车门、进气格栅、前纵梁、前翼子板、前保险杠）

汽车冷知识

车身钣金有什么作用？

安全防护
- 物理屏障：抵御碰撞、飞溅物和极端天气。
- 碰撞吸能：通过特定区域的结构变形（如发动机舱盖）分散冲击力。
- 防火隔声：阻隔发动机热量和噪声向车内传递。

空气动力学优化
- 通过流线形曲面降低风阻；导流设计优化散热。

支撑车体结构
- 与车架共同构成"笼式车身"，提升整体刚性。
- 承载部分功能性部件(如后视镜、刮水器的安装基座)。

美学表达
- 通过曲面光影效果塑造品牌辨识度（如雷克萨斯的纺锤形格栅）。

车圈"黑话"解码

"钣金修复" "补漆"
"原版原漆" "事故车"

"钣金修复"：一种汽车修复技术，主要用于修复汽车金属外壳的变形部分。

"补漆"：指车辆有过轻微的刮擦或碰撞，进行过漆面修复。补漆并不一定意味着车辆有严重问题，但过多的补漆或大面积补漆可能暗示车辆发生过较大事故。

"原版原漆"：指车辆没有经过任何拆卸和换件，车身也没有补漆，保持原样。

"事故车"：发生过严重碰撞，导致车身结构件受损并经修复的车辆。

第4章 汽车"身躯"是怎样构成的？

车身结构爆炸图（一）

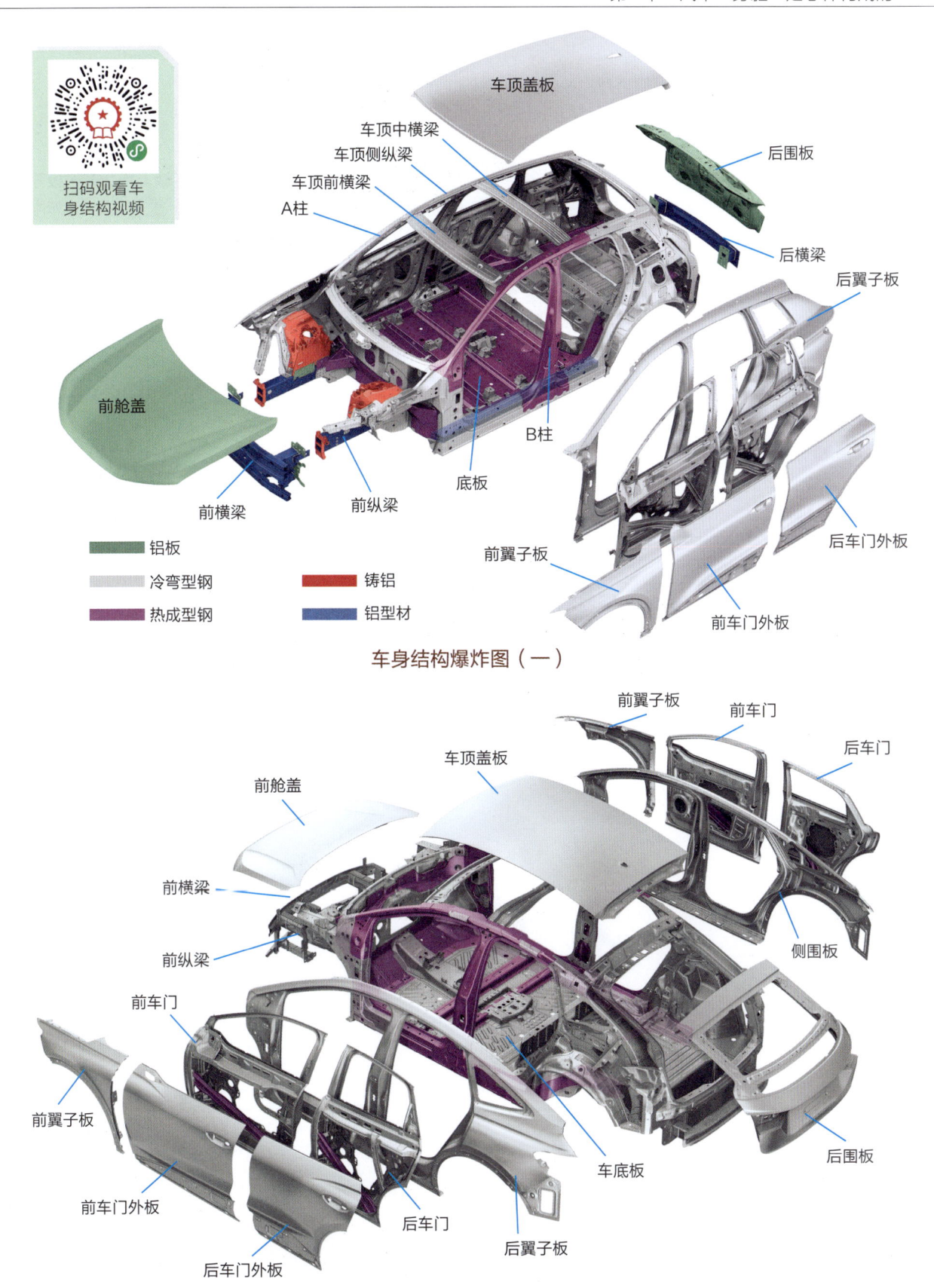

图例：
- 铝板
- 冷弯型钢
- 热成型钢
- 铸铝
- 铝型材

标注：车顶盖板、车顶中横梁、车顶侧纵梁、车顶前横梁、A柱、后围板、后横梁、后翼子板、前舱盖、B柱、底板、前横梁、前纵梁、前翼子板、前车门外板、后车门外板

（扫码观看车身结构视频）

车身结构爆炸图（二）

标注：前舱盖、车顶盖板、前翼子板、前车门、后车门、前横梁、前纵梁、侧围板、前车门、前翼子板、前车门外板、后车门外板、后车门、后翼子板、车底板、后围板

041

4.4 认识汽车的"骨骼"

车身壳体

在车身外板下是我们看不见的车身壳体或车架。车身壳体和车架起支撑和抗撞击的作用,并容纳机械部件、电气配置以及座椅等。

承载式车身壳体(一)

承载式车身

承载式车身没有刚性车架或大梁。汽车的发动机、悬架、传动系统等都直接安装在车身壳体上。这些部件的重量都由车体本身来承担。

承载式车身就像是甲虫的身体,主要依靠外壳本身来承载重量

承载式车身壳体(二)

非承载式车身

非承载式车身是指汽车有刚性车架,或俗称大梁。发动机、变速器、传动系统等都安装在车架上,由车架来承担这些重要部件的重量,而车身只承担一些附件重量等。

车架(大梁)

非承载式车身

非承载式车身就像是大象等依靠骨骼支撑身体重量的动物

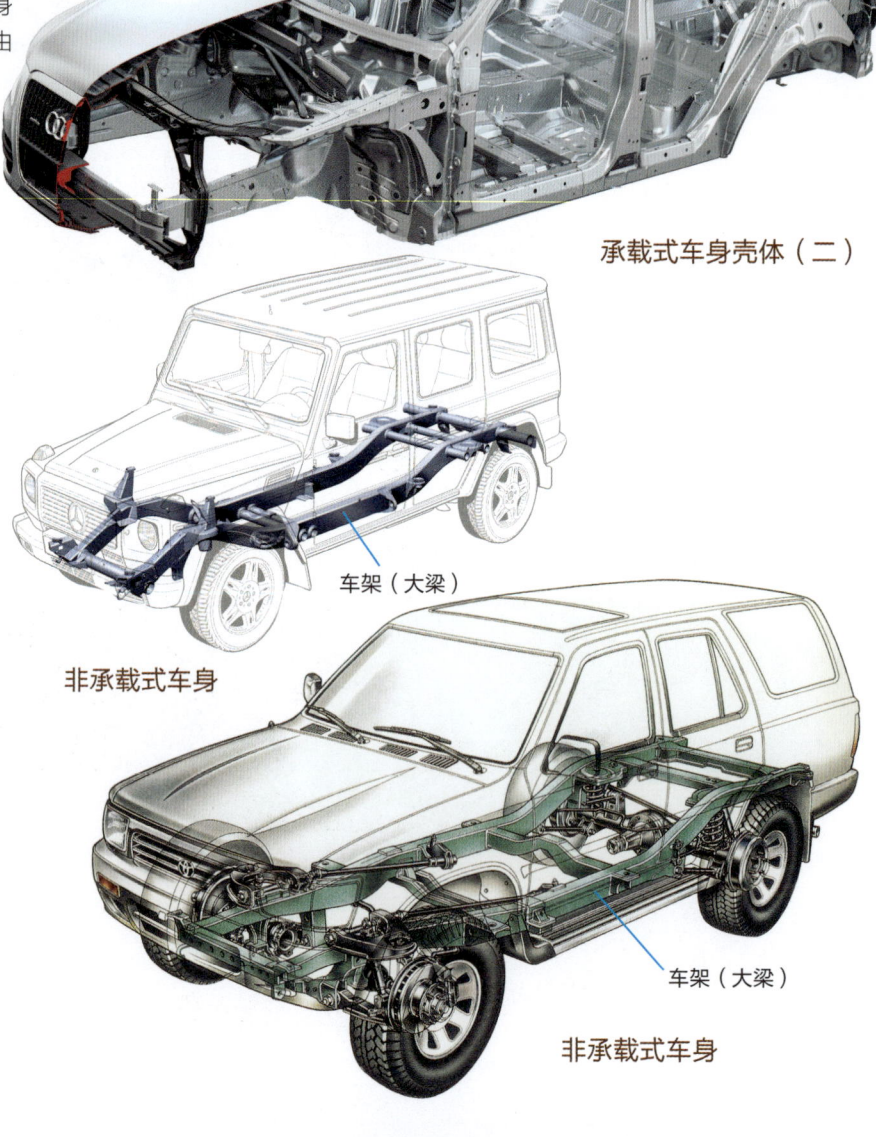

车架(大梁)

非承载式车身

第 4 章 汽车"身躯"是怎样构成的？

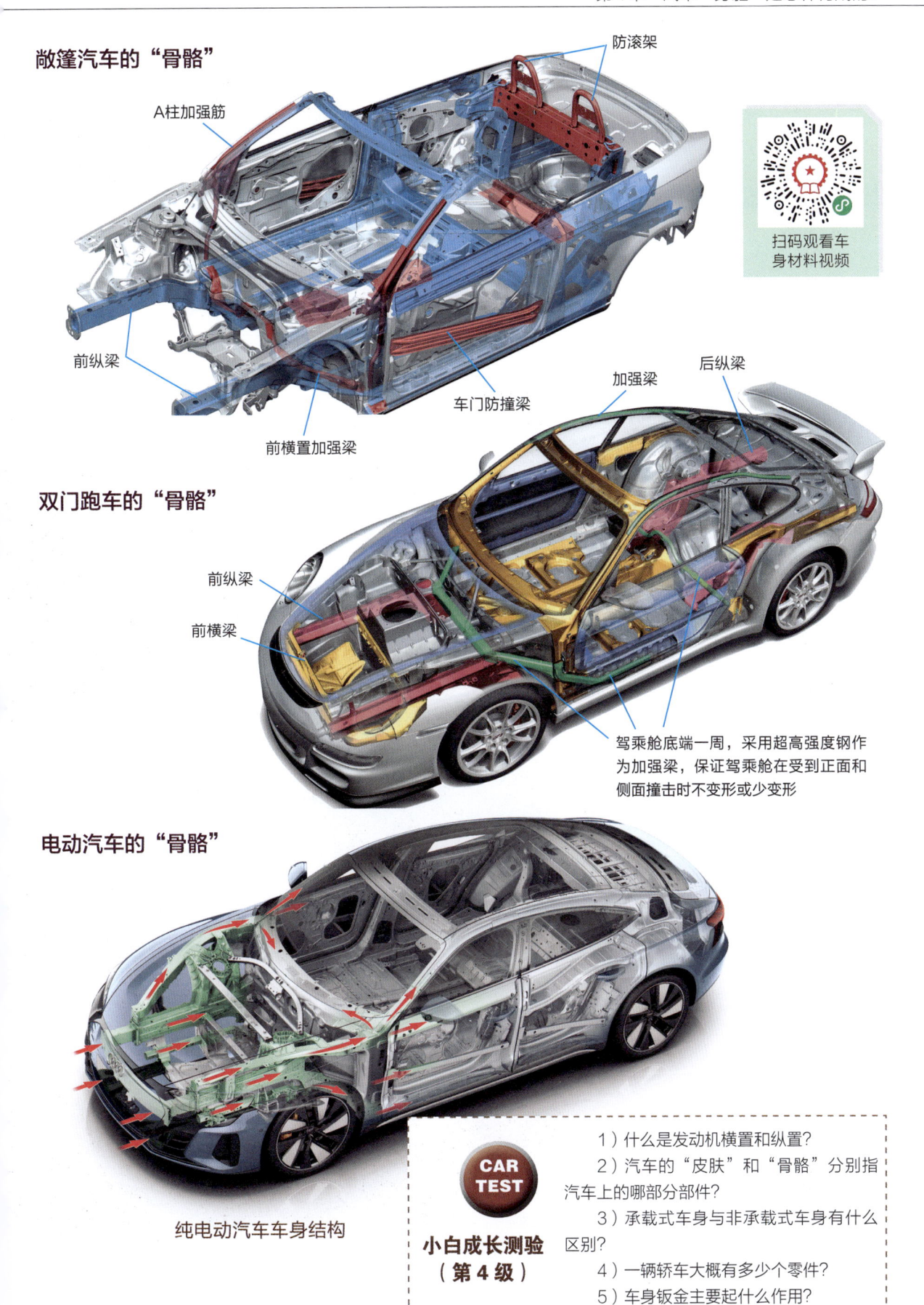

敞篷汽车的"骨骼"

- 防滚架
- A柱加强筋
- 前纵梁
- 前横置加强梁
- 车门防撞梁
- 加强梁
- 后纵梁

扫码观看车身材料视频

双门跑车的"骨骼"

- 前纵梁
- 前横梁
- 驾乘舱底端一周，采用超高强度钢作为加强梁，保证驾乘舱在受到正面和侧面撞击时不变形或少变形

电动汽车的"骨骼"

纯电动汽车车身结构

小白成长测验（第 4 级） CAR TEST

1）什么是发动机横置和纵置？
2）汽车的"皮肤"和"骨骼"分别指汽车上的哪部分部件？
3）承载式车身与非承载式车身有什么区别？
4）一辆轿车大概有多少个零件？
5）车身钣金主要起什么作用？

043

第5章 汽车"四肢"是怎样行走的？

为什么燃油汽车要有变速器？变速器有哪些类型？分动器有什么作用？
为什么汽车上必须配备差速器？为什么说悬架系统是汽车的"腿"？

5.1 谁是汽车的"四肢"（底盘）？

汽车底盘相当于汽车的"四肢"，通常包括：传动系统、转向系统、悬架系统、制动系统以及车轮和轮胎等。

转向系统
方向盘、转向柱、转向机、转向助力系统、转向拉杆等

悬架系统
减振器、减振弹簧、悬架连杆、稳定杆等

传动系统
变速器、传动轴、差速器、半轴等

制动系统
制动助力器、液压系统、制动主缸、制动盘或制动鼓、制动片、制动卡钳、驻车制动系统、再生制动系统等

减振弹簧
减振器
转向节
制动液管
真空制动助力器
制动液储罐
Audi A7 Sportback
稳定杆
减振器
转向拉杆
半轴

044

第5章 汽车"四肢"是怎样行走的？

扫码观看汽车底盘结构视频

减振器　半轴　后差速器　副车架

减振器

悬架连杆

制动钳

制动盘

减振弹簧

悬架连杆

半轴

副车架

制动液管

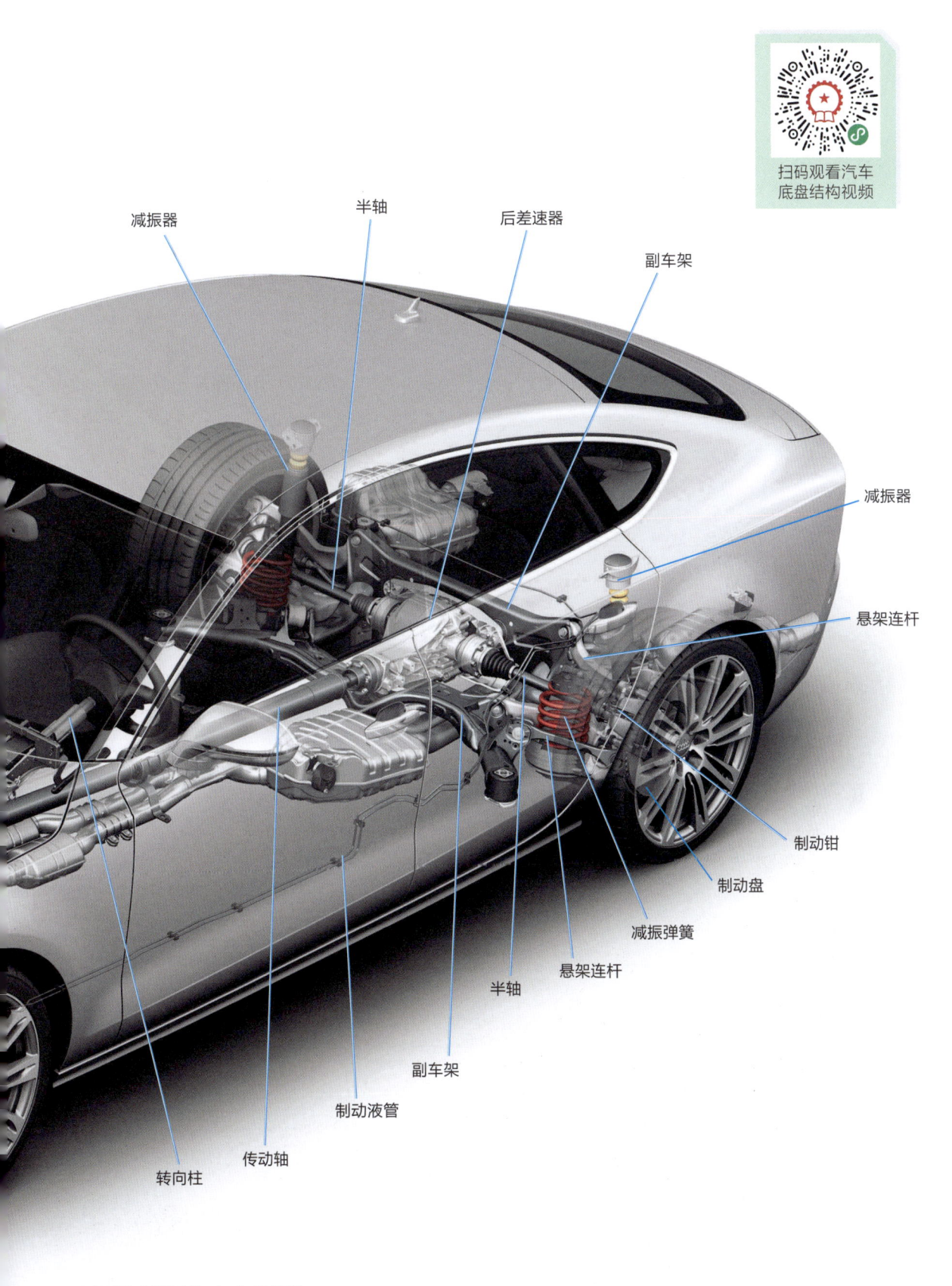

传动轴

转向柱

四轮驱动燃油汽车底盘构造

5.2 传动系统：汽车的"动力快递员"

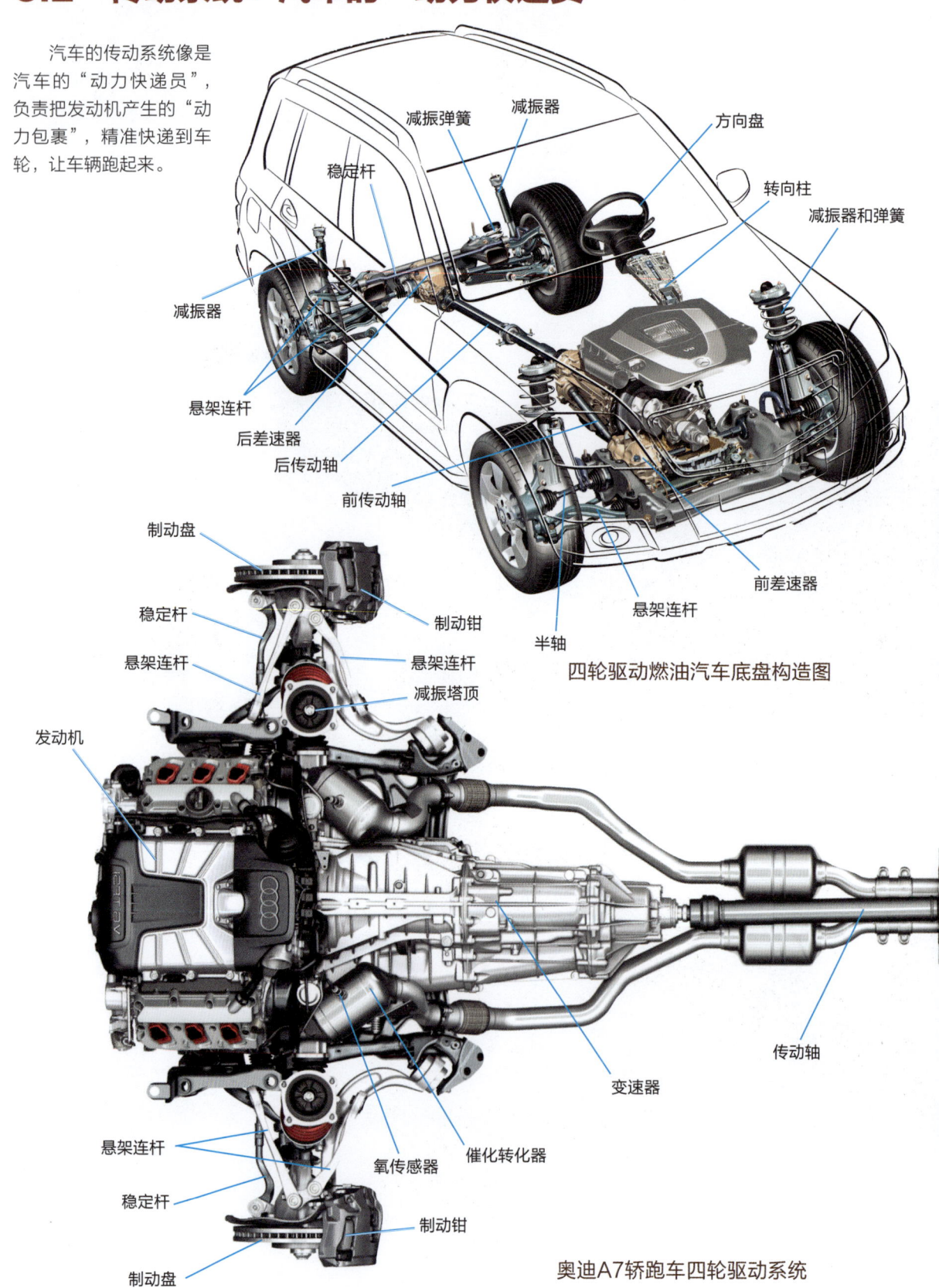

汽车的传动系统像是汽车的"动力快递员"，负责把发动机产生的"动力包裹"，精准快递到车轮，让车辆跑起来。

四轮驱动燃油汽车底盘构造图

奥迪A7轿跑车四轮驱动系统

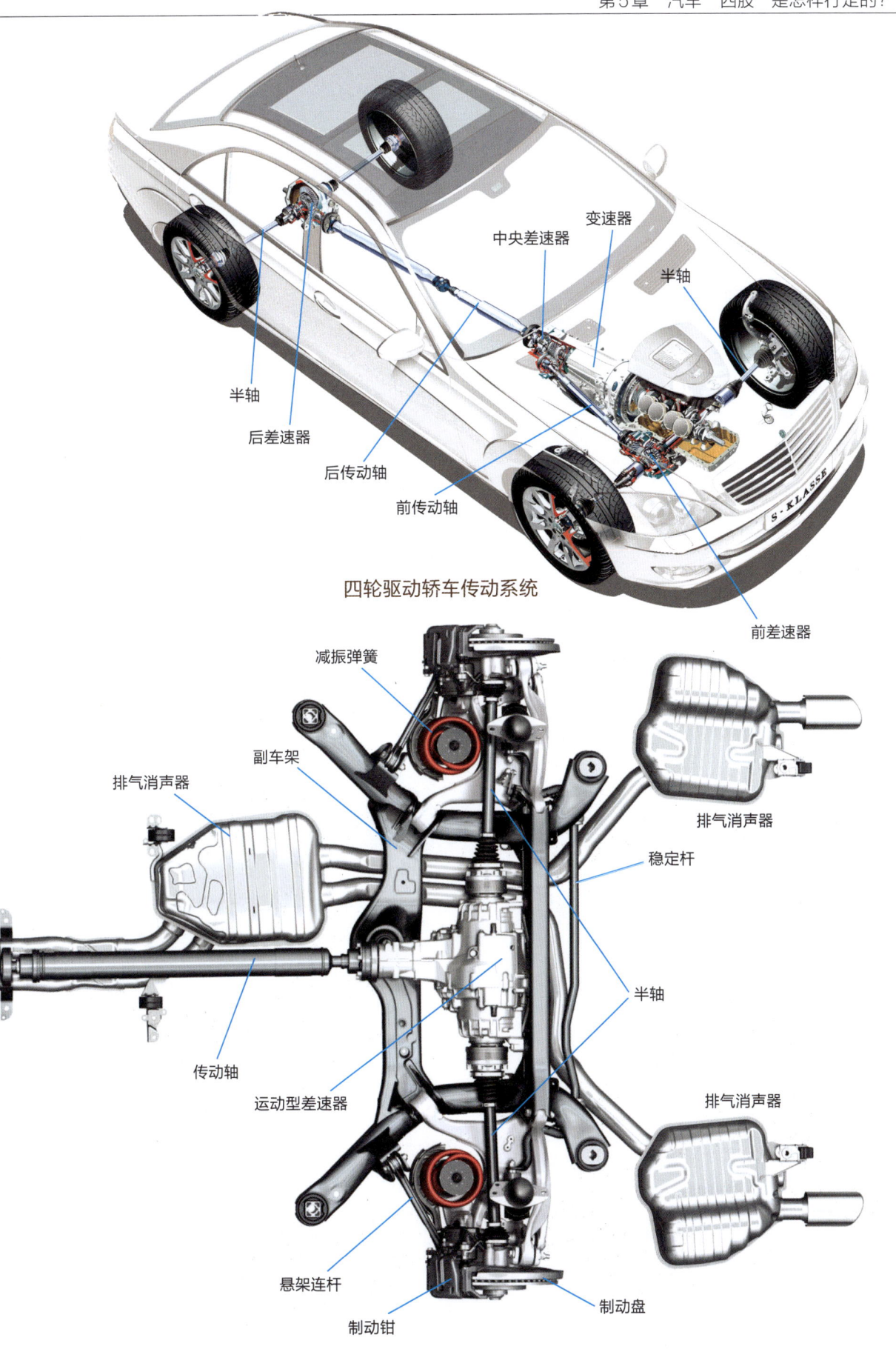

第5章 汽车"四肢"是怎样行走的？

四轮驱动轿车传动系统

标注：半轴、后差速器、后传动轴、前传动轴、中央差速器、变速器、半轴、前差速器

标注：减振弹簧、副车架、排气消声器、排气消声器、稳定杆、半轴、传动轴、运动型差速器、排气消声器、悬架连杆、制动钳、制动盘

047

变速器：接收和调节动力

变速器负责接收发动机的动力，对速度和转矩调节后通过传动轴或直接传递给差速器，再由差速器分配给车轮。

汽车上常见的变速器包括手动变速器（Manual Transmission, MT）、液力自动变速器（Auto Transmission, AT）、无级变速器（Continuously Variable Transmission, CVT）、双离合变速器（Dual Clutch Transmission, DCT）等。

变速器有哪些类型？

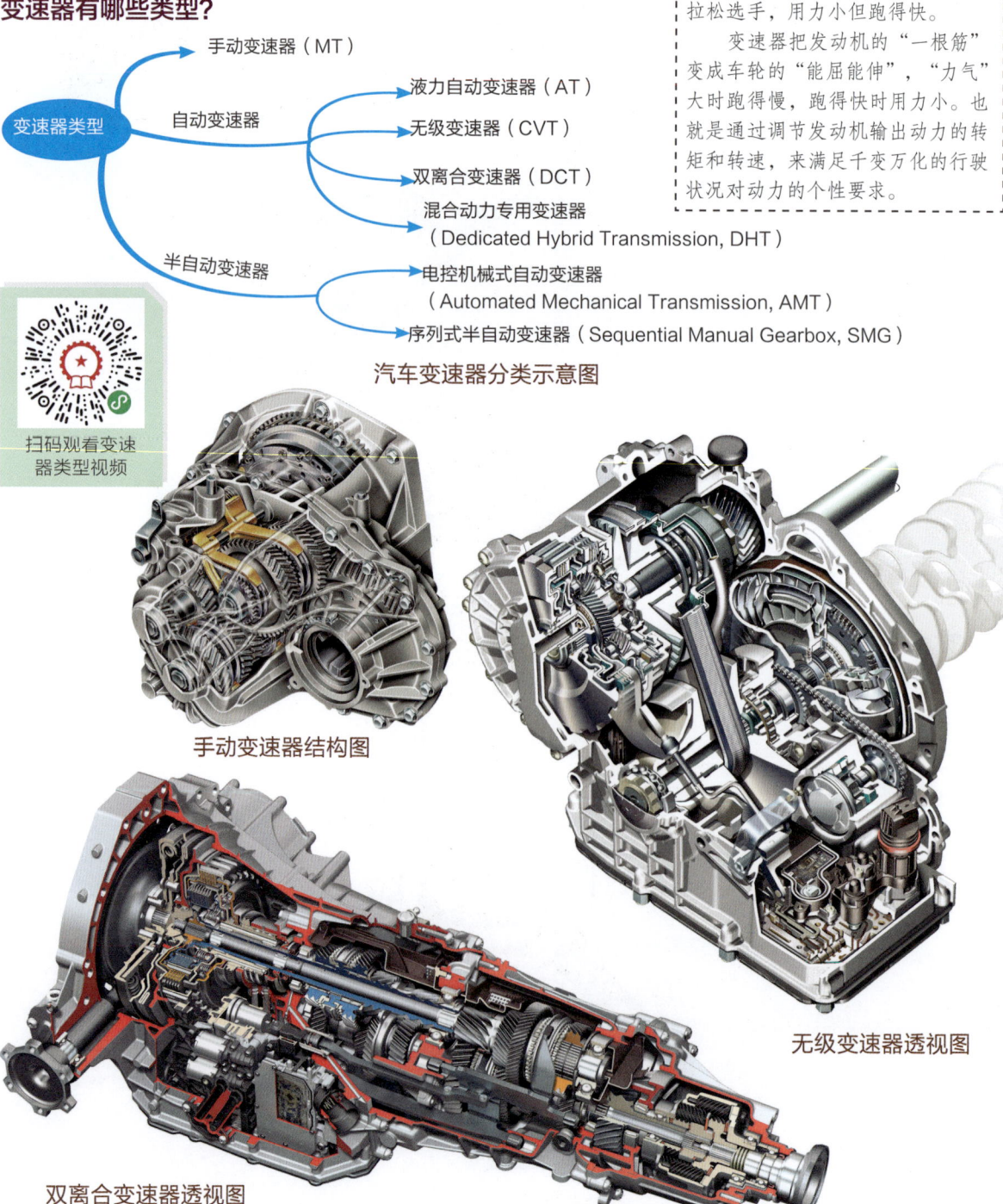

变速器类型：
- 手动变速器（MT）
- 自动变速器
  - 液力自动变速器（AT）
  - 无级变速器（CVT）
  - 双离合变速器（DCT）
  - 混合动力专用变速器（Dedicated Hybrid Transmission, DHT）
- 半自动变速器
  - 电控机械式自动变速器（Automated Mechanical Transmission, AMT）
  - 序列式半自动变速器（Sequential Manual Gearbox, SMG）

汽车变速器分类示意图

扫码观看变速器类型视频

汽车冷知识

汽车为什么需要变速器？

发动机是"一根筋"，它只会用固定节奏旋转，发出的"力气"和转速变化较小。但车辆行驶时需要的"力气"和转速变化较大，比如起步爬坡时得像举重运动员，力气大但动作慢；高速巡航时得像马拉松选手，用力小但跑得快。

变速器把发动机的"一根筋"变成车轮的"能屈能伸"，"力气"大时跑得慢，跑得快时用力小。也就是通过调节发动机输出动力的转矩和转速，来满足千变万化的行驶状况对动力的个性要求。

手动变速器结构图

无级变速器透视图

双离合变速器透视图

048

第5章 汽车"四肢"是怎样行走的？

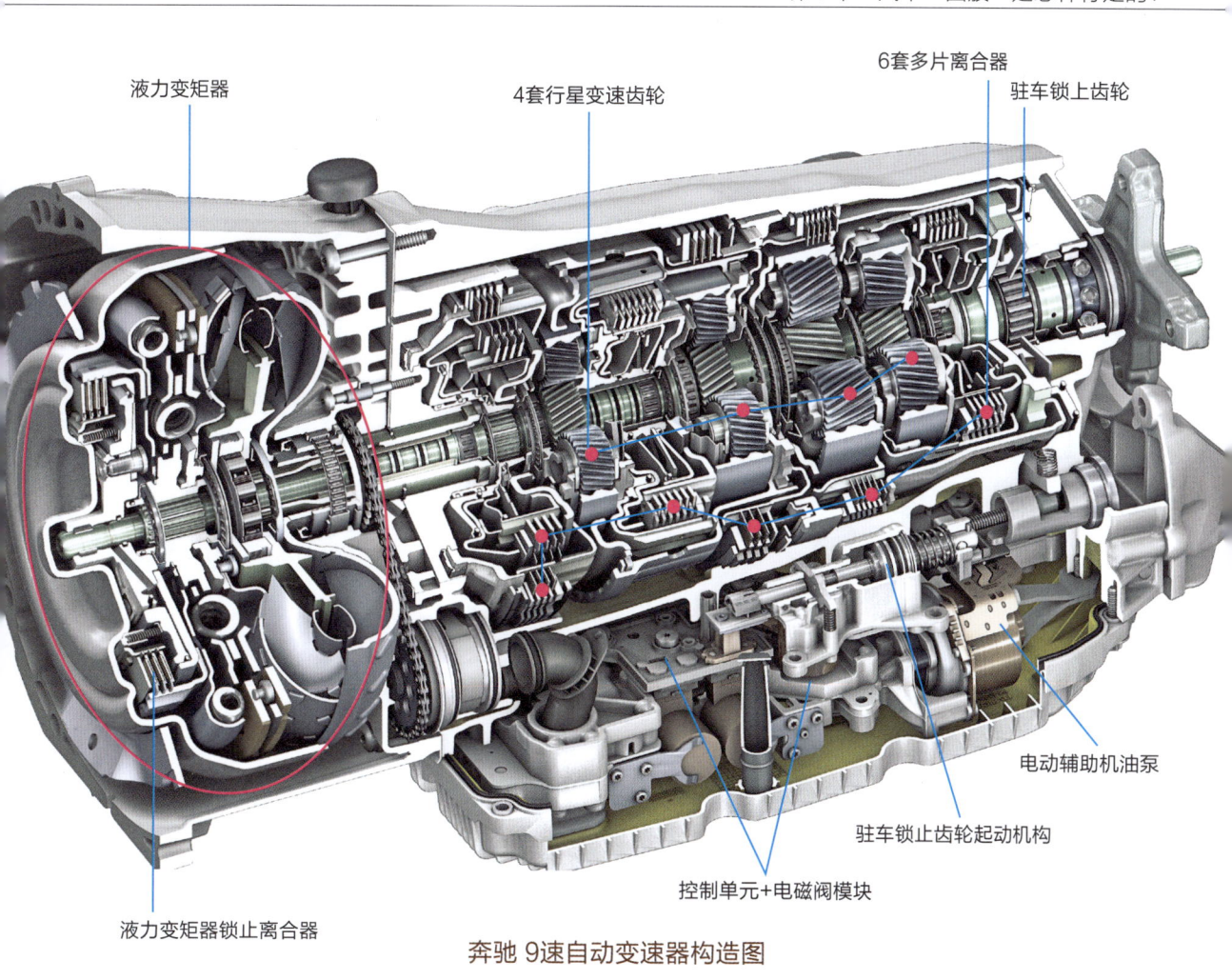

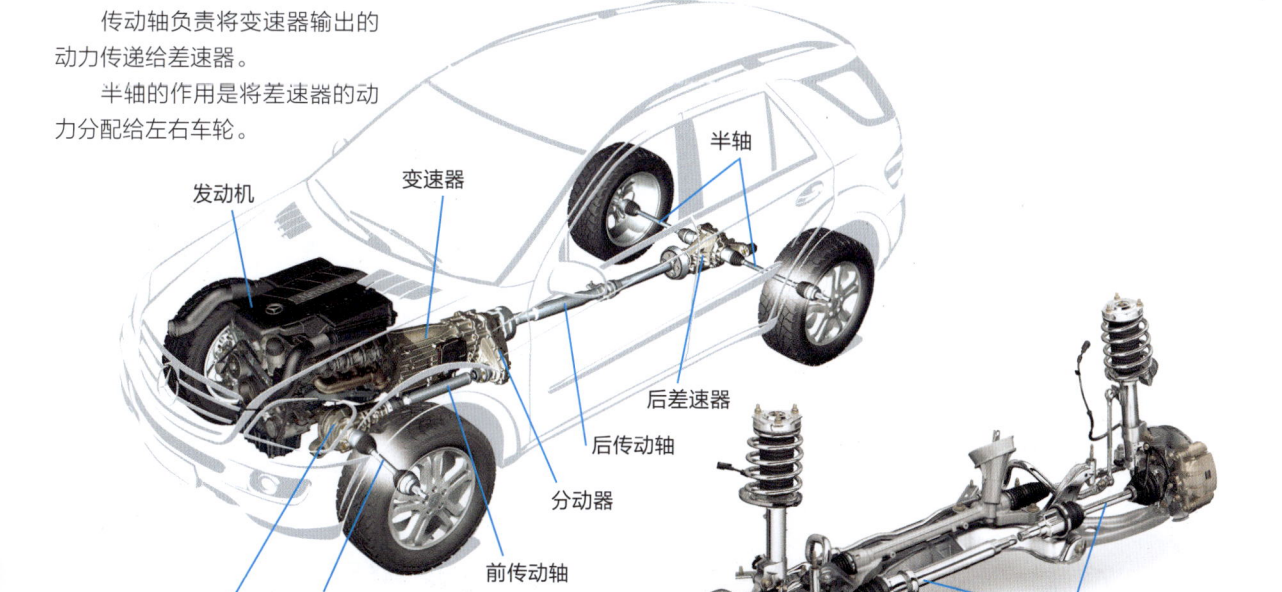

奔驰 9速自动变速器构造图

标注：液力变矩器、4套行星变速齿轮、6套多片离合器、驻车锁上齿轮、电动辅助机油泵、驻车锁止齿轮起动机构、控制单元+电磁阀模块、液力变矩器锁止离合器

传动轴与半轴

传动轴负责将变速器输出的动力传递给差速器。

半轴的作用是将差速器的动力分配给左右车轮。

传动轴与半轴在车上位置图

标注：发动机、变速器、半轴、后差速器、后传动轴、分动器、前传动轴、前差速器、半轴

049

差速器：协调动力分配

每辆汽车至少拥有一个差速器，用来协调左右驱动轮或前后车轴的动力分配。没有差速器的汽车只能直行，在公路上无法转弯。

如果按差速器的构造形式划分，现在汽车上最常用的是锥齿轮差速器（也称伞齿轮差速器）和行星齿轮差速器。如果按所处位置或所起作用划分，则分为轮间差速器和轴间差速器（也称中央差速器）。

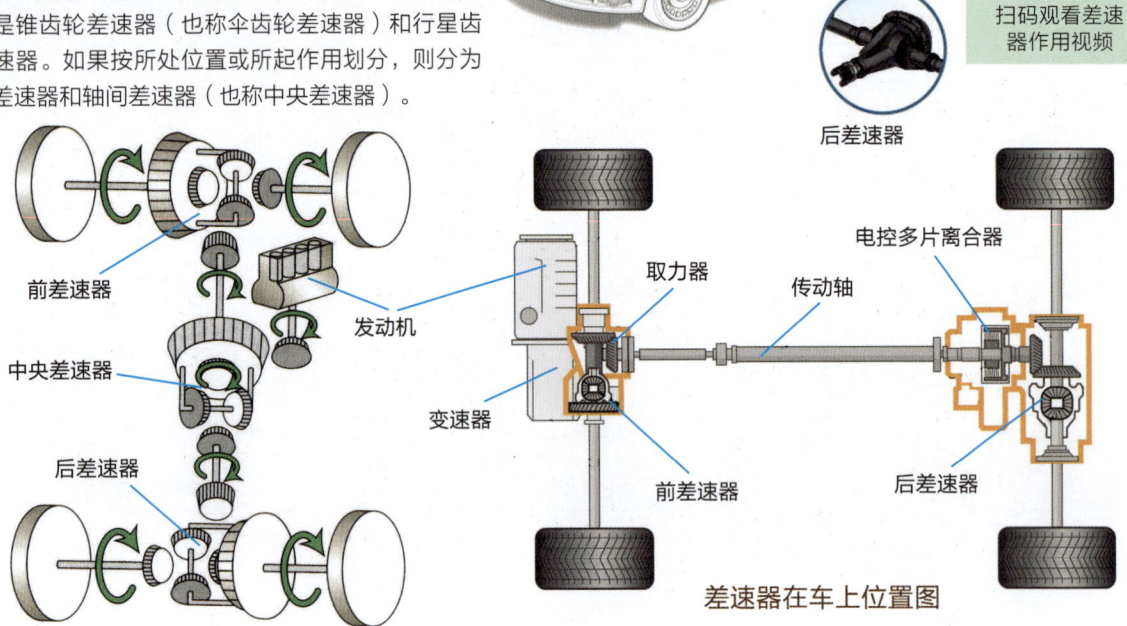

扫码观看差速器作用视频

后差速器

前差速器
中央差速器
后差速器
发动机

前、中、后差速器位置示意图

电控多片离合器
取力器
传动轴
变速器
前差速器
后差速器

差速器在车上位置图

锥齿轮差速器

锥齿轮差速器的核心部分由4个（或6个）锥齿轮组成。当汽车直线行驶时，左右车轮的转速相同，差速器的托架和两个侧齿轮以相同的速度旋转，小齿轮只有公转没有自转。而当汽车转弯或其他情况导致左右车轮转速不一样时，两个侧齿轮产生转速差，导致中间的小齿轮发生自转，从而吸收两个侧齿轮的转速差，让左右车轮在有转速差时顺利过弯。

行星齿轮差速器

行星齿轮差速器主要用于中央差速器，但在一些电动汽车上，也可用作轮间差速器。环齿轮（也称边齿轮）与变速器输出端相连，中心齿轮（也称太阳轮）则与前轴相连，位于环齿轮与中心齿轮之间的行星齿轮两个一组，并由行星齿轮托架组合在一起，而行星齿轮托架则与后轴相连。当前轴与后轴出现转速差时，就会导致中间的行星齿轮产生自转，从而吸收前轴与后轴之间的转速差。

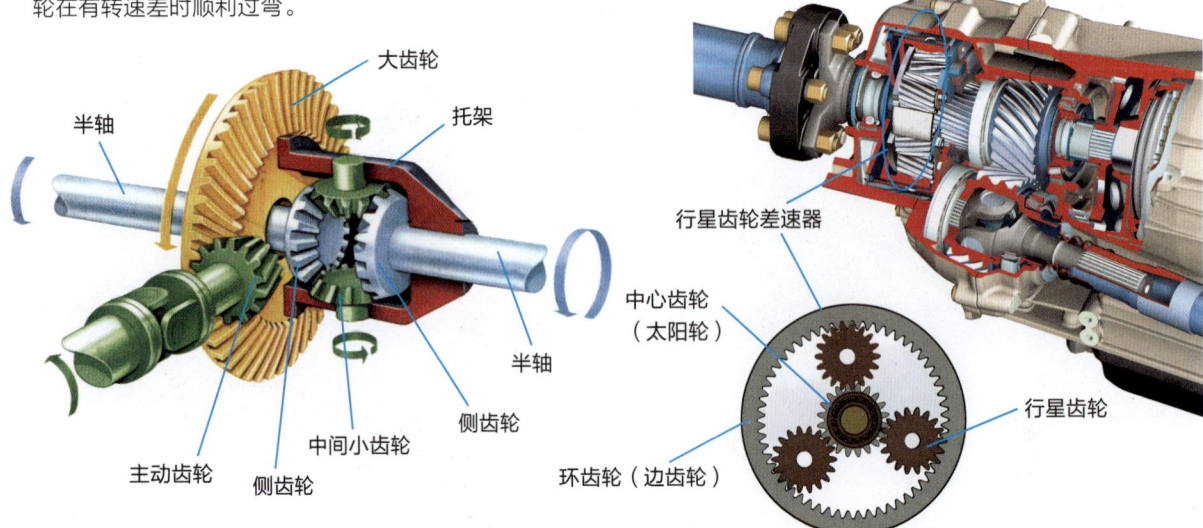

大齿轮
托架
半轴
半轴
侧齿轮
中间小齿轮
侧齿轮
主动齿轮

锥齿轮差速器构造示意图

行星齿轮差速器
中心齿轮（太阳轮）
环齿轮（边齿轮）
行星齿轮

行星齿轮差速器构造示意图

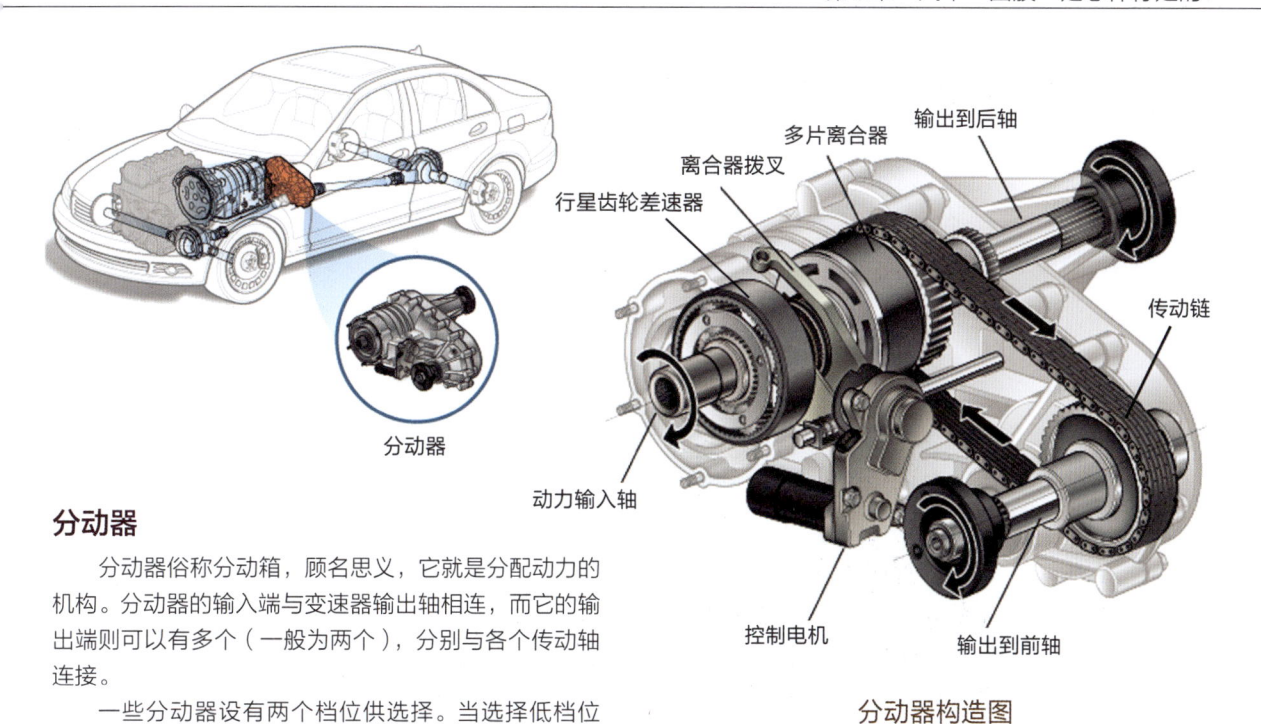

第5章 汽车"四肢"是怎样行走的？

分动器

　　分动器俗称分动箱，顾名思义，它就是分配动力的机构。分动器的输入端与变速器输出轴相连，而它的输出端则可以有多个（一般为两个），分别与各个传动轴连接。

　　一些分动器设有两个档位供选择。当选择低档位时，可将驱动转矩放大，以提高攀爬和拖动能力。

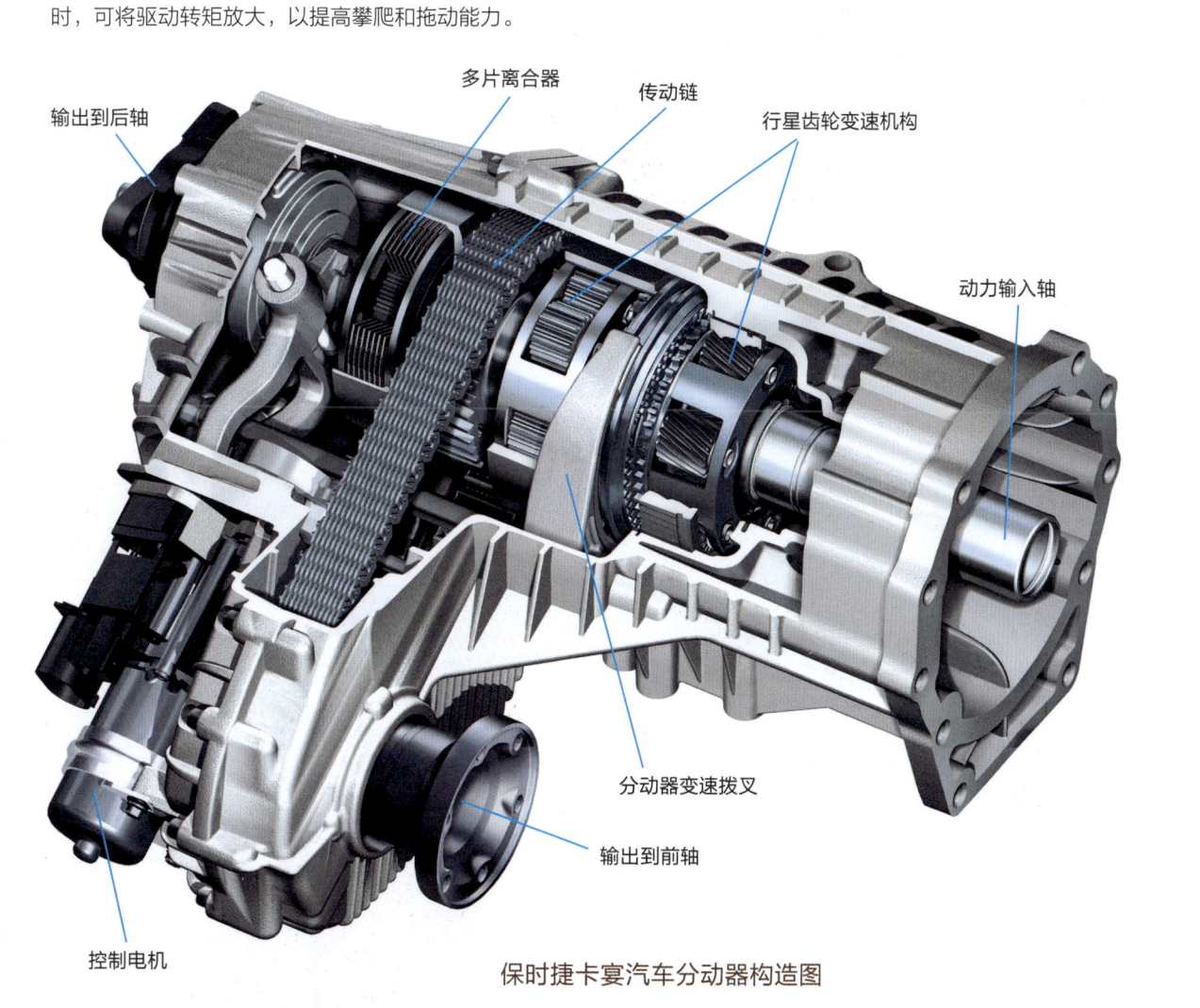

分动器构造图

保时捷卡宴汽车分动器构造图

5.3 悬架系统：汽车的"腿"

悬架就像汽车的"腿"，负责让车轮稳稳地贴住地面，同时让乘员乘坐舒服。它的核心任务就是缓冲颠簸 + 保持稳定。

减振器："防抖神器"
弹簧被压后容易来回弹跳，减振器像"打气筒里的阻尼"，快速吸收多余振动。

减振弹簧："缓冲主力"
像床垫一样吸收颠簸，比如压过石头时弹簧被压缩，避免冲击力直接传给车身。

稳定杆："防侧倾神器"
转弯时防止车身过度倾斜，比如左轮压坑时，稳定杆会把右轮也往下拉，保持平衡。

悬架连杆："骨骼支架"
几根金属杆（控制臂、摆臂）把车轮和车身连起来，控制车轮上下运动的轨迹，避免"跑偏"。

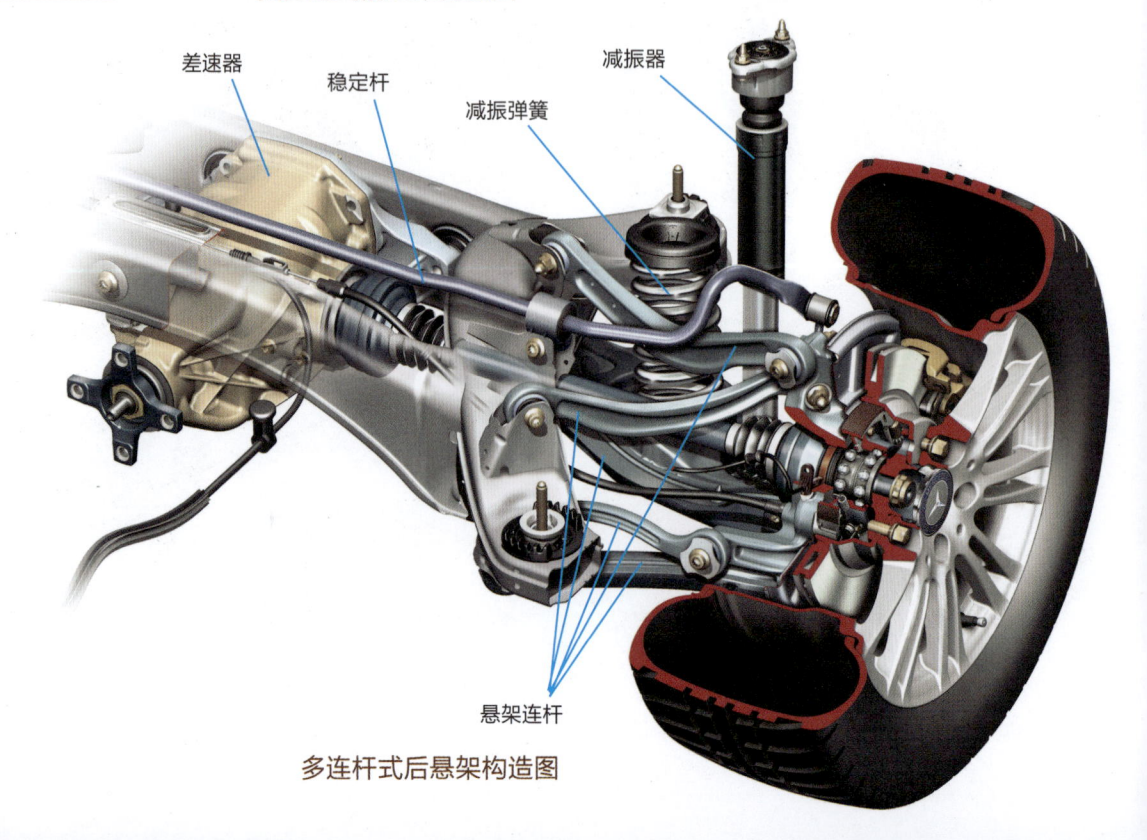

扫码观看汽车悬架系统视频

麦弗逊式前悬架构造图

差速器　稳定杆　减振器　减振弹簧

悬架连杆

多连杆式后悬架构造图

第5章 汽车"四肢"是怎样行走的？

配备空气减振器的前悬架构造图

双叉臂后悬架构造图

双叉臂前悬架构造图

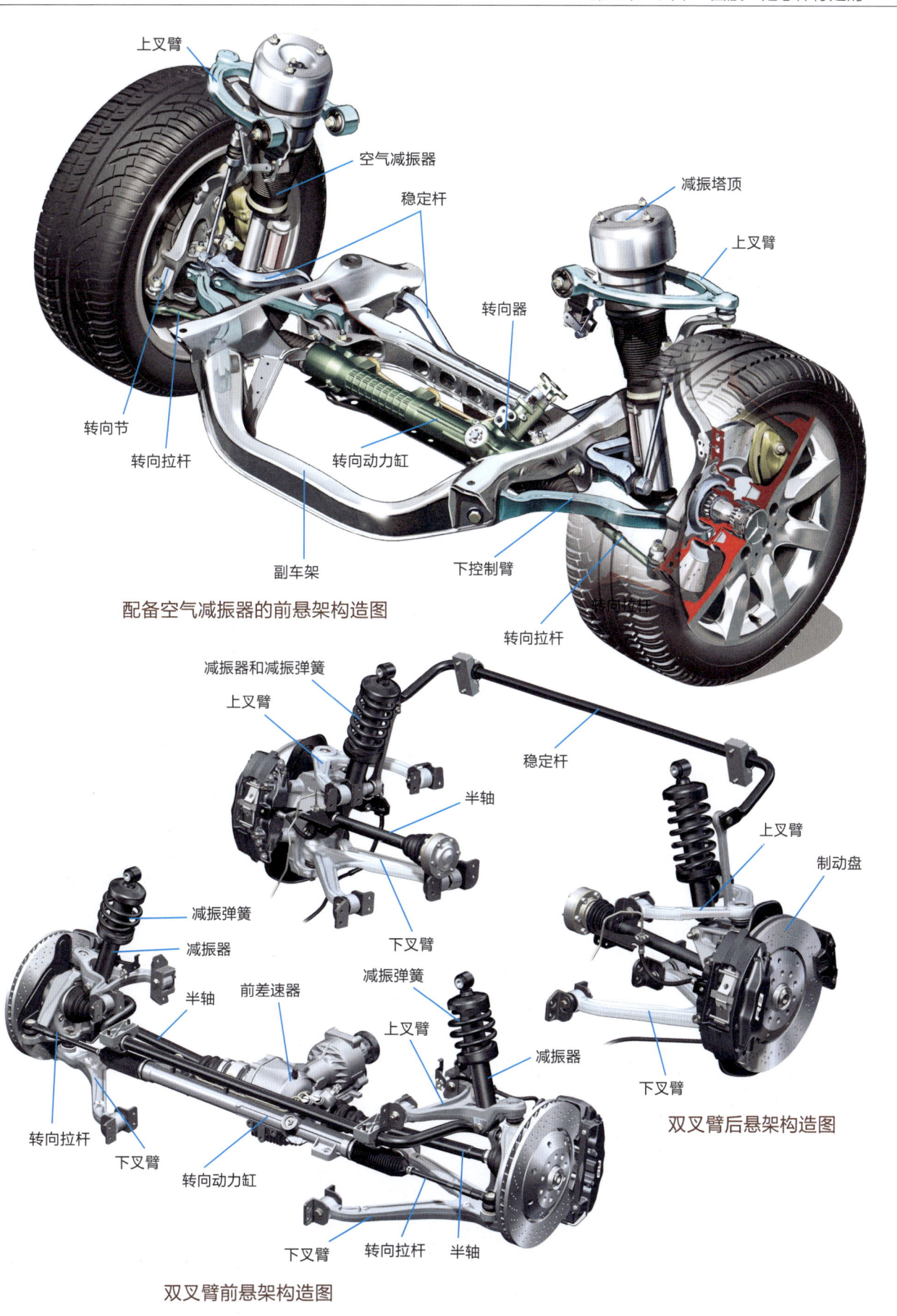

053

空气悬架及控制系统

标注：右前水平传感器、电信号线、空气分配阀、空气管、电子控制单元、惯性传感器、空气减振器、空气管、左前水平传感器、空气泵、空气管、空气储罐

什么是空气悬架？

空气悬架是一种利用空气弹簧来替代传统金属弹簧的悬架系统。利用空气压缩机产生压缩空气并送入空气弹簧中，配合可调式减振器，能够根据路面情况和车辆负载变化，自动调整车身高度和悬架硬度，保证车辆拥有较高的操控稳定性和驾乘舒适性。

三腔自适应空气悬架

标注：+20mm、正常水平、−10mm、−22mm、空气量1、空气量2、空气量3、空气量2开关阀、空气量3开关阀

自适应空气悬架及控制系统

标注：车身加速度传感器、可控减振器、悬架系统电子控制单元、车身加速度传感器、车身高度传感器、车身加速度传感器、车身高度传感器、车身高度传感器

扫码观看空气悬架原理视频

电动汽车的悬架系统

电动汽车五连杆后悬架

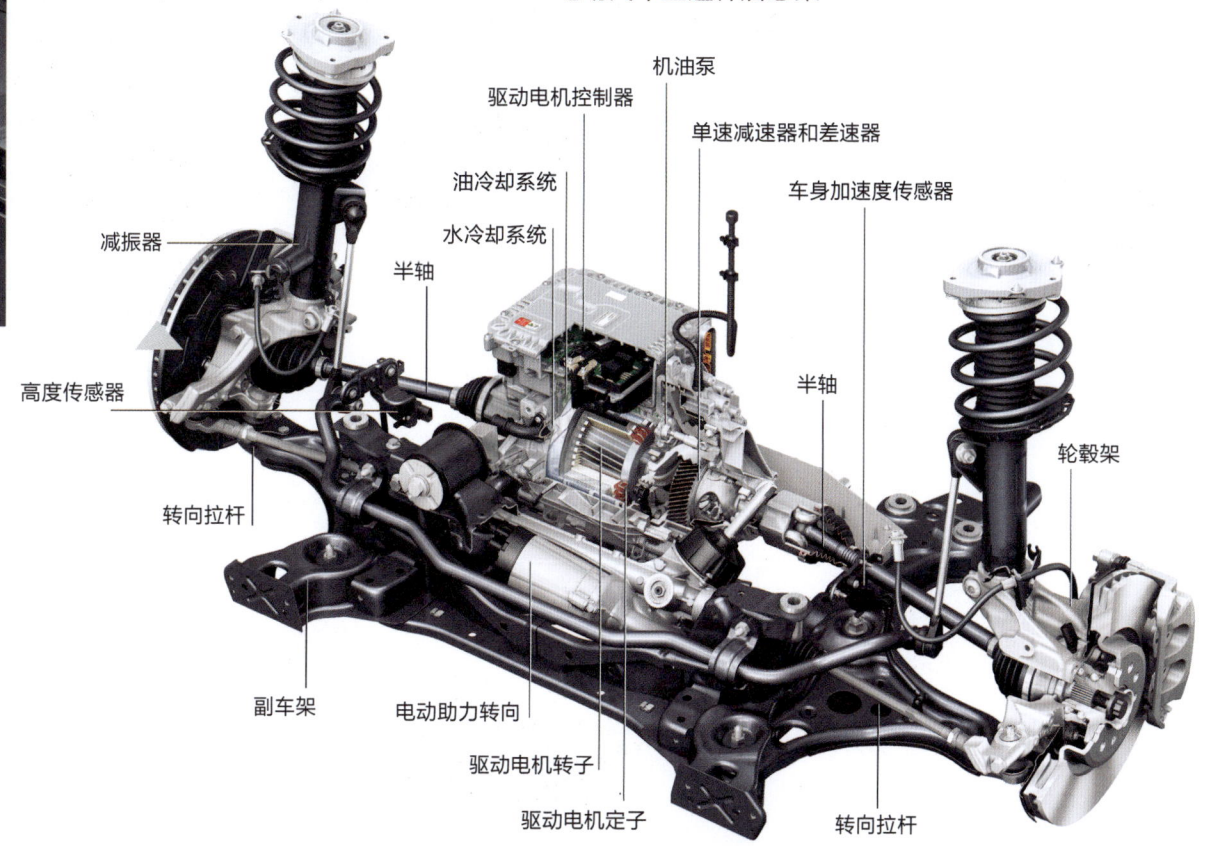

标注：减振器、水冷却系统、驱动电机控制器、单速减速器和差速器、铝质控制臂、铝轮毂架、驱动电机转子、驱动电机定子、控制臂

电动汽车麦弗逊式前悬架

标注：驱动电机控制器、机油泵、单速减速器和差速器、油冷却系统、水冷却系统、车身加速度传感器、减振器、半轴、半轴、轮毂架、高度传感器、转向拉杆、副车架、电动助力转向、驱动电机转子、驱动电机定子、转向拉杆

5.4　转向系统：汽车的"向导"

　　转向系统能够按照驾驶人的意愿控制汽车的行驶方向，确保汽车可以按照驾驶人的想法进行直线或转向行驶。

　　转向系统还通过提供液压或电动转向助力，减轻驾驶人在转向过程中所需的力道，从而提高驾驶舒适性。

　　通过转向系统的反馈和调整，驾驶人对汽车进行精确的转向控制，从而提高驾驶操控性。

轿车转向系统构造图

扫码观看汽车转向系统视频

电动助力转向系统

5.5 制动系统：汽车的"缰绳"

盘式制动

盘式制动又称碟式制动。制动盘像是一只碟子，当人们用拇指和食指捏住旋转的碟子时，碟子会停止旋转。

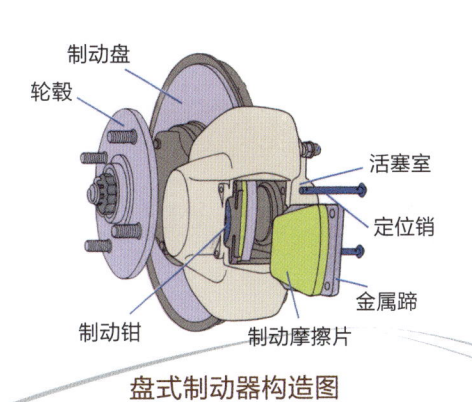

盘式制动器构造图
- 制动盘
- 轮毂
- 活塞室
- 定位销
- 金属蹄
- 制动钳
- 制动摩擦片

扫码观看汽车制动系统视频

汽车制动系统示意图
- 右前制动盘
- 真空制动助力器
- 制动液罐
- 驻车制动手柄
- 驻车制动拉索
- 后制动+驻车制动
- 制动液管
- 制动力分配
- 左前制动盘

车圈"黑话"解码

"通风盘" "打孔盘"

"通风盘"是通风式制动盘的简称。制动盘上有许多洞孔，冷空气可从中穿过进行降温。相比于实心制动盘，其散热性能更优秀，热衰减相对更弱。

"打孔盘"是指带有孔洞的通风式制动盘，这些孔洞有利于制动盘散热，减少热衰减，保证车辆具有较佳的制动性能。

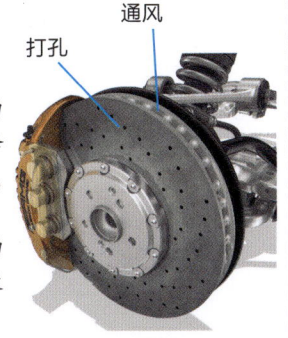

通风
打孔

小白成长测验（第5级）

1）汽车底盘主要包括哪些主要部件？

2）为什么说悬架系统是汽车的"腿"？

3）常用的变速器主要有哪些类型？

4）悬架系统主要由哪些部件组成？

5）差速器起什么作用？

057

第6章 汽车"心脏"是怎样跳动的？

为什么发动机是汽车的"心脏"？一台发动机共有多少个零件？V8发动机中的"V8"是什么意思？水平对置发动机是什么发动机？W形发动机和转子发动机又是什么样的？电动汽车上常用的驱动电机有哪些类型？

6.1 从"机械心脏"到"电子心脏"

燃油汽车的"心脏"：发动机

核心功能像"心脏"

发动机通过燃烧汽油或柴油产生热能，再将热能转化为机械能，驱动车轮转动（类似心脏将氧气转化为能量，推动血液流动）。

工作原理像"心脏"

通过"进气→压缩→燃烧→排气"4个行程循环（类似心脏的收缩-舒张），将燃料的化学能转化为机械能。

系统依赖像"心脏"

发动机需要配套变速器、燃油系统、冷却系统等（类似心脏需要血管和循环系统配合），结构复杂且能量损耗大。

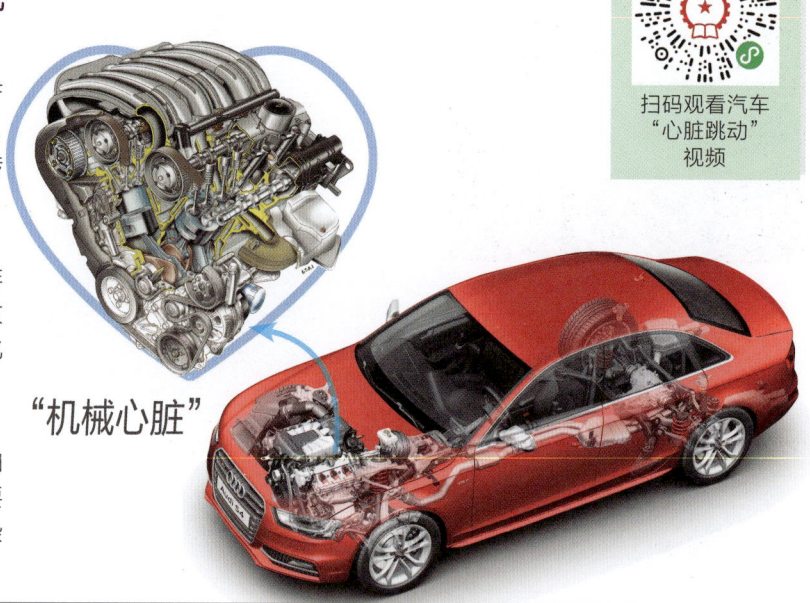

"机械心脏"

扫码观看汽车"心脏跳动"视频

电动汽车的"心脏"：驱动电机

电流通过驱动电机定子绕组产生旋转磁场，利用电磁感应原理产生旋转力，推动转子转动，直接将电能转化为机械能，驱动车轮（类似心脏通过电信号触发肌肉收缩）。

驱动电机工作中没有燃烧过程，结构更简单，能量转换效率高（90%以上），且能通过程序精准控制动力输出。

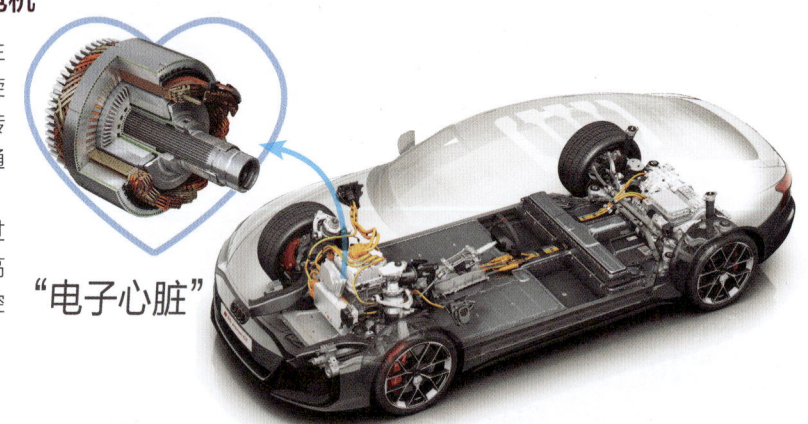

"电子心脏"

汽车冷知识

为什么称发动机和驱动电机是汽车的"心脏"？

1）它们都具有不可替代性：没有发动机或驱动电机，车辆完全无法行驶。

2）它们都直接决定汽车的性能：发动机和驱动电机的性能，比如功率特性和转矩特性等，直接决定汽车的加速性能、最高车速等。

3）它们都是汽车设计的中心：其他部件（变速器、燃油箱、动力电池、电控系统等）均围绕其设计。

6.2 认识发动机的类型

划重点：气缸排列："气缸合唱团"

发动机类型可按多种方式划分，比如按所用燃料、气缸排列形式、活塞运动形式、进气方式、冷却方式、工作行程数、气门位置或数量、凸轮轴位置、缸体材料等划分。比较常见的是按气缸排列方式划分，比如直列、V形、水平对置和W形等。

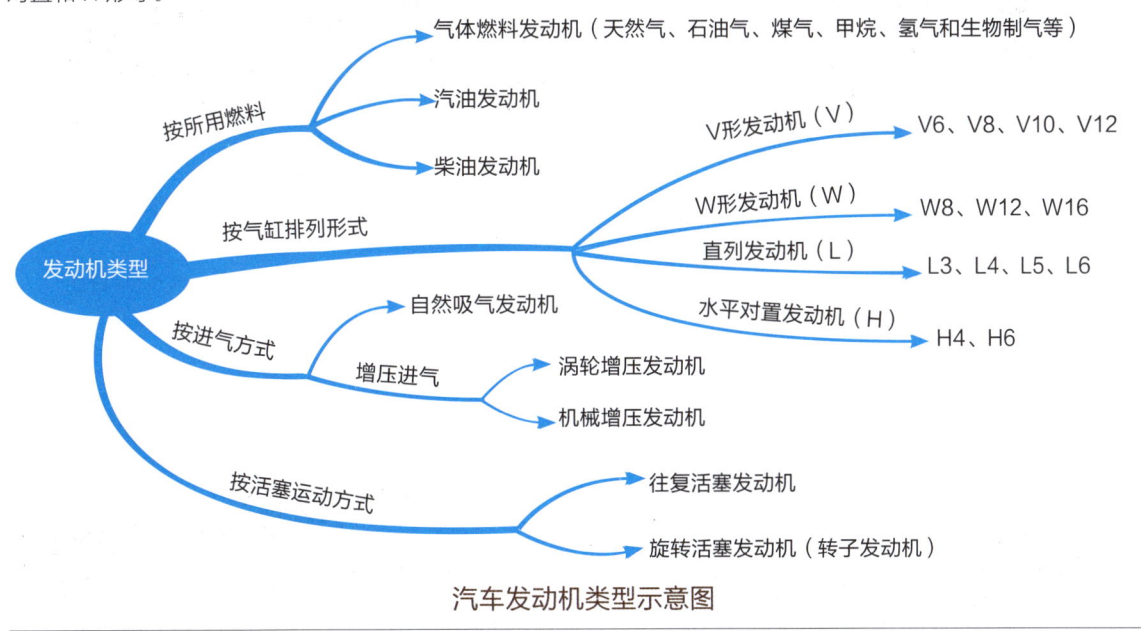

```
发动机类型
├─ 按所用燃料
│   ├─ 气体燃料发动机（天然气、石油气、煤气、甲烷、氢气和生物制气等）
│   ├─ 汽油发动机
│   └─ 柴油发动机
├─ 按气缸排列形式
│   ├─ V形发动机（V）── V6、V8、V10、V12
│   ├─ W形发动机（W）── W8、W12、W16
│   ├─ 直列发动机（L）── L3、L4、L5、L6
│   └─ 水平对置发动机（H）── H4、H6
├─ 按进气方式
│   ├─ 自然吸气发动机
│   └─ 增压进气
│       ├─ 涡轮增压发动机
│       └─ 机械增压发动机
└─ 按活塞运动方式
    ├─ 往复活塞发动机
    └─ 旋转活塞发动机（转子发动机）
```

汽车发动机类型示意图

直列发动机："排成一列"

直列 3 气缸
直列3气缸发动机具有质量小、结构简单、制造和维修成本较低的优势。现在1.5L涡轮增压发动机通常采用直列3气缸的形式。

直列 4 气缸
这是普通轿车上最常见的气缸排列方式，甚至丰田的2.7L发动机也采用直列4气缸。直列4气缸发动机体形紧凑、工作安静、结构简单、可靠性强。

直列 5 气缸
想提高4气缸发动机的排量，但又觉得直列6气缸发动机的体积太大，那么较好的办法是采用直列5气缸。直列5气缸发动机比直列4气缸更平顺，而且声音更动听。

直列 6 气缸
从理论上分析，直列6气缸是平衡性最好的布局形式。宝马喜欢采用直列6气缸发动机，3.0L的直列6气缸发动机已成为宝马的经典设计。

扫码观看认识发动机视频

水平对置发动机:"拳击手对决"

水平对置4气缸

水平对置4气缸发动机的活塞双双对立,像是两个拳击手的拳头在相互搏击,因此又称为拳击手发动机(Boxer Engine)。水平对置发动机的重心较低,这对汽车的操控性比较有利,但它的声音有点怪。

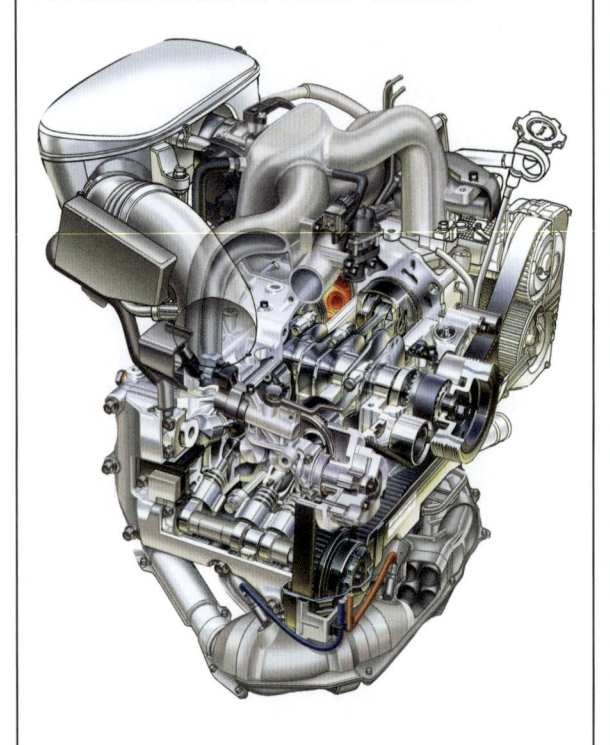

水平对置6气缸

如果将水平对置4气缸发动机再增加两个"拳头",就成了水平对置6气缸发动机。现在也只有保时捷和斯巴鲁在生产和使用水平对置6气缸发动机。法拉利曾制造过水平对置12气缸的发动机。

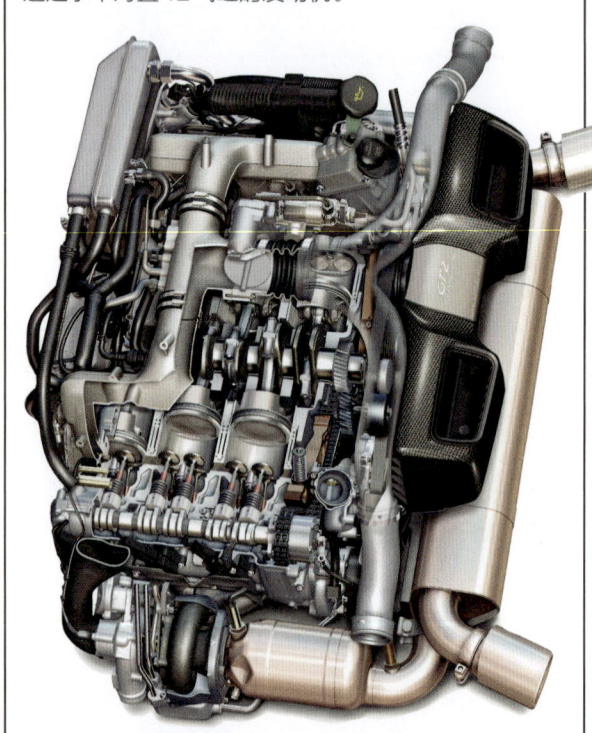

水平对置4气缸发动机构造图

水平对置6气缸涡轮增压发动机构造图

扫码观看发动机气缸排列形式视频

V 形发动机："胜利手势"

V 形 6 气缸

把直列 6 气缸分成两排，每排 3 个气缸，然后让这两排气缸成 V 形，这就是 V 形发动机。V6 发动机虽然没有直 6 发动机安静和平顺，但它的声音非常好听，而且体积可以缩小，体形更加紧凑，可以放在前驱车的机盖子下面，因此现在被广泛采用。

V 形 8 气缸

每 4 个气缸排成一排，然后呈 V 形布局，就是汽车发烧友们最喜欢的 V8 发动机。3.5L 排量以上的发动机基本采用 V 形 8 气缸布局。大型 SUV、跑车等追求强大动力的车型，喜欢采用 V8 发动机。V8 发动机几乎成了强大动力的代名词。

V 形 10 气缸

爆发力强：由于其气缸数量较多，爆发力强大，因此在加速、超车和高速行驶时动力表现尤为强劲。

平衡性出色：气缸数量较多，并通过合理的排列方式，能有效减少振动和噪声，提升驾驶的舒适性。

加速响应快：每个气缸的容积较小，进气和排气比较顺畅，能够迅速响应加速需求，确保操控精准，提升了驾驶乐趣，因此通常用在高性能跑车和赛车上，比如宝马 M5、奥迪 R8、兰博基尼 Gallardo、保时捷 Carrera GT、雷克萨斯 LFA、道奇蝰蛇等。

V 形 12 气缸

动力强劲：V12 发动机的总排量一般超过 6.0L，能够产生强大的动力，通常用在超跑或豪华轿车上。

运转平顺：V12 发动机每个气缸的做功间隔较小，运行比较平稳，振动和噪声较低，舒适性较高。

维护成本较高，油耗较高。

使用 V12 发动机的车型包括：法拉利 812 Superfast、法拉利 GTC4 Lusso、兰博基尼 Aventador、阿斯顿·马丁 DB11、劳斯莱斯幻影、奔驰 S600/S63-AMG 等。

W形发动机："两个胜利手势"

W形发动机气缸夹角

W形12气缸

W形8气缸/12气缸/16气缸

将V形发动机的每侧气缸再进行小角度错开（如帕萨特W8的小角度为15°），就成了W形发动机。W形发动机相当于由两个V形发动机构成，即"V+V=VV"。由于"VV"看似与"W"相近，因此称为W形发动机。实际批量装车的W形发动机主要有3种：W形8气缸、W形12气缸、W形16气缸发动机，它们都由德国大众集团生产，分别应用在帕萨特W8、奥迪A8和布加迪超级跑车上。

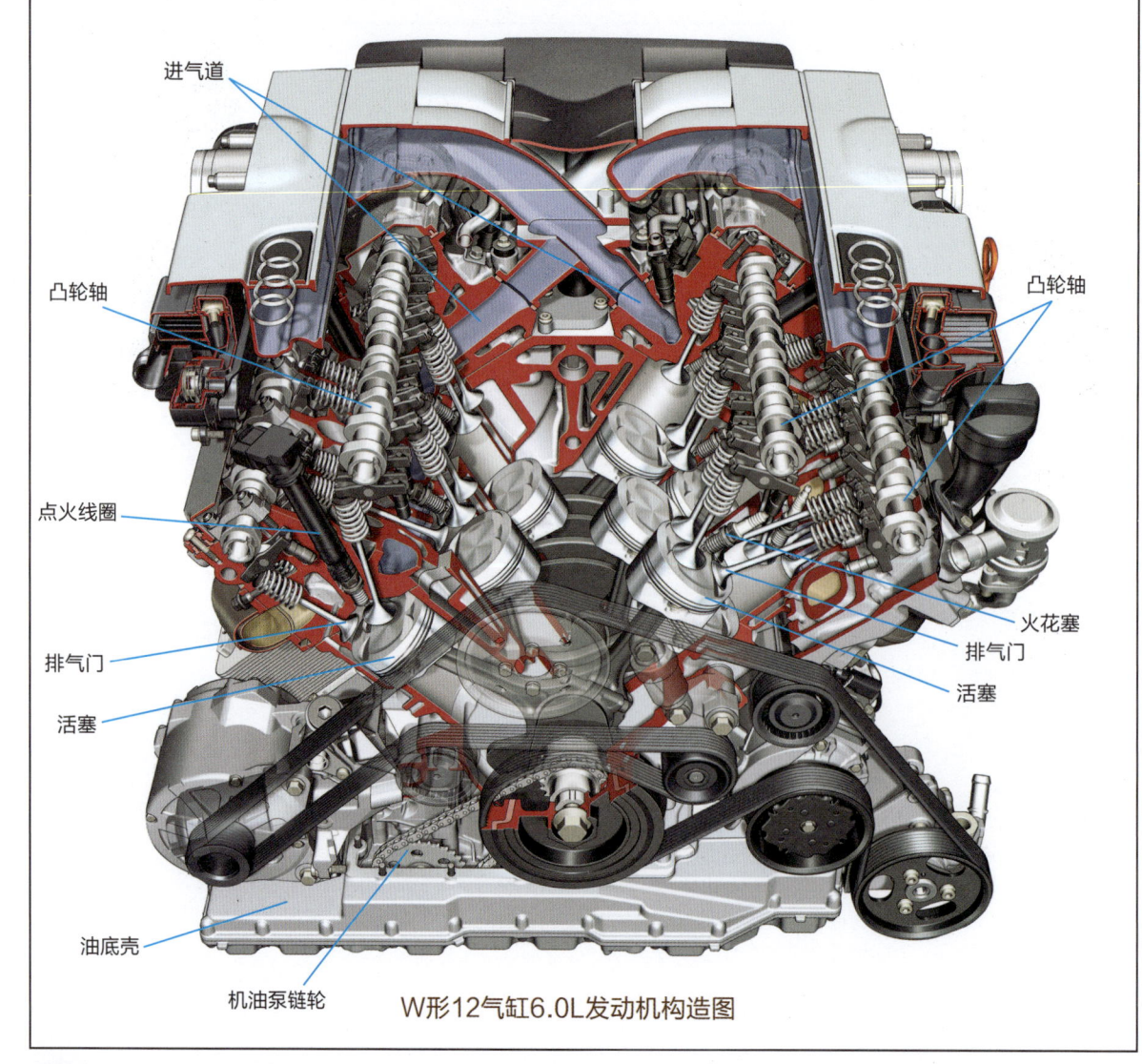

W形12气缸6.0L发动机构造图

6.3 透视燃油汽车的"心脏"

直列4气缸汽油发动机构造

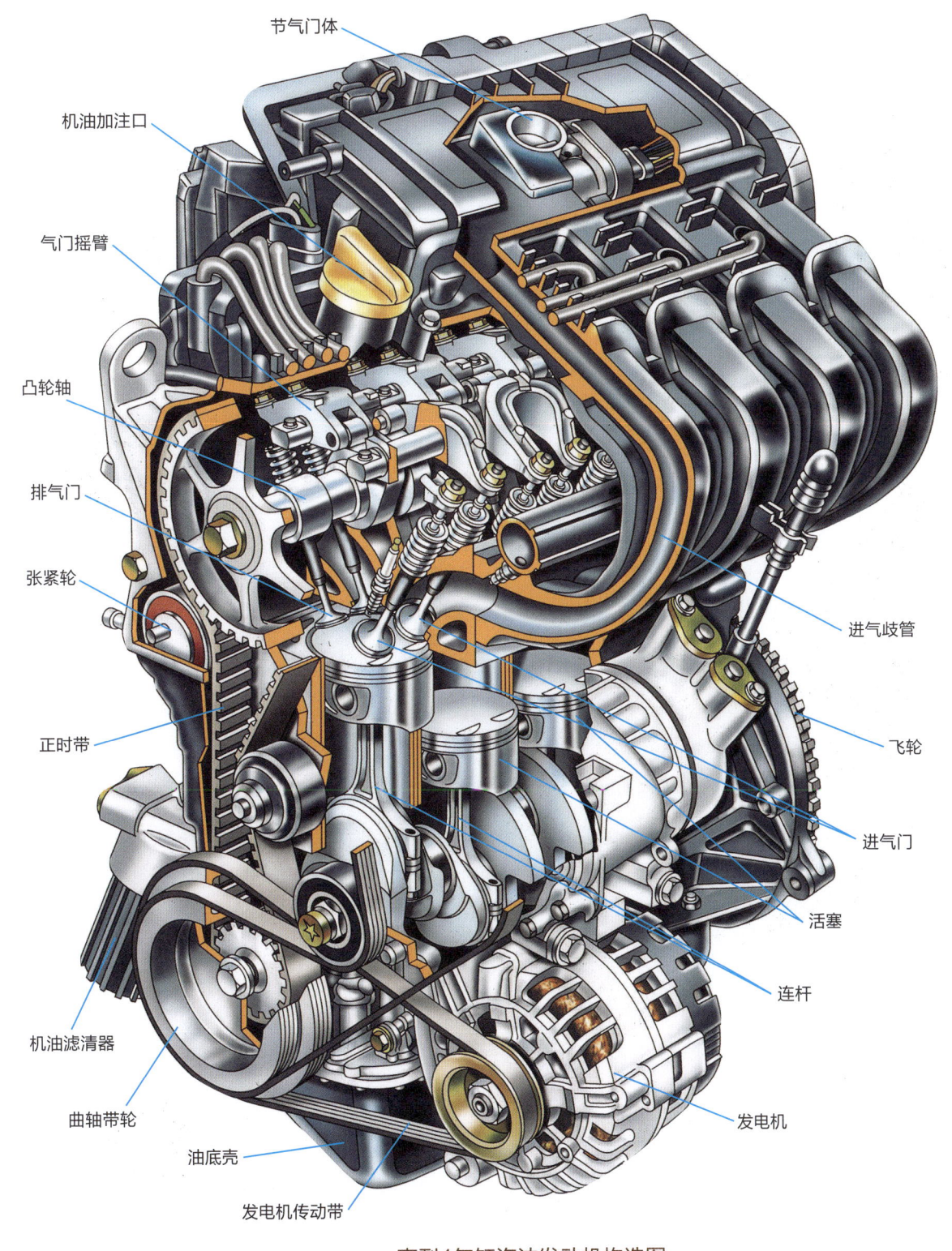

直列4气缸汽油发动机构造图

直列5气缸汽油发动机构造

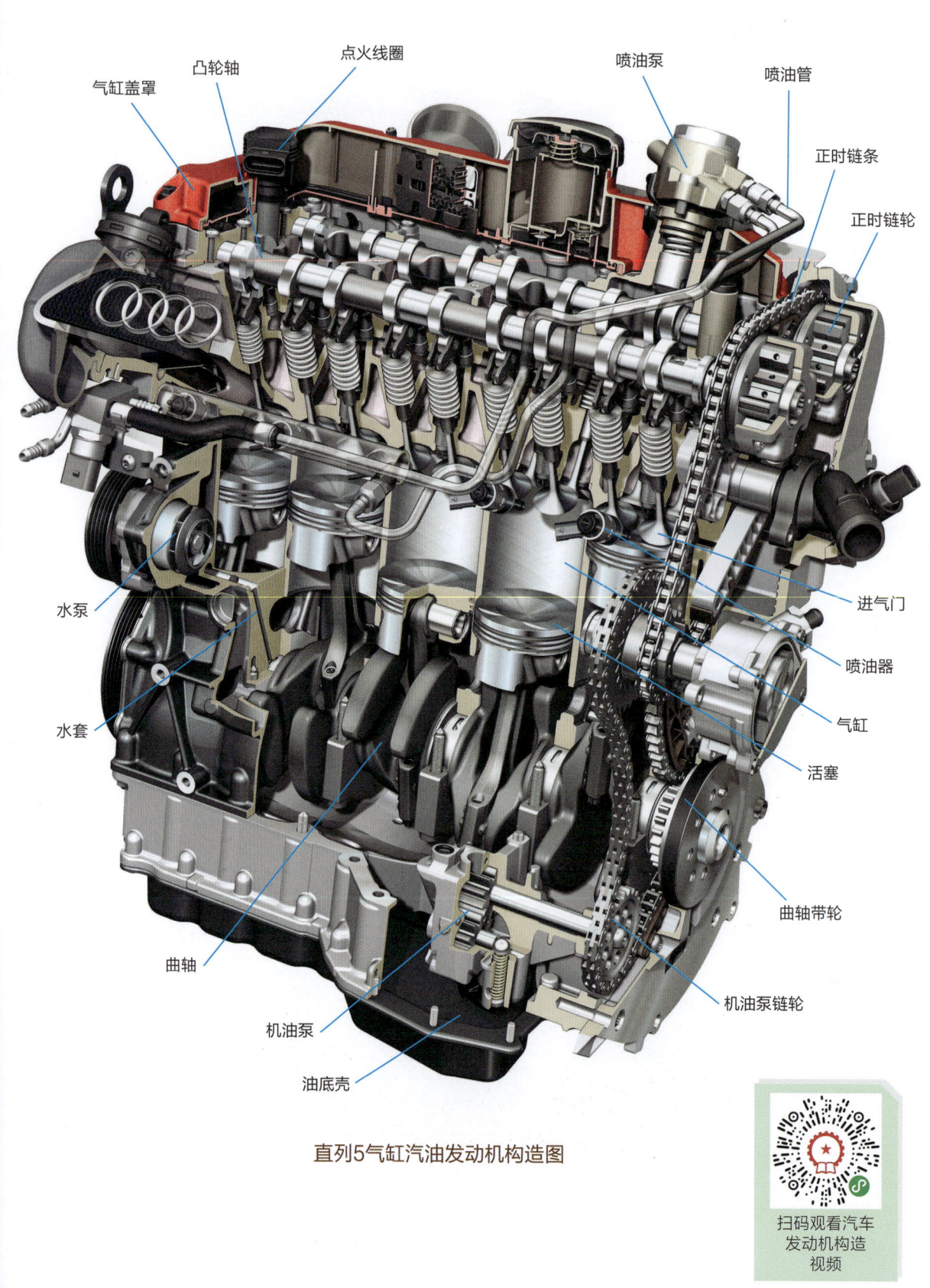

直列5气缸汽油发动机构造图

V形6气缸汽油发动机构造

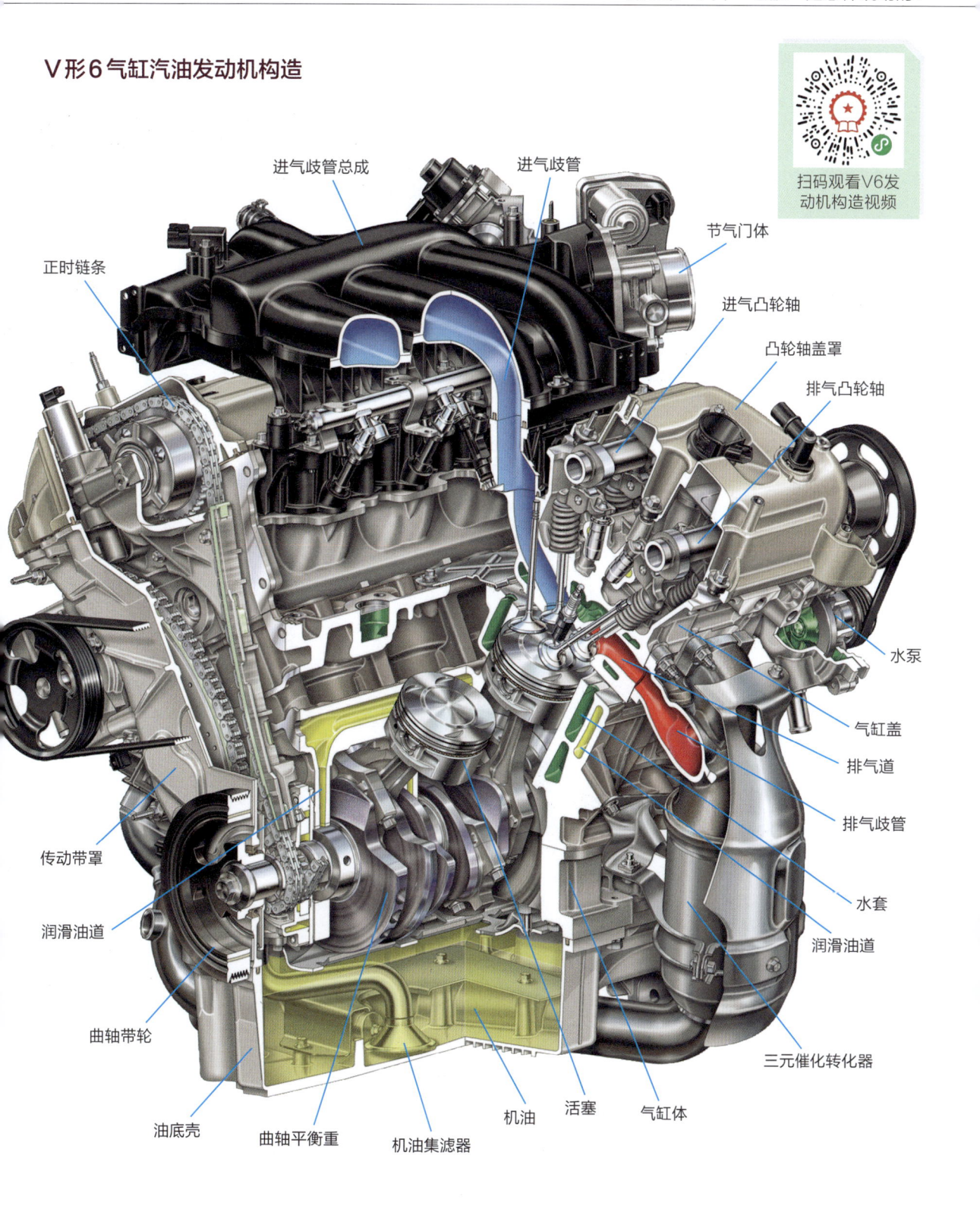

扫码观看V6发动机构造视频

V形6气缸汽油发动机剖视图

- 进气歧管总成
- 进气歧管
- 节气门体
- 进气凸轮轴
- 凸轮轴盖罩
- 排气凸轮轴
- 水泵
- 气缸盖
- 排气道
- 排气歧管
- 水套
- 润滑油道
- 三元催化转化器
- 气缸体
- 活塞
- 机油
- 机油集滤器
- 曲轴平衡重
- 油底壳
- 曲轴带轮
- 润滑油道
- 传动带罩
- 正时链条

什么是动力总成?

动力总成指的是车辆上产生动力,并将动力传递到路面的一系列零部件。广义上包括发动机、变速器、驱动轴、差速器、离合器等。但通常情况下,动力总成仅指发动机、变速器以及集成到变速器上的其余零件,如离合器、前差速器等。

图中标注:
- 电子控制单元
- 油轨
- 喷油器
- 凸轮轴正时齿轮
- 点火线圈
- 油底壳
- 机油
- 凸轮轴
- 排气歧管

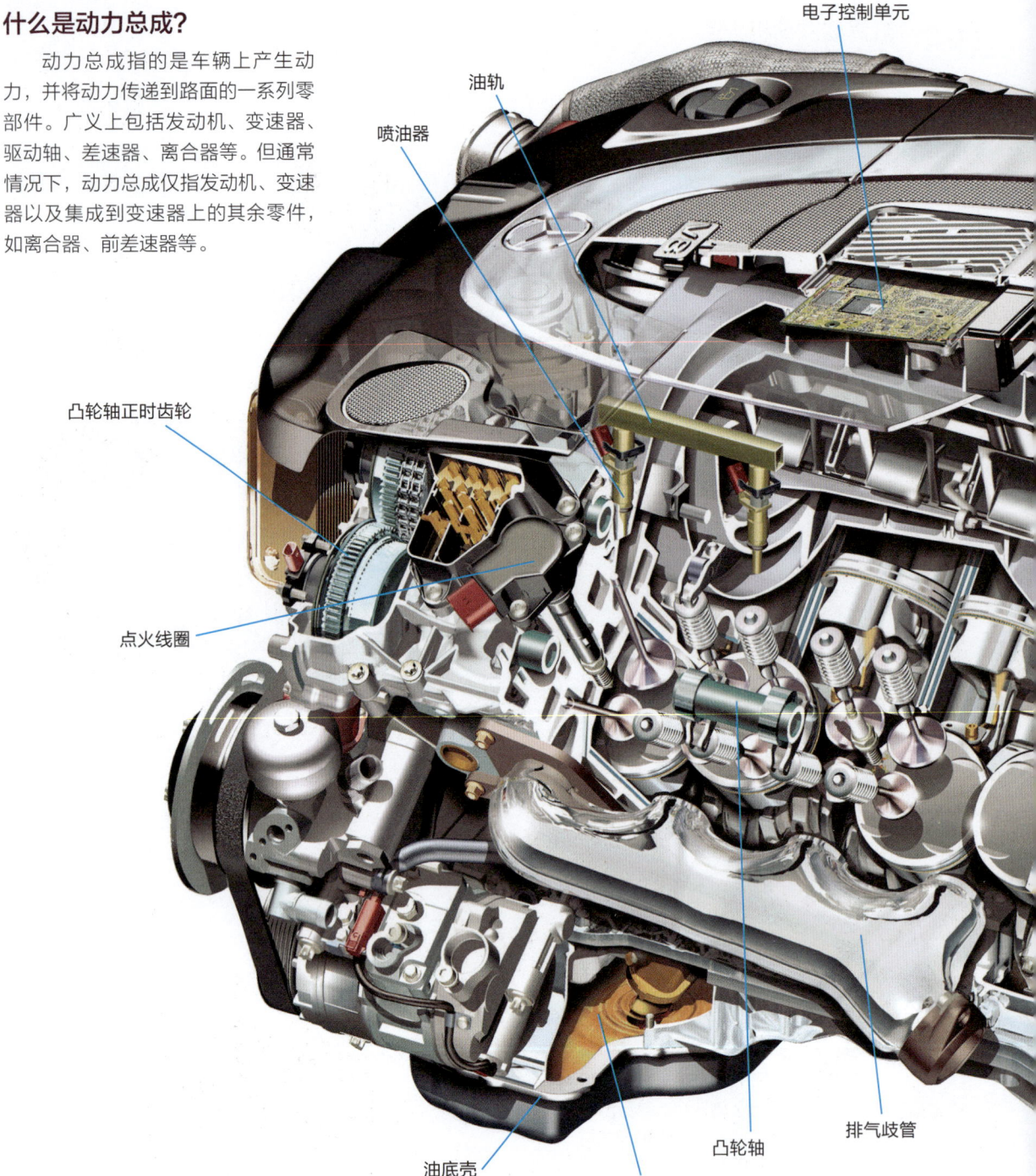

车圈"黑话"解码

"直6""V8""爆燃""三元""自动起停""排量"

"直6":指直列6气缸发动机。"V8"指V形8气缸发动机。

"爆燃":指发动机运行过程中,由于压缩比过高或燃油品质不佳等原因导致的异常燃烧现象。

"三元":指安装在排气系统中的三元催化转换器,用于减少有害气体的排放。

"自动起停":指在车辆短暂停留(如红灯停车)时自动关闭发动机以节省燃油的技术。

"排量":指发动机气缸的工作总容积,通常以升(L)或毫升(mL)表示,如排量2.0L。

第6章 汽车"心脏"是怎样跳动的？

> **汽车冷知识**
>
> 发动机与变速器前后分开放置有什么好处？
>
> 发动机通常与变速器集成在一起，比如在制造前驱车辆时，发动机、变速器以及前差速器集成为"动力总成"，然后再走上整车总装配线。但有一些后驱跑车喜欢将发动机与变速器前后分开放置，比如雪佛兰科尔维特跑车，发动机前置，变速器后置。这样布局的好处是：
>
> 1）可以增大后轴的负荷，从而增强驱动轮（后轮）的抓地力。
>
> 2）可放置大排量发动机，因为高性能跑车发动机的体积较大。
>
> 3）对于后驱车型来说，可以把变速器和后差速器整合在一起，使动力传递更直接。

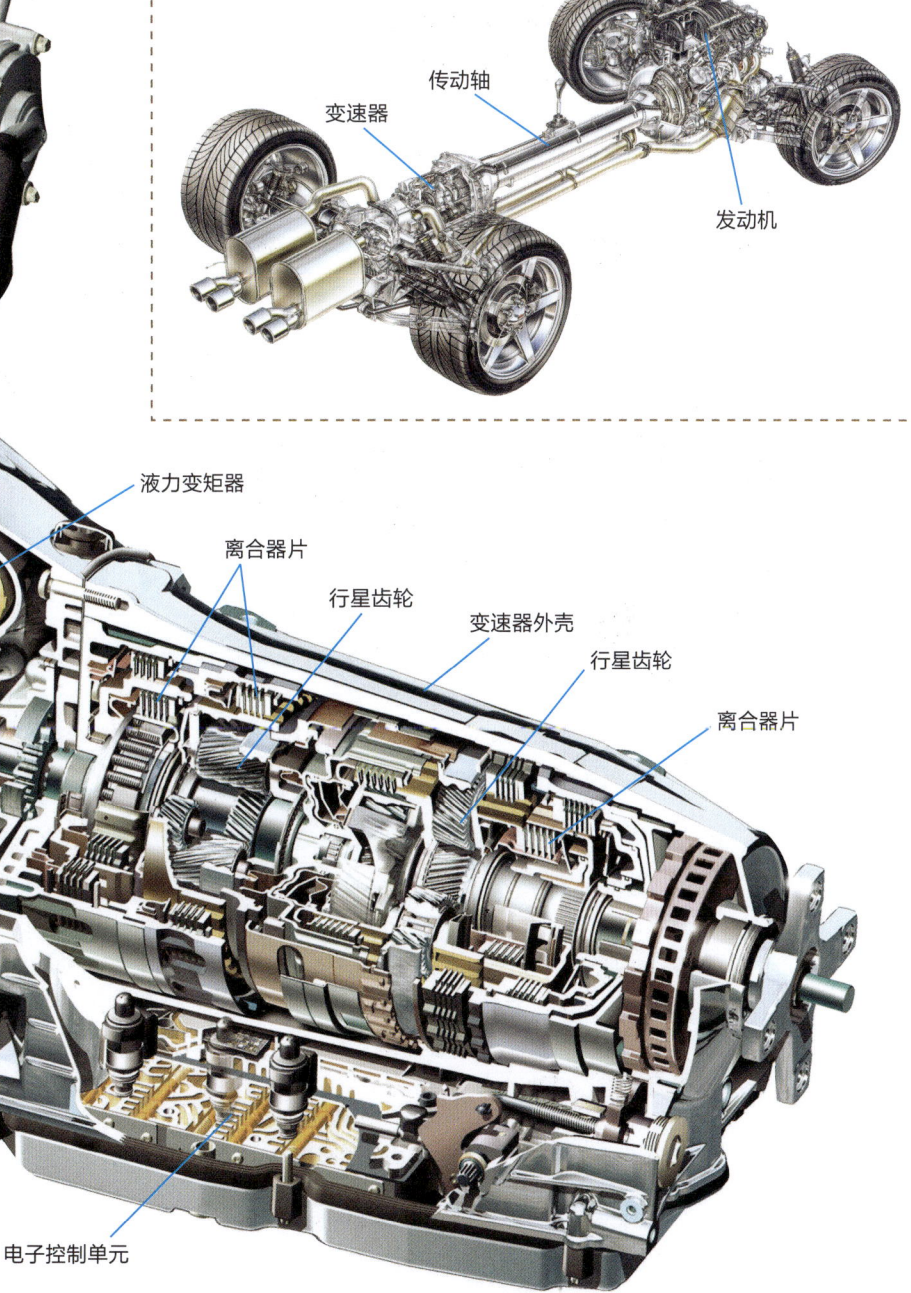

燃油汽车动力总成构造图

6.4 解剖燃油汽车的"心脏"

一台汽油发动机共有多少个零件?

根据构造复杂程度的不同,一台普通汽油发动机的零部件总数为300~600个。据称,一辆法拉利跑车的发动机约有800个独立的零件,而布加迪威航的W16发动机约有3500个零件。图为雪佛兰克尔维特V8发动机的部件展示。

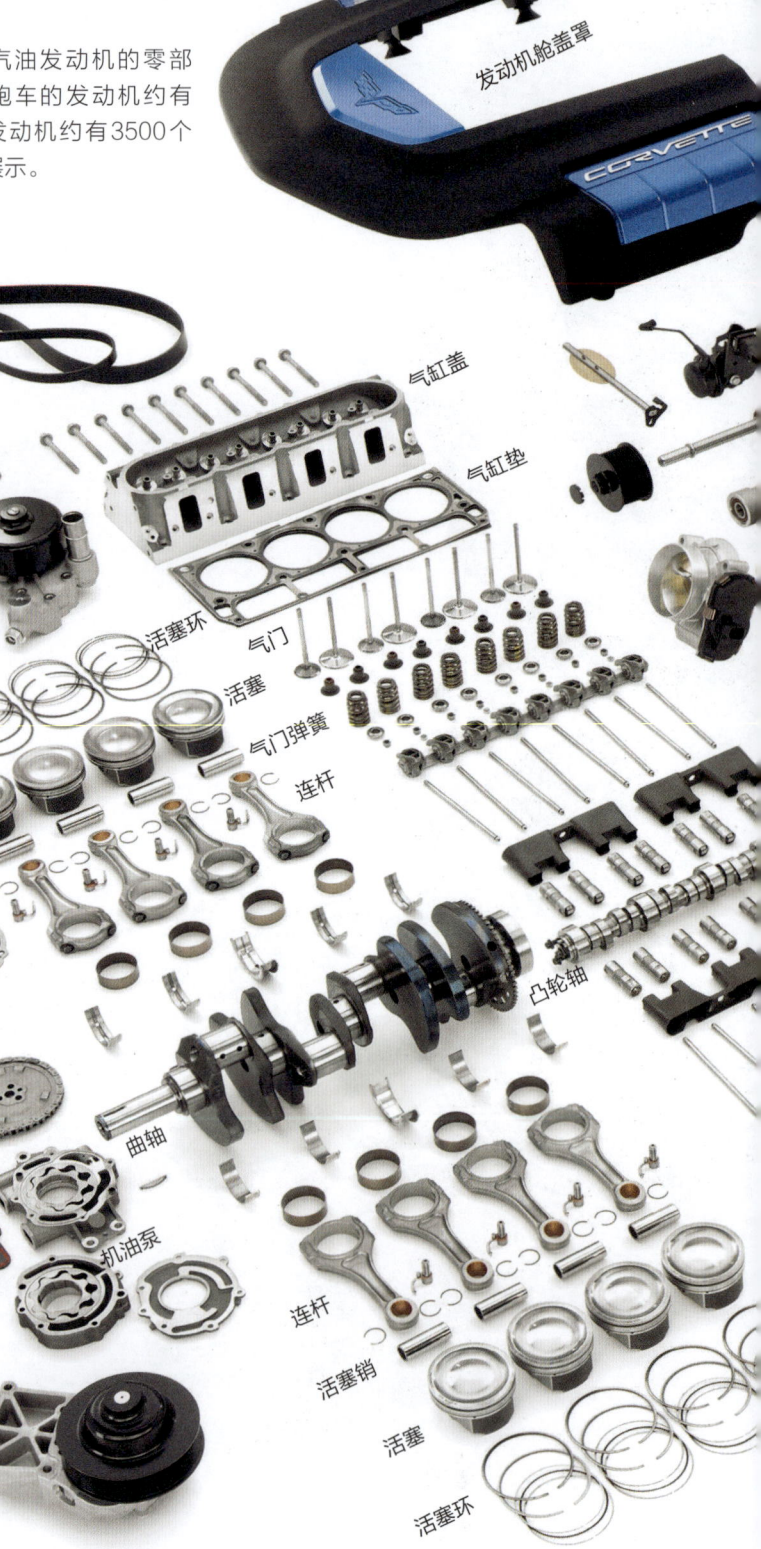

V8发动机部件拆解图

第6章 汽车"心脏"是怎样跳动的？

燃油喷射系统

机械增压器中冷器

机械增压器转子

排气歧管

起动机

飞轮

机油槽

机油滤清器

气缸体

排气歧管

气门

气缸垫

气缸盖

V8发动机

扫码观看V8发动机构造视频

069

6.5 发动机是怎样工作的？

往复式发动机是怎样工作的？

划重点：进气、压缩、做功、排气

  汽车上使用的发动机是一种内燃机，将燃料与空气混合后，在封闭的燃烧室内点燃（或压燃）混合物，产生的高温高压气体推动活塞运动，从而将燃料的化学能转化为活塞运动的机械能。在四冲程发动机的工作过程中，进气行程、压缩行程、做功行程、排气行程构成一个工作循环，使发动机源源不断输出动力。

气缸结构示意图

1 进气行程
活塞在气缸内自上止点向下行至下止点时，进气门打开，排气门关闭，气缸内可以产生部分的真空，将新鲜的空气和汽油的混合气吸进气缸内

2 压缩行程
进气门和排气门都关闭，活塞由下止点上行至上止点，将气缸中的混合气压缩。进入气缸的混合气量越多及活塞越接近上止点，压缩压力越大

扫码观看发动机工作原理视频

4 排气行程
活塞自下止点上行至上止点，此时进气门关闭，排气门打开，气缸中燃烧过的废气在活塞的推动下经排气门排出。4个行程连续不断、周而复始，发动机产生的动力便源源不绝

3 做功行程
进气门和排气门都关闭，火花塞所跳出的高压电火花适时将混合气点燃，使其燃烧并爆发出强大压力，将活塞从上止点推至下止点。活塞通过连杆推动曲轴旋转，输出动力

四冲程汽油发动机工作原理示意图

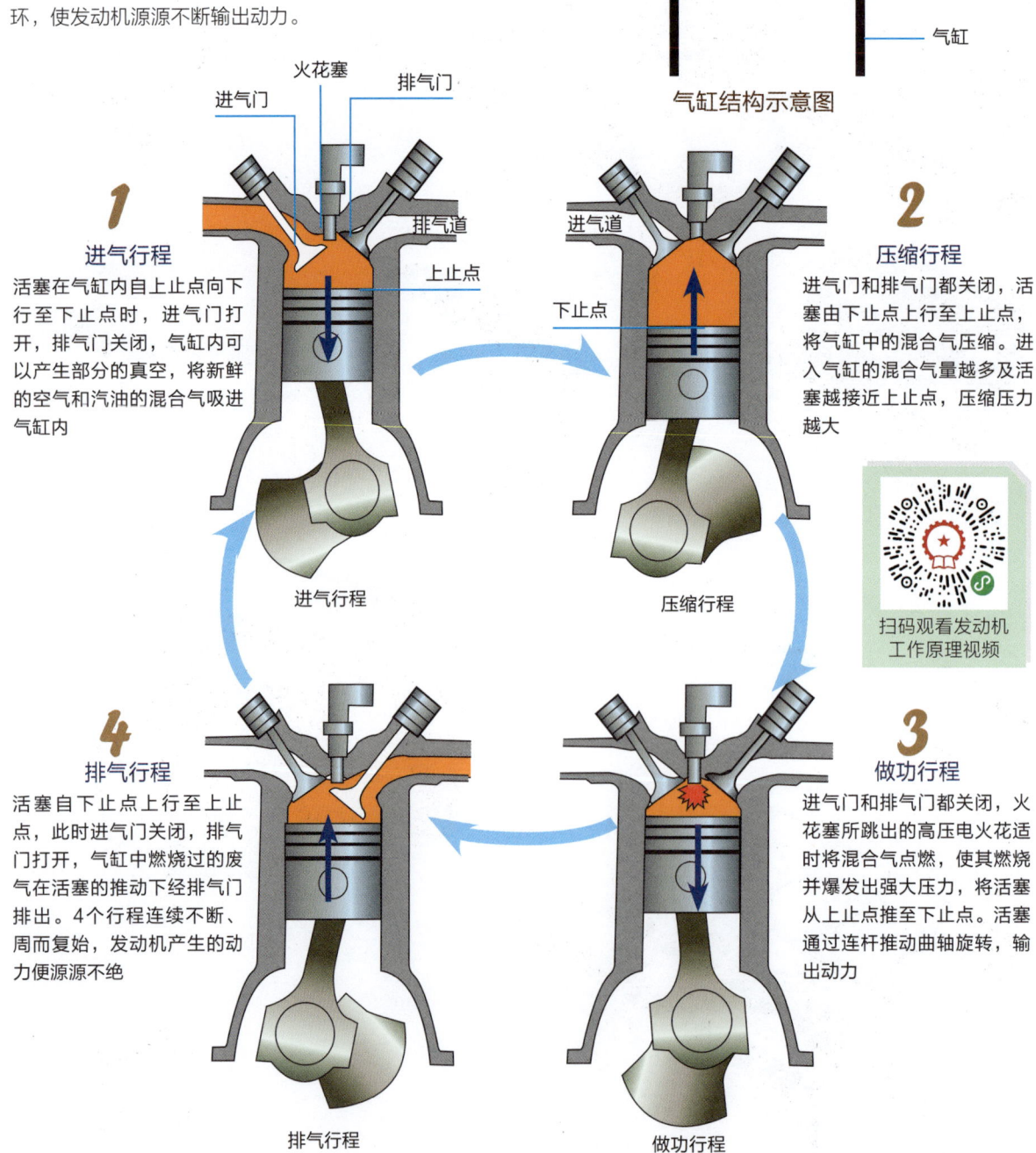

转子发动机："陀螺旋转"

转子发动机又称旋转活塞式发动机。它是一种活塞在气缸内做旋转运动的内燃机。现在所称转子发动机，是指德国工程师菲利克斯·汪克尔在20世纪50年代设计的三角形活塞式转子发动机，故又称汪克尔发动机。

转子发动机的活塞呈扁平三角形，气缸是一个"扁盒子"，活塞偏心地置于空腔中。当活塞在气缸内做行星运动时，工作室的容积随活塞转动做周期性变化，从而完成进气、压缩、做功、排气4个工作过程。活塞每转1次，完成1个四行程工作循环。

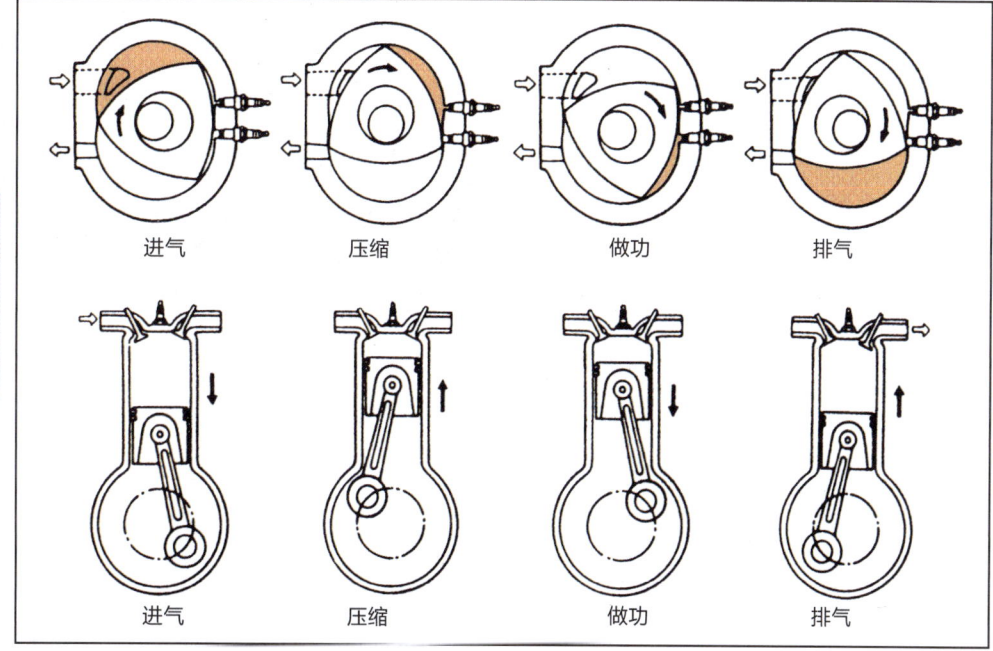

扫码观看转子发动机视频

转子发动机和往复式发动机运行原理对比示意图

汽车冷知识

为什么转子发动机消失了？

与往复式发动机相比，转子发动机取消了无用的直线运动，因而同样功率的转子发动机尺寸较小，质量较小，而且振动和噪声较低，具有较大优势。但是由于从生产装配到维护修理，转子发动机都与传统的发动机大不一样，开发成本高。更让人不愿接受的是，转子发动机的燃油消耗非常高，排放也是问题，这也是一时无法克服的主要技术难题。加上往复式活塞发动机在功率、质量、排放、能耗等方面都比过去有了显著提高，转子发动机没有体现出明显优势，因此后来逐渐在量产汽车上消失了。

6.6 交流电机是怎样工作的？

交流电机主要有两大部件：定子和转子。定子是最外面的圆筒，圆筒内侧缠绕有很多绕组，这些绕组与外部交流电源接通，整个圆筒则与机座连接在一起，固定不动，因此称为"定子"。

在定子内部，要么是缠绕有很多绕组的圆柱体，要么是笼形结构的圆柱体，它们与动力输出轴连接在一起旋转，因此称为"转子"。转子与定子之间没有任何连接和接触，它们之间存在气隙。现在电动汽车上常用的驱动电机主要是永磁同步电机和交流异步电机。

永磁同步电机：自带"磁铁"的同步伴舞

1 转子永磁场产生
永磁同步电机的转子上安装有预先磁化的永磁体。这些永磁体能够产生强烈的永磁场。

2 定子旋转磁场产生
定子绕组上的铜线圈通上三相交流电后产生旋转磁场。

3 两磁场"磁极推拉"
定子上的旋转磁场与转子上的永磁场，在"同性相斥，异性相吸"原理的作用下形成"磁极推拉"效应，使转子永磁场跟随定子旋转磁场的节奏而转动，从而产生动力。

4 同步伴舞
两个磁场就像是两个舞者，定子绕组上的旋转磁场像领舞者，手拉手带着转子永磁场"伴舞者"同步旋转，没有半步错拍。
转子的转速与旋转磁场转速完全同步，故名"同步电机"。

永磁同步电机构造图（一）

永磁同步电机构造图（二）

交流异步电机：异步追赶游戏

1. 定子旋转磁场产生
当定子绕组接入三相交流电源后，会产生旋转磁场。

2. 转子感应磁场产生
这个旋转磁场与转子上的导体发生相对切割运动。根据电磁感应原理，转子导体内会产生感应电流，进而产生感应磁场。

3. 两磁场上演异步追赶游戏
转子感应磁场在定子旋转磁场作用下，总是"追赶"旋转磁场，但总是比定子磁场慢半拍（滑差率3%~5%），从而形成持续追赶的转动力量。由于总是不能同步，因此称为"异步电机"。

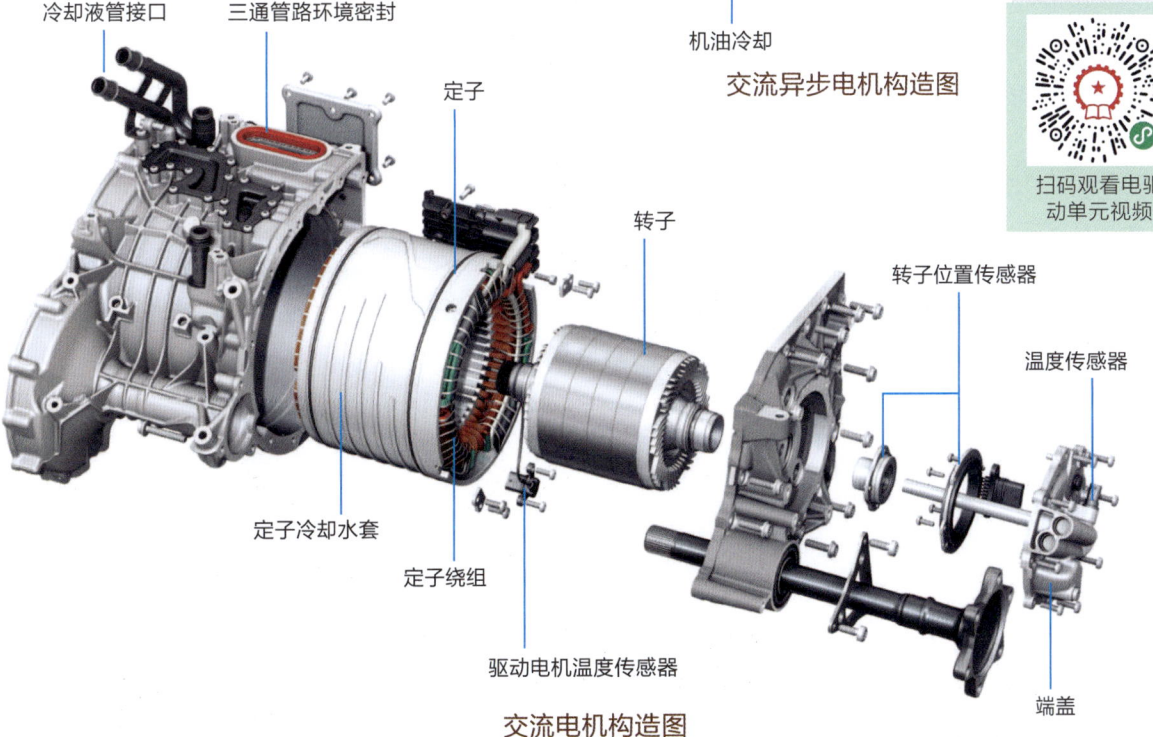

交流异步电机构造图
- 发卡式绕组
- 三相连接端
- 定子
- 机油冷却
- 转子
- 机油冷却
- 发卡式绕组

交流电机构造图
- 冷却液管接口
- 三通管路环境密封
- 定子
- 转子
- 转子位置传感器
- 温度传感器
- 定子冷却水套
- 定子绕组
- 驱动电机温度传感器
- 端盖

扫码观看电驱动单元视频

小白成长测验（第6级）

1）为什么说发动机是燃油汽车的"心脏"？驱动电机是纯电动汽车的"心脏"？
2）发动机气缸主要有哪些排列形式？
3）为什么转子发动机现在极少使用？
4）电动汽车上使用的驱动电机主要有哪两种类型？
5）四冲程发动机的4个行程分别叫什么名字？

扫码观看电机工作原理视频

第7章　燃油汽车是怎样跑起来的？

燃油汽车为什么会跑？发动机的动力是怎样传递到车轮上的？
为什么车轮一转动汽车就能跑？为什么变速器会有多种形式？

7.1　燃油汽车为什么会跑？

汽车奔跑原理"三部曲"

1

动力系统产生动力并输出给传动系统

如果动力系统是燃油发动机，就称为燃油汽车；如果是驱动电机，就称为电动汽车；如果是燃油发动机与驱动电机共同组成动力系统，就称为混合动力汽车。

燃油发动机

2

传动系统将动力传递给车轮

传动系统将发动机动力传递给车轮。如果只传递给两个前轮，称为前驱汽车；如果只传递给两个后轮，称为后驱汽车；如果传递给四个车轮，称为四驱汽车。

传动系统

3

轮胎摩擦力的反作用力驱动车辆

车轮得到动力而向前转动时，轮胎与地面之间产生一个向后的摩擦力。根据作用力与反作用力定律，摩擦力同时产生一个向前的反作用力，此反作用力推动汽车向前奔跑。

车轮推地面的力　地面推车轮的力

汽车驱动力产生示意图

汽车奔跑原理像是快递"动力包裹"

划重点：燃油汽车的奔跑原理，像是一个运输"动力包裹"的快递过程。

1 发货方 — 发动机
发动机是产生"动力"的机构，像是快递中的"发货方"，要将自产的"动力"递给车轮

2 分拣中心 — 变速器
变速器像是"分拣中心"，把发动机的动力接收过来，按"档位"分拣包装为"动力包裹"

3 物流运输车 — 传动轴
传动轴像是物流运输车，将"动力包裹"运输到后差速器（后驱），或就近直接输到前差速器（前驱），或两根传动轴分别运输到前后两个差速器（四驱）

4 配送站 — 差速器
差速器像是"配送站"，每个配送站利用两名快递员将"动力包裹"分别配送给左右车轮

5 快递小车 — 半轴
半轴像是配送员驾驶的"快递小车"，分别沿左右两条配送路线，将"动力包裹"配送给左右驱动轮

6 收货客户 — 车轮
车轮像是最终接收"动力包裹"的"客户"，将配送上门的"动力包裹"转化为驱动力，推动车辆前进

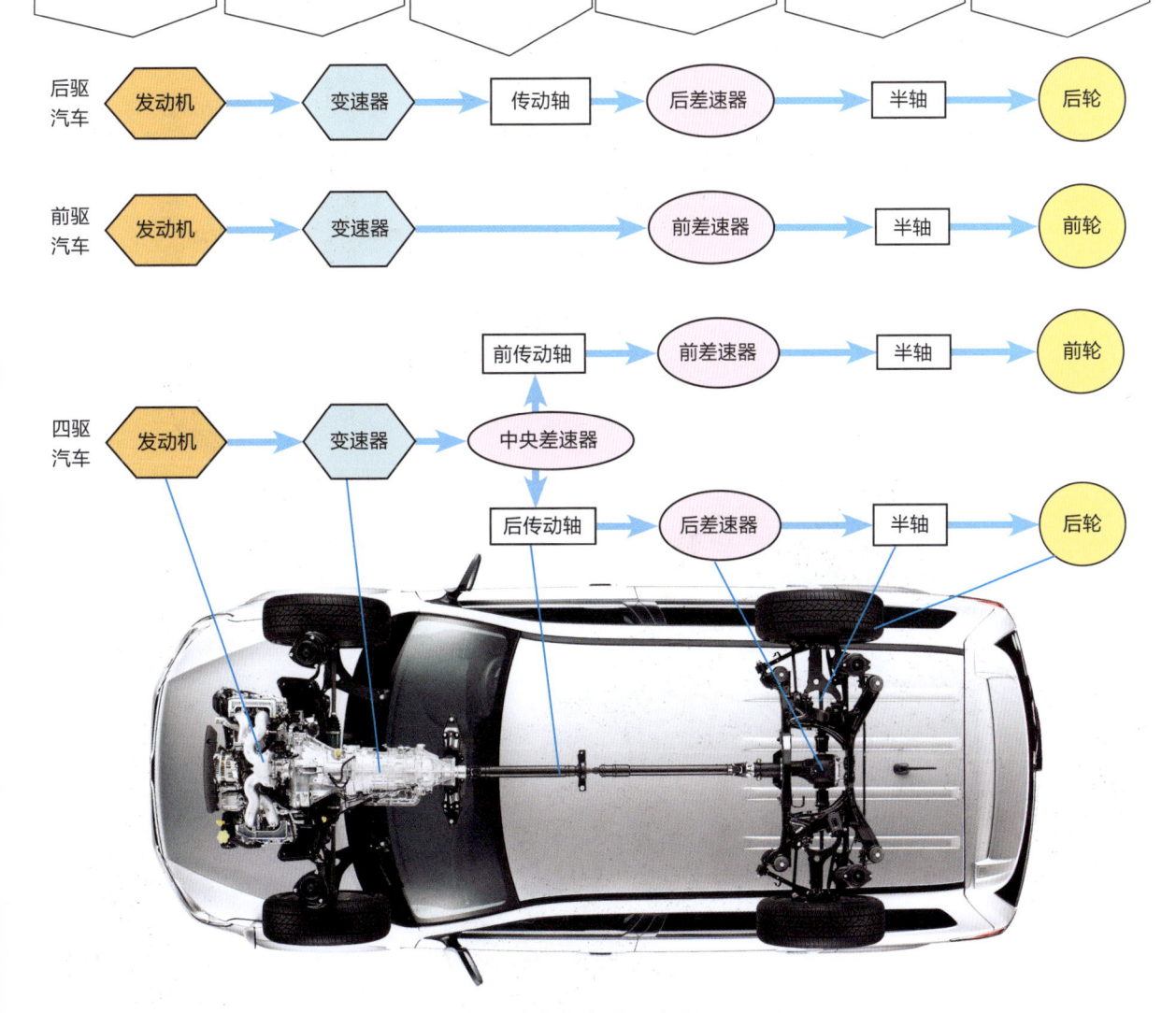

后驱汽车：发动机 → 变速器 → 传动轴 → 后差速器 → 半轴 → 后轮

前驱汽车：发动机 → 变速器 → 前差速器 → 半轴 → 前轮

四驱汽车：发动机 → 变速器 → 中央差速器 → 前传动轴 → 前差速器 → 半轴 → 前轮
　　　　　　　　　　　　　　　　　　　　　　→ 后传动轴 → 后差速器 → 半轴 → 后轮

燃油汽车动力传递示意图

7.2 变速器是怎样"变魔法"的？

手动变速器（MT）："齿轮组合游戏"

当离合器接合时，变速器中每个档位的主动齿轮始终与从动齿轮啮合并不停旋转。

在空档时，所有从动齿轮不与输出轴连接，此时输出轴是静止不转的。当挂上某个前进档位时，实际上是将此档位的从动齿轮通过同步器与输出轴接合并共同旋转，从而将动力和转速经变速器传递出去。

当变换档位时，必须先踩下离合器，操纵变速杆通过同步器将原来档位的从动齿轮与输出轴分离（也就是摘档），然后再利用同步器将新档位的从动齿轮与输出轴接合并共同旋转，这样就完成了换档操作。

倒档的主动齿轮和从动齿轮之间"夹"了一个中间齿轮，这样就可使输出轴的旋转方向与输入轴相反，从而实现倒车。

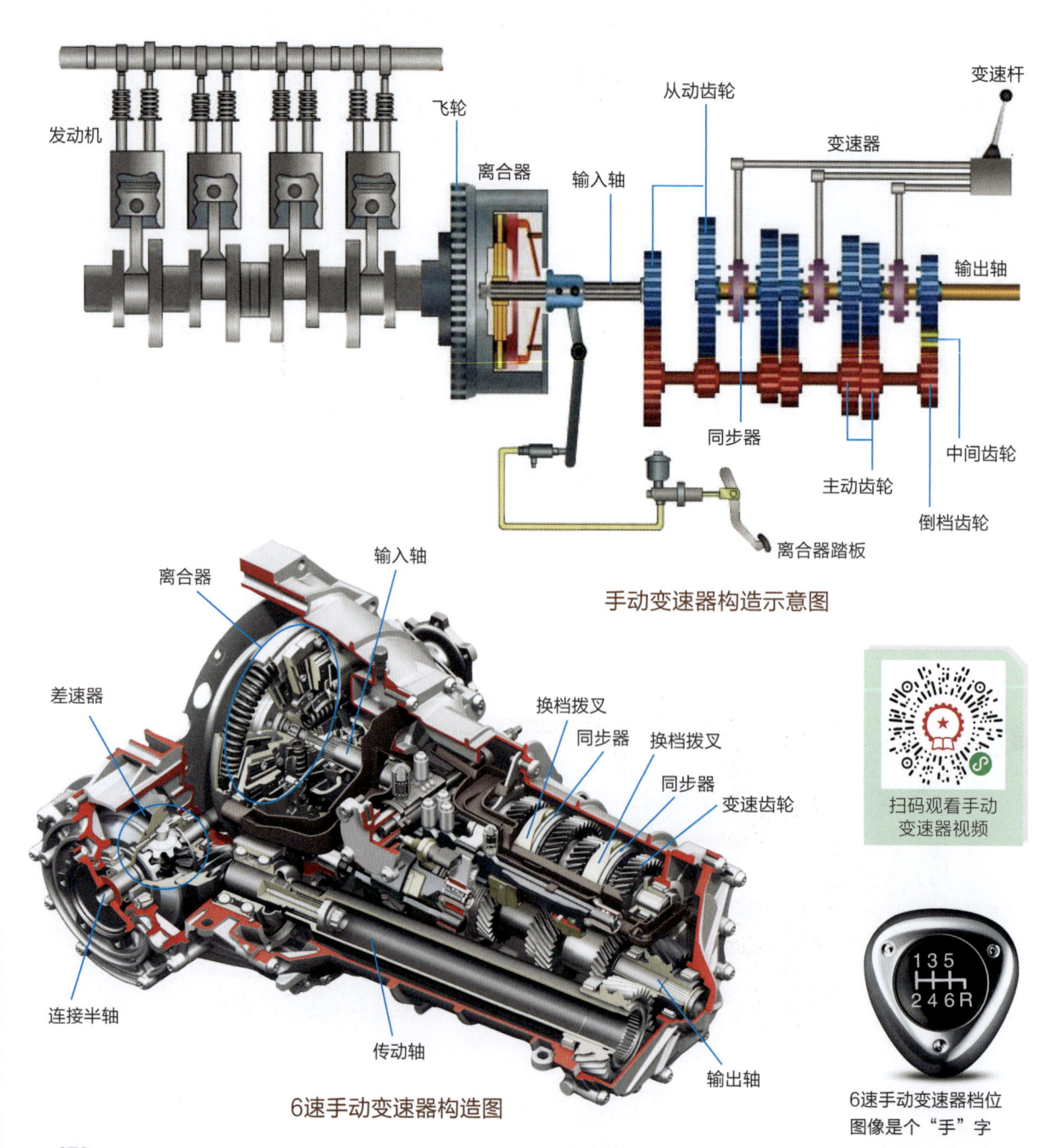

手动变速器构造示意图

6速手动变速器构造图

扫码观看手动变速器视频

6速手动变速器档位图像是个"手"字

怎样驾驶手动档车？

1）换档时离合器踏板一定要完全踩到底。

2）当因红灯或其他原因停在上坡时，尽量不要以半踩住离合器踏板、半踩加速踏板的方法使车辆不致后退，这样做会使发动机及变速器受到磨损。在坡上停车时应用制动系统将车辆停住，不要利用发动机的力量拖住车辆防止向后倒滑。

3）不要长时间将脚放在离合器踏板上开车，因为这样也会加速离合器摩擦片的磨损，造成离合器损坏。

4）必须暂时停车一段时间时，应换到空档或关闭发动机。

5）当发动机或传动系统声音出现异常时，说明档位选择不合适。

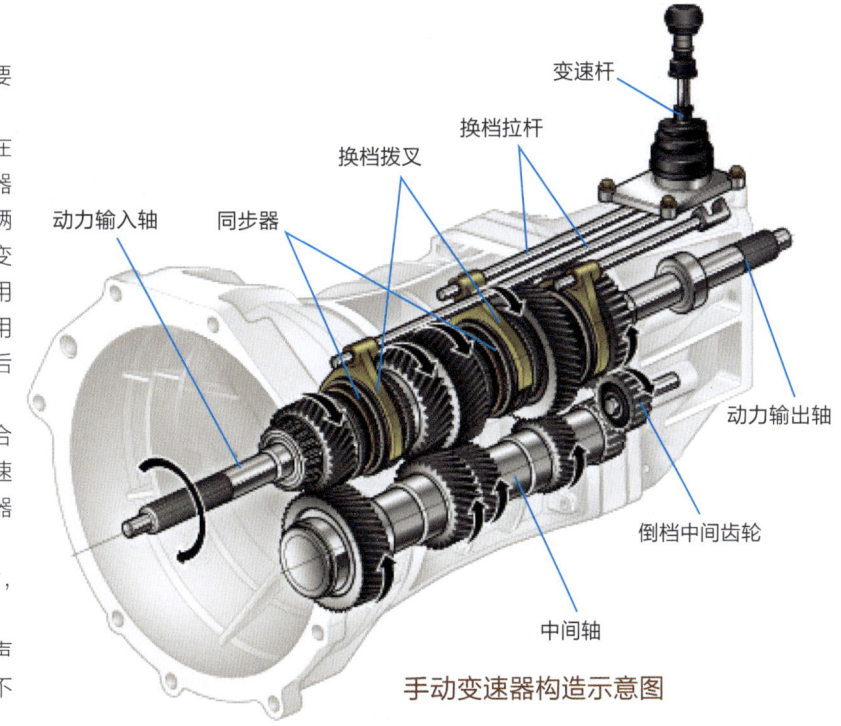

手动变速器构造示意图

（标注：变速杆、换档拉杆、换档拨叉、同步器、动力输入轴、动力输出轴、倒档中间齿轮、中间轴）

走什么路，换什么档

1档
当汽车起步时，由于需要较大的转矩才能让汽车从静止开始运动，而1档时输出的转矩最大，因此起步时一般都挂1档

2档
当汽车起步后开始行走时，就可以换2档，此时可以使汽车的速度迅速增加，但仍保持较大的转矩，以保证汽车更好地加速

1档
当汽车行驶中遇到一个较陡的坡道时，比如上立交桥，此时需要较大的转矩来保证汽车有足够的转矩爬上坡，此时必须换入低档位，比如2档或1档，使汽车有较大的转矩爬上坡

2档
当汽车下坡时，虽然不需要转矩了，但为了安全，最好还是挂入低档位，利用发动机的反拖动使汽车不致行驶得太快而失去控制

3档
当汽车回到直道上后，汽车可以加速前进了，此时对转矩的要求不高，可以提高变速器的输出转速

4档
当汽车换入高档位继续加速，使变速器的输出转速继续提高，从而提高汽车的速度

5档
当汽车在高速公路上行驶时，汽车对速度有更高的要求，而对转矩没有太大的要求，因此可换入最高档位高速行驶，同时还能省油

手动变速器换档场景示意图

液力自动变速器（AT）："对吹的风扇"

液力自动变速器主要由两大部分组成：

一是与发动机飞轮连接的液力变矩器，它像是"对吹的两个风扇"，负责将发动机输出的动力传递给后面的变速机构。

二是液力变矩器后面的变速机构，它由多片离合器、控制机构和行星齿轮变速机构组成。控制机构根据预先的设定以及传感器接收到的驾驶和行驶信息，经控制单元运算后向电磁阀发出指令，驱动各档位上的多片离合器接合或分离，从而控制行星齿轮变速机构进行变换档位，输出不同的转速与转矩。

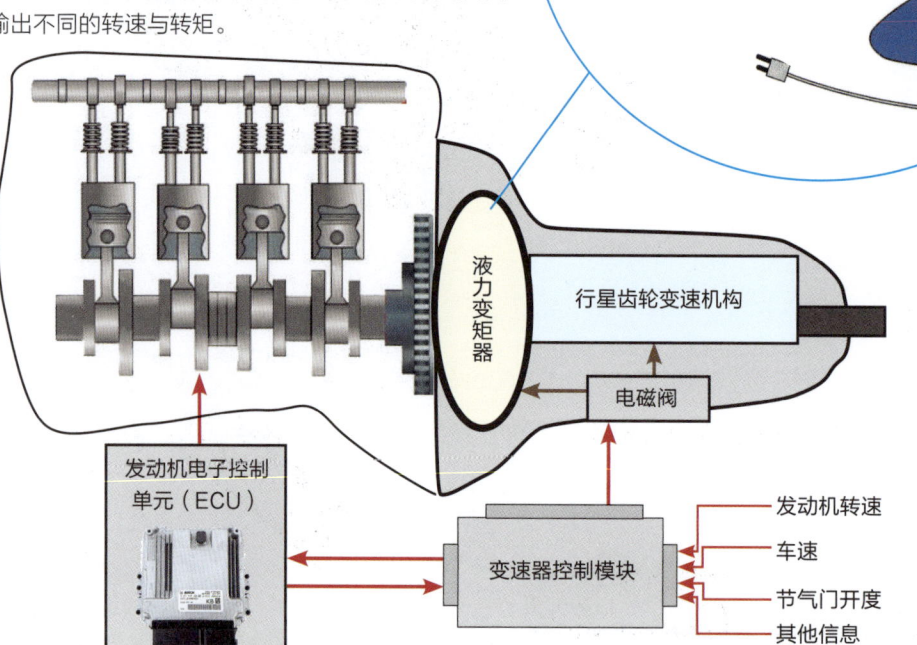

自动变速器控制系统示意图

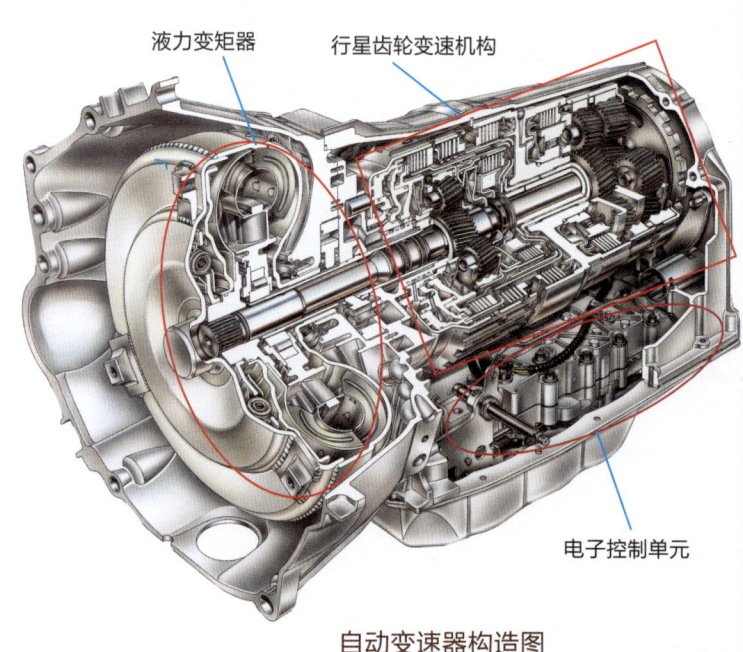

自动变速器构造图

汽车冷知识

自动档位为什么要按 P、R、N、D 排列？

1）前进档和倒档之间必须经过空档位，使动力有个暂时中断，以便更好地切换档位，因此，N 位必须在 R 位和 D 位之间。

2）停车时通常会使用倒档，而且使用倒档情况最多的时候也是在停车前，因此，把 P 位和 R 位放在一起比较合适。

综合考虑，按 P、R、N、D 的顺序排列最为合理。

双离合变速器（DCT）："两个驾驶人"

双离合变速器（Double Clutch Transmission，DCT）是从手动变速器进化而来的，它的变速结构和原理与手动变速器一样，只不过比手动变速器多了一个离合器，因此称为双离合变速器。

两个离合器就像是两位驾驶人，分别控制奇数档位和偶数档位。当一位驾驶人用某个档位行驶时，另一位驾驶人控制另一个离合器，一旦要换档，即刻让另一个离合器接合，从而迅速实现换档。

双离合变速器换档≈"换离合器"

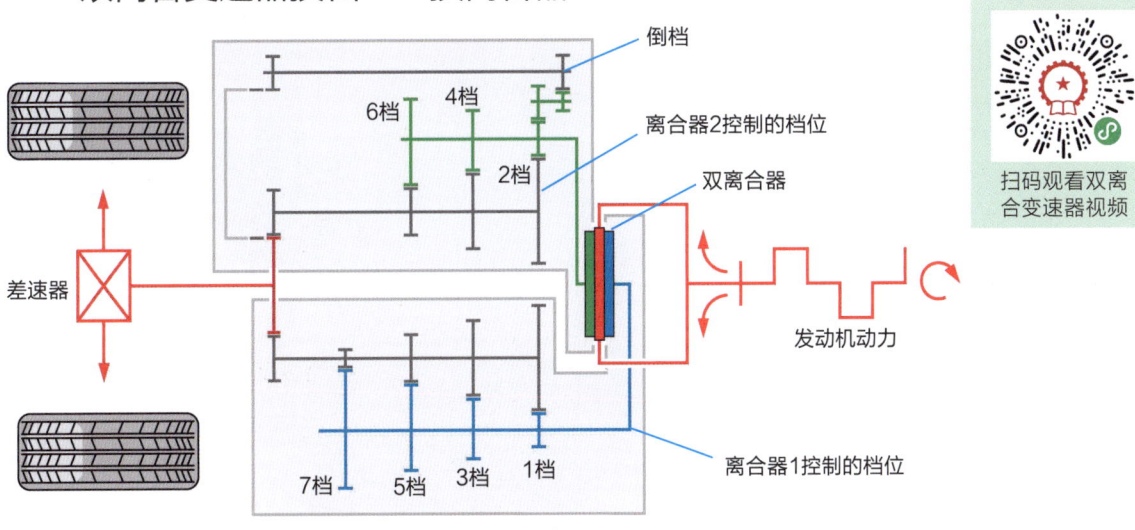

7速双离合变速器原理示意图

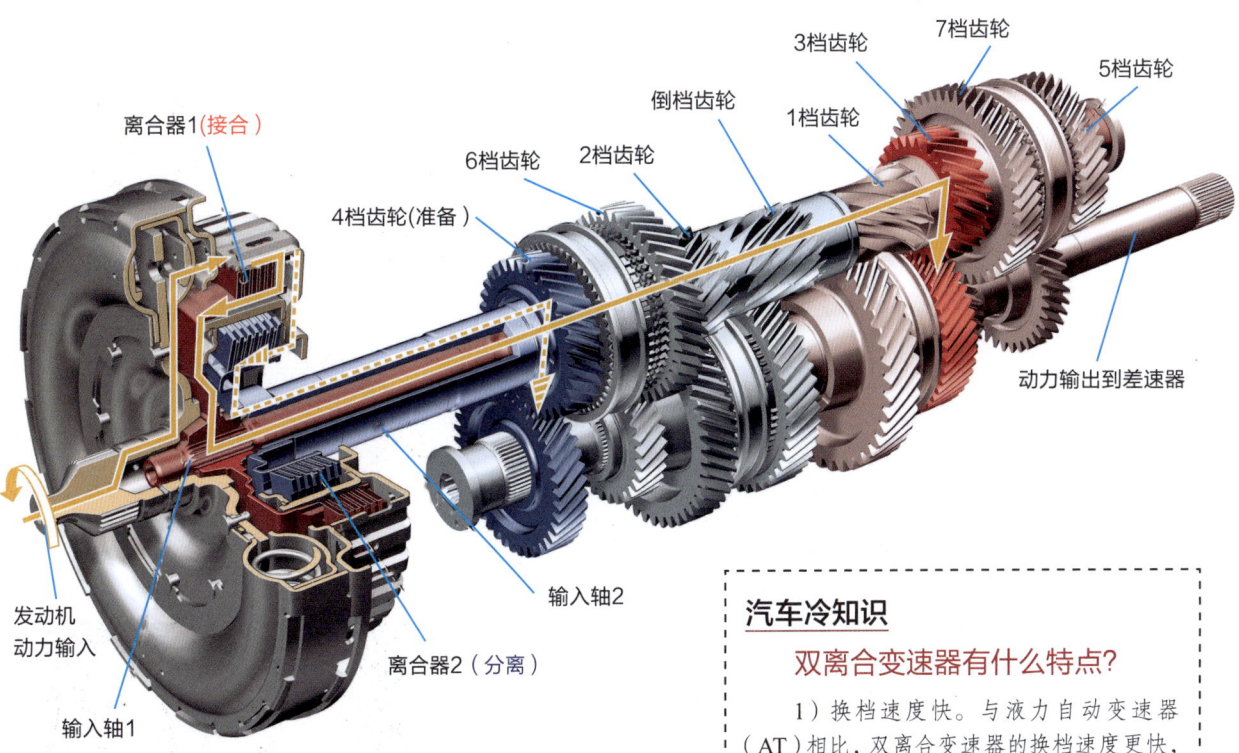

扫码观看双离合变速器视频

7速双离合变速器构造图（正在3档工作状态）

汽车冷知识

双离合变速器有什么特点？

1）换档速度快。与液力自动变速器（AT）相比，双离合变速器的换档速度更快，它们可以在0.2s内完成升档。

2）传递效率高。由于可使发动机的动力传递不间断，动力传递效率高，可以将燃油效率提高10%左右。

无级变速器（CVT）："会变形的滑轮"

无级变速器（Continuously Variable Transmission，CVT）的主要部件是两个滑轮和一条金属带，金属带套在两个滑轮上。

滑轮由两块轮盘组成，两块轮盘中间的凹槽形成一个V形。其中，一边轮盘由液压控制机构操纵，可以根据不同的发动机转速，进行分开与拉近的动作，V形凹槽也随之变宽或变窄，将金属带升高或降低，从而改变金属带与滑轮接触的直径，相当于在齿轮变速中切换不同直径的齿轮。

两个滑轮呈反向调节，即其中一个带轮凹槽逐渐变宽时，另一个带轮凹槽就会逐渐变窄，从而迅速加大传动比的变化。

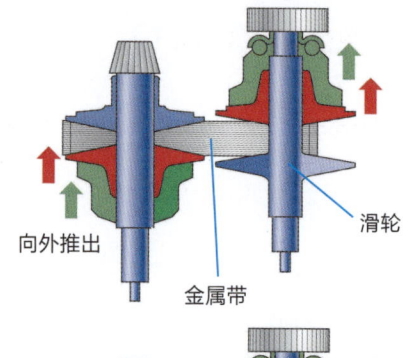

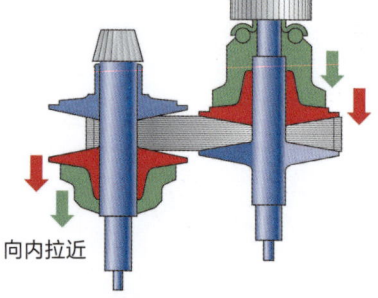

无级变速原理示意图

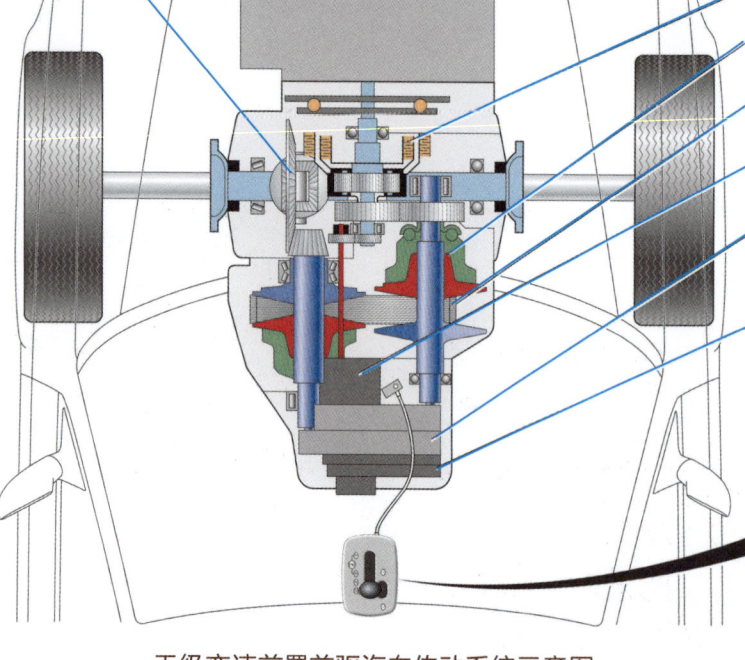

无级变速前置前驱汽车传动系统示意图

扫码观看无级变速器视频

汽车冷知识

为什么称"无级"变速？

手动变速器和自动变速器的变速机构都是由多组齿轮组合构成的，从而形成多个固定的传动比，每个传动比就是一个档位，因此它们都有多个档位。而无级变速是利用一个滑轮组合实现传动比的变化。这个滑轮组的主动轮和被动轮的直径是可以连续变化的，从而形成无数个"传动比"，或者说传动比没有级别，因此称为"无级"变速。

7.3 燃油动力怎样"快递"到车轮？

驱动方式：是在前拉还是在后推？

发动机放置在前轴前方，称为前置发动机。
发动机放置在前轴后方，称为前中置发动机。
发动机放置在后轴前方，称为后中置发动机。
发动机放置在后轴后方，称为后置发动机。
气缸排列方向与车轴平行，称为横置发动机。

气缸排列方向与车轴垂直，称为纵置发动机。
采用两个前轮驱动，称为前驱。
采用两个后轮驱动，称为后驱。
采用四个车轮驱动，称为四驱。

扫码观看发动机布置方式视频

前横置前驱
比如：本田 奥德赛、大众 高尔夫

前纵置前驱
比如：奥迪 A4、奥迪 A6

前纵置后驱
比如：宝马 3系、奔驰 C级

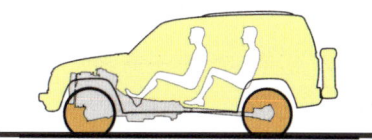

前横置四驱
比如：奥迪 TT、沃尔沃 XC60

前纵置四驱
比如：宝马 X5、奥迪 Q7

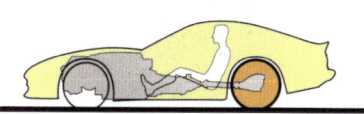

前中置后驱
比如：法拉利 812 Superfast

后中置后驱
比如：兰博基尼盖拉多 LP550-2、法拉利 488、保时捷 Carrera GT

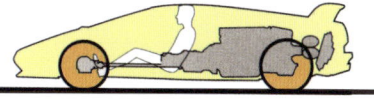

后中置四驱
比如：奥迪 R8、兰博基尼 Aventador

后纵置后驱
比如：保时捷 911 GT2

后纵置四驱
比如：保时捷 911 Turbo A 4

后横置后驱
比如：斯玛特 Fortwo

底中置后驱
比如：微型面包车

汽车驱动方式示意图

车圈"黑话"解码

4×4、6×4、6×6

4×4中的第一个"4"代表汽车车轮的总数（不包括备胎），第二个"4"代表驱动轮的个数。4×4表示该车共有4个车轮，并且4个车轮都是驱动轮。

6×4表示该车共有6个车轮，其中4个车轮是驱动轮。

6×6表示该车共有6个车轮，并且6个车轮都是驱动轮。

前横置前驱:"在前面拉着跑"

前横置前驱是指将发动机横置在车前部并采用前轮驱动。它的特点是头重尾轻,急制动时"点头"现象相对明显。由于车体是被前轮"拉着走"的,因此它的直线行驶稳定性非常好,而且不需要传动轴传递动力,动力损耗较小,所以适合小型车。

驱动轮　发动机　变速器

横置发动机

驱动轮

变速器

前横置发动机前轮驱动汽车

扫码观看前横置前驱汽车视频

前横置四驱:"前拉后推"

前横置四驱是指将发动机纵置在车前部并采用四轮驱动。奥迪和沃尔沃的四驱车型喜欢采用这种传动方式,比如奥迪TT四驱款、奥迪A4四驱款、奥迪A6四驱款、沃尔沃XC60和XC90、奔驰GLA等。

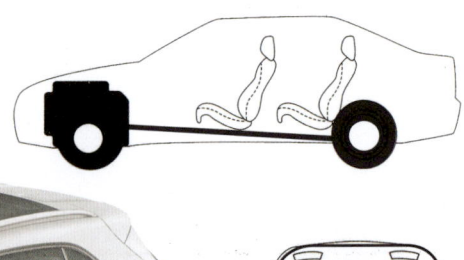

横置发动机

后差速器

传动轴

驱动轮

前差速器　驱动轮　前横置发动机四轮驱动汽车

前纵置前驱："大力士拉车"

前纵置前驱是指将发动机纵置在车前部并采用前轮驱动。这种布局更适合体形较大的发动机，不仅可以降低车辆重心，而且可以优化前后重量分配，有利于提高车辆的行驶稳定性。奥迪和沃尔沃的大排量发动机车型喜欢采用这种传动方式。

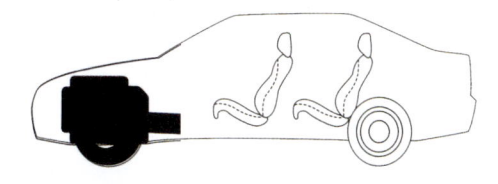

纵置发动机

前纵置发动机前轮驱动汽车

前纵置后驱："绅士推车"

前纵置后驱是指将发动机纵置在车前部并采用后轮驱动。这种传动方式在轴荷分配上比前驱车更均衡，一般可以达到50∶50的最佳比例，可拥有较佳的操控性能和行驶稳定性。宝马、奔驰、雷克萨斯、凯迪拉克等豪华轿车喜欢采用这种方式。

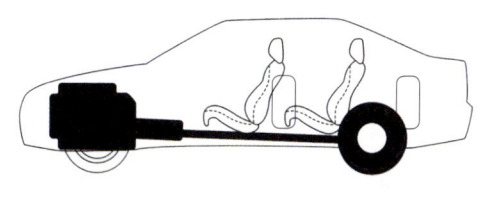

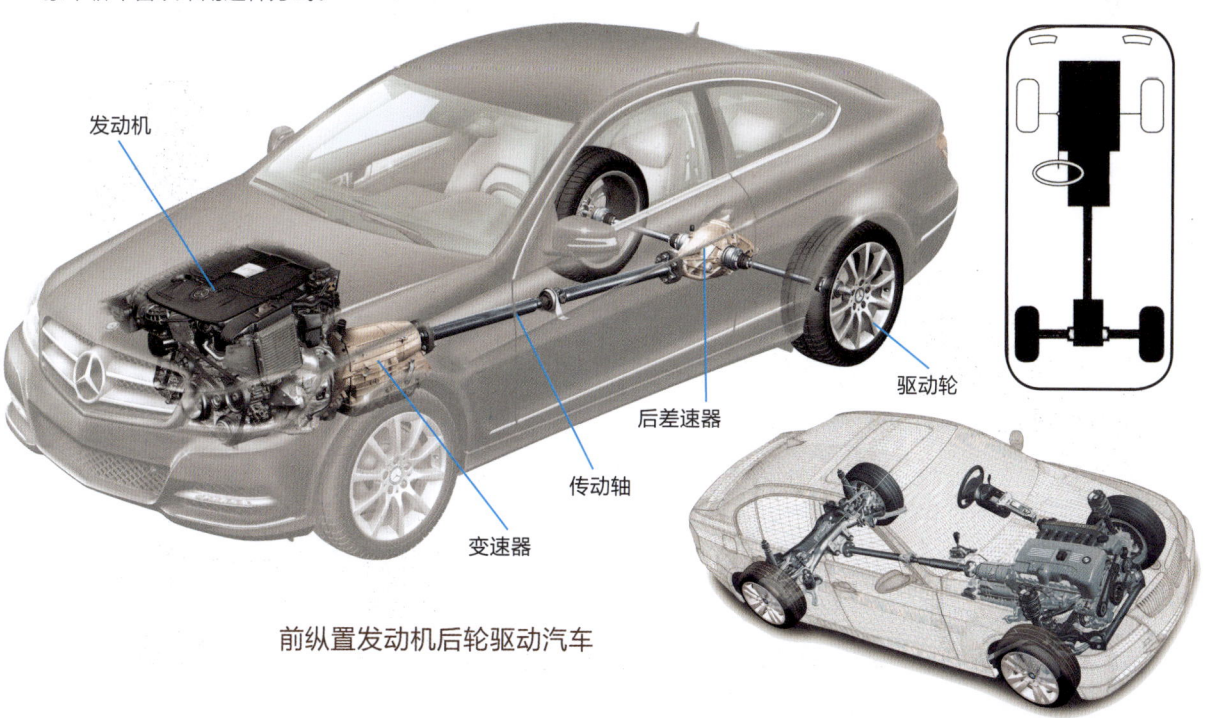

扫码观看前纵置后驱汽车视频

发动机

驱动轮
后差速器
传动轴
变速器

前纵置发动机后轮驱动汽车

前纵置四驱："大力士前拉后推"

前纵置四驱是指将发动机纵置在车前部并采用四轮驱动。这种传动方式可以更好地平衡前后轴的重量分布，从而提高车辆的操控性。而且这种布局可以更好地利用发动机两侧的空间，为前轮匹配更复杂的悬架结构提供充裕空间。大排量发动机的高性能四驱车型喜欢采用这种传动方式。

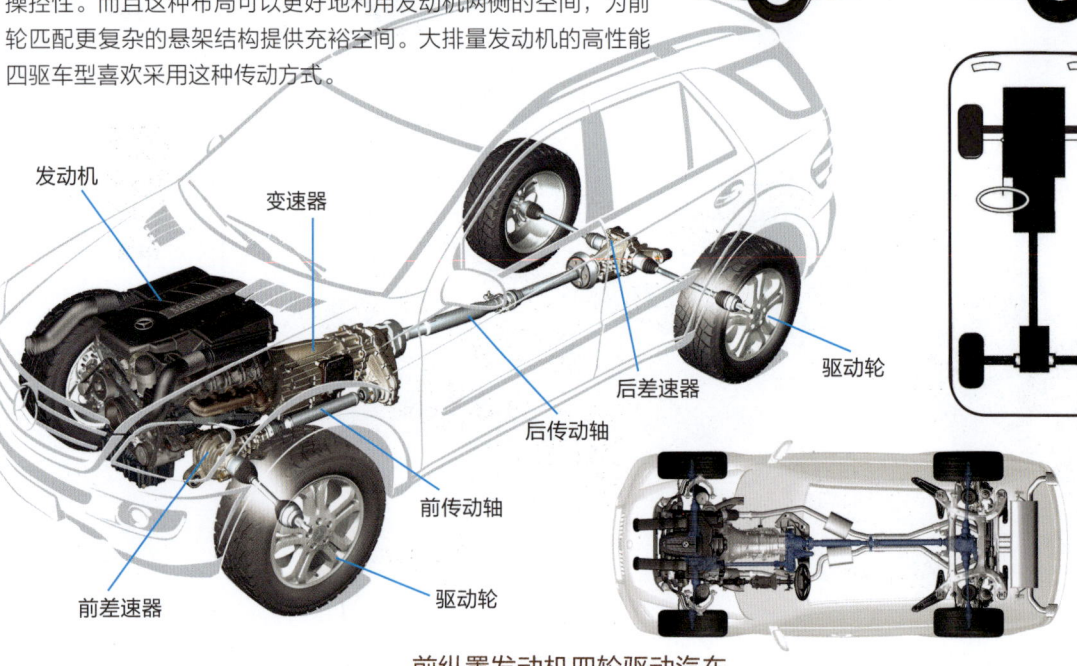

发动机　变速器　后差速器　驱动轮　后传动轴　前传动轴　驱动轮　前差速器

前纵置发动机四轮驱动汽车

前中置后驱："人骑马背，车随心动"

前中置后驱是指发动机放置在前轮中心线后方，采用后轮驱动。这种布局使前后重量分布更均衡、重心更稳，而且加速性和操控性都比较好，因此多见于高性能跑车上。比如法拉利812、法拉利Rome、奔驰SLR McLaren等。

发动机　差速器　驱动轮　传动轴　变速器

前中置发动机后轮驱动汽车

后中置后驱：像"骑摩托"，人车一体

后中置后驱是指发动机纵置在驾乘舱与后车轴之间并采用后轮驱动。这种传动方式的特点是将车辆中惯性最大的沉重发动机置于车体中央，车体质量分布接近理想平衡，像是"骑摩托车"一样具有人车一体的驾驭感，使车辆获得更佳的操控性能，因此超级跑车喜欢采用后中置后驱方式。

发动机

驱动轮　　　　　变速器

后中置发动机后轮驱动汽车

扫码观看后中置四驱汽车视频

后中置四驱："稳+准+狠"，超跑最爱

后中置四驱是指发动机纵置在驾乘舱与后车轴之间并采用四轮驱动。它的优势在于其接近50∶50的前后轴重量分配，使得车辆在转向时更加稳定，提升了过弯极限，增强了操控稳定性。

前差速器　　　　　　　　发动机

驱动轮　前传动轴

变速器

驱动轮

发动机

后中置发动机四轮驱动汽车

后横置后驱："在后推着车跑"

后横置后驱是指发动机横置在后车轴后上方并采用后轮驱动。这种传动方式主要存在于车身短小的微型车上，比如斯玛特Fortwo、斯玛特Roadster。

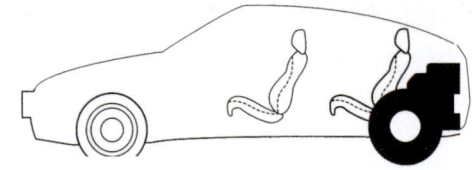

发动机

驱动轮

后横置发动机后轮驱动汽车

后纵置后驱："狂暴野兽"的挑战

后纵置后驱是指发动机纵置在后车轴后并采用后轮驱动。由于车身重量集中于后轴之上，又是后轮驱动，所以后推力极猛，起步、加速性能极佳。但由于后轴负荷较大，在后轮的抓地力达到极限时，易出现打滑甩尾现象，加上"一头沉"使得转向轻盈，这种"狂暴野兽"在带来极高驾驶乐趣的同时，也挑战驾驶人的驾驶技巧。

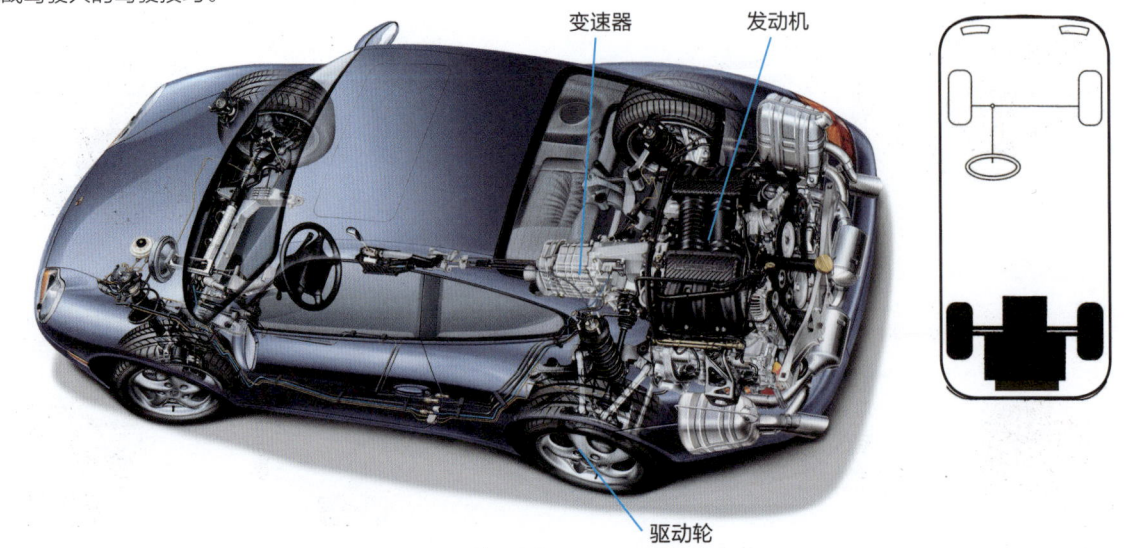

变速器　发动机

驱动轮

后纵置发动机后轮驱动汽车

第7章 燃油汽车是怎样跑起来的?

后纵置四驱:驯服的"狂暴野兽"

　　后纵置四驱是指发动机放在后车轴后,并采用四轮驱动。这种车型的车身重量集中于后部,后轴所承受的负荷较大,前轴负荷相对较小,因此转向灵活,加速响应快。由于采用四轮驱动,因此相对后置后驱车辆的行驶稳定性更好,让"狂暴野兽"更加驯服。

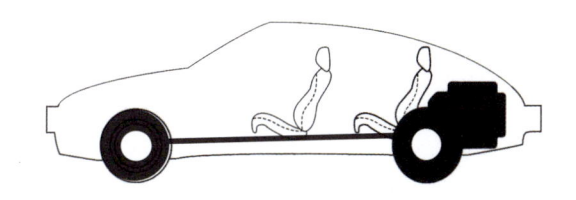

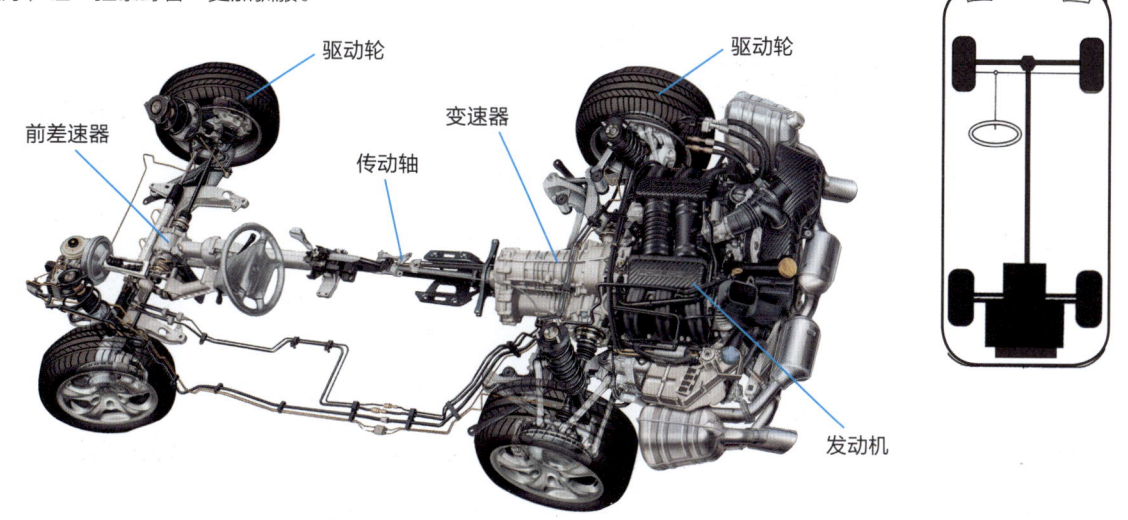

驱动轮　驱动轮　变速器　传动轴　前差速器　发动机

后纵置发动机四轮驱动汽车底盘

变速器　发动机　前差速器　驱动轮　驱动轮

后纵置发动机四轮驱动汽车

小白成长测验(第7级)

1)为什么称"无级"变速?
2)后置后驱方式的发动机放在汽车的什么部位?
3)什么是前置前驱方式?
4)前中置发动机与后中置发动机有什么不同?
5)6×4是什么意思?

扫码观看汽车驱动方式视频

第8章　新能源汽车为什么会跑？

为什么电动汽车上没有变速器？什么是新能源汽车？
什么是混合动力汽车？增程式电动汽车是怎样"增程"的？
什么是燃料电池汽车？它是怎样边跑边发电的？

8.1　什么是新能源汽车？

所谓新能源是针对传统的石化"旧能源"而言，比如汽油、柴油、压缩天然气（Compressed Natural Gas, CNG）、液化天然气（Liquefied Natural Gas, LNG）、液化石油气（Liquefied Petroleum Gas, LPG）等都是产自石化的"旧能源"。凡是不再将"旧能源"作为唯一或主要能源的汽车，都可称为新能源汽车，包括电动汽车、太阳能汽车、燃氢发动机汽车、核能汽车和压缩空气汽车等。

扫码观看新能源汽车视频

燃油汽车与新能源汽车动力系统对比

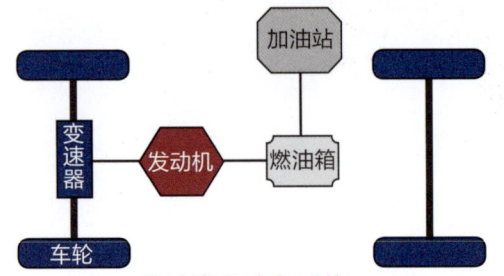

燃油汽车动力系统

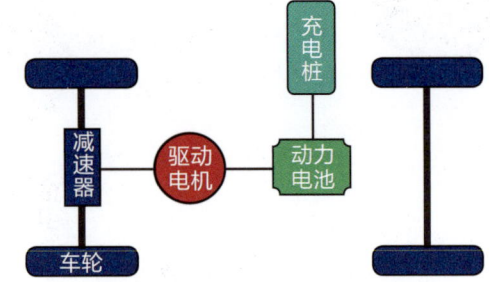

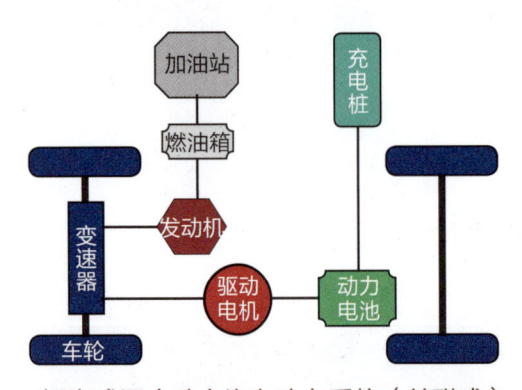

纯电动汽车动力系统

插电式混合动力汽车动力系统（并联式）

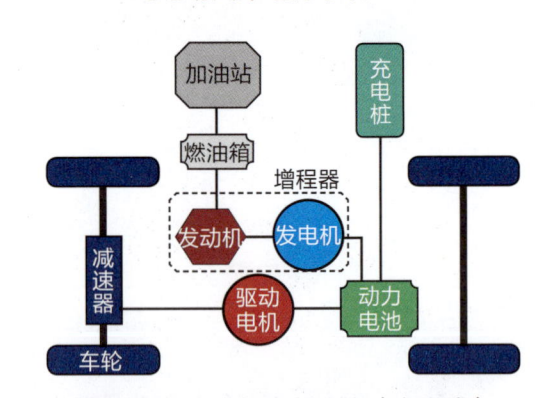

增程式电动汽车动力系统（串联式）

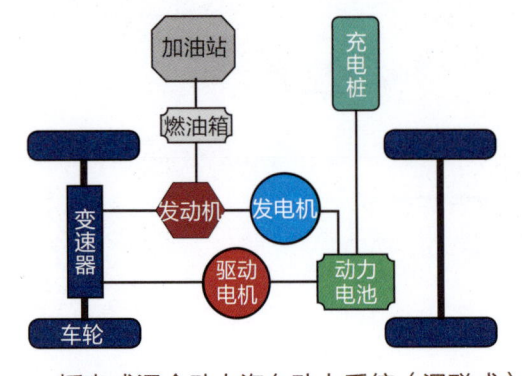

插电式混合动力汽车动力系统（混联式）

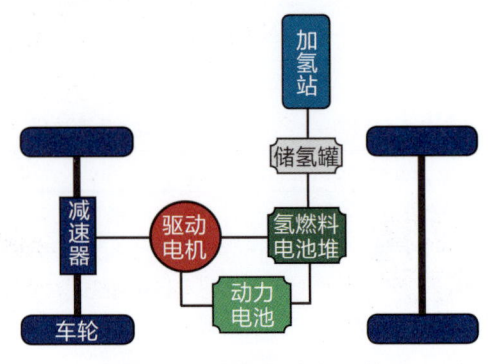

氢燃料电池汽车动力系统

8.2 电动汽车的"三电"是什么？

划重点：驱动电机 + 驱动电机控制器 ≈ 发动机 + 变速器

纯电动汽车的驱动系统由动力电池、驱动电机、驱动电机控制器、减速器和差速器等构成。通常把动力电池、驱动电机、驱动电机控制器称为电动汽车的"三电"。

驱动电机控制器

动力电池

充电接口

驱动电机

后轮驱动纯电动汽车"三电"示意图

扫码观看电动汽车"三电"视频

前驱动电机与控制器

动力电池

后驱动电机与控制器

充电接口

电动汽车VS燃油汽车

与燃油汽车相比，纯电动汽车上的动力电池相当于燃油箱，"驱动电机+驱动电机控制器"相当于"发动机+变速器"。燃油汽车是将化学能转换为机械能，纯电动汽车是将电能转换为机械能。

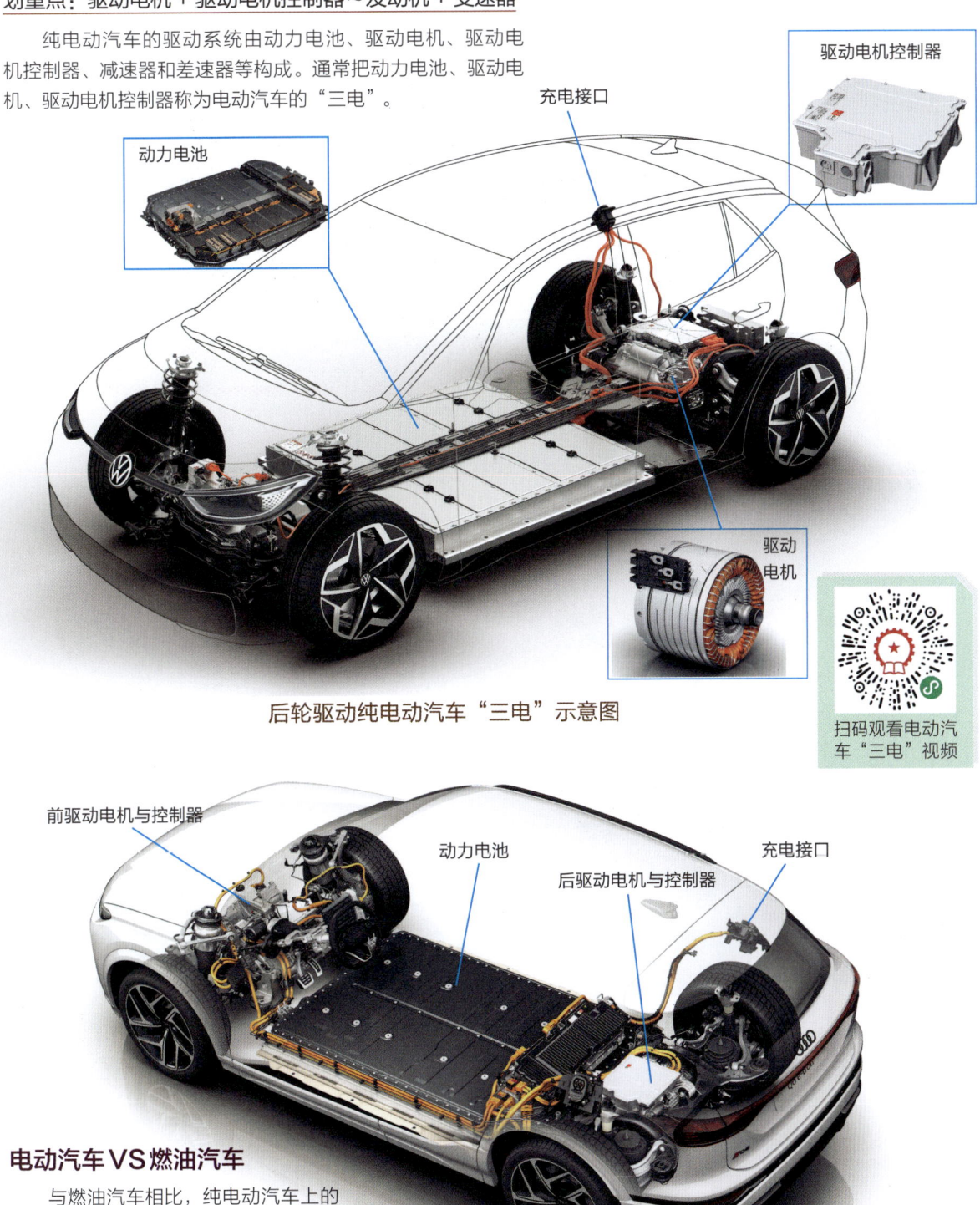

四轮驱动纯电动汽车结构布置

驱动电机：电动汽车的"心脏"

电动汽车动力系统构造图 标注：慢充接插口、慢充和快充接插口、高压空气加热器、高压电动压缩机、驱动电机控制器、电驱动单元、车载充电器，DC/DC变换器，高压加热器、动力电池功能盒、动力电池

电动汽车电驱动单元分解图 标注：驱动电机控制器、电驱动单元、外壳、机油泵、定子、转子、减速器外壳、减速器、差速器

扫码观看电动汽车奔跑原理视频

车圈"黑话"解码
"换电" "刀片电池" "弹匣电池" "CTP/CTC"

"换电"：指电动汽车的动力电池更换模式，用户可在数分钟内更换满电动力电池，缓解续驶里程焦虑。

"刀片电池"：比亚迪磷酸铁锂电池的专利技术，因电芯排列形似刀片得名，主打高安全性和空间利用率。

"弹匣电池"：广汽埃安的一种电池安全技术，构建了一个超强隔热的电池安全舱，有效隔离电芯之间的热量传递，防止热失控蔓延。这种设计类似于"弹匣"，将电芯与电芯之间隔开。

"CTP/CTC"：指"无模组电池包"（Cell to Pack）和"电芯集成到底盘"（Cell to Chassis）。

动力电池：电动汽车的"燃油箱"

动力电池为驱动电机提供电能，是电动汽车上的"能量源"，相当于燃油汽车上的燃油箱。

从"电芯"到"模组"

先将一定数量的"电芯"（Cell，或"单体电池"）以串联或并联的方式连接在一起，并放进一个框架中，组成一个动力电池"模组"（Module）。

从"模组"到"电池包"

再将多个动力电池模组组合在一起，并装上金属保护外壳、动力电池管理系统（Battery Management System，BMS）、加热和冷却系统等，构成一个"电池包"（Pack），然后以动力电池包的形式安装在汽车上。根据设计布局，一辆电动汽车可以由一个或多个动力电池包共同组成动力电池系统。

扫码观看锂离子电池视频

电芯与动力电池模组
- 传感器
- 高压连接器
- 电芯管理控制器
- 电芯

动力电池模组
- 软包电芯
- 动力电池模组外壳

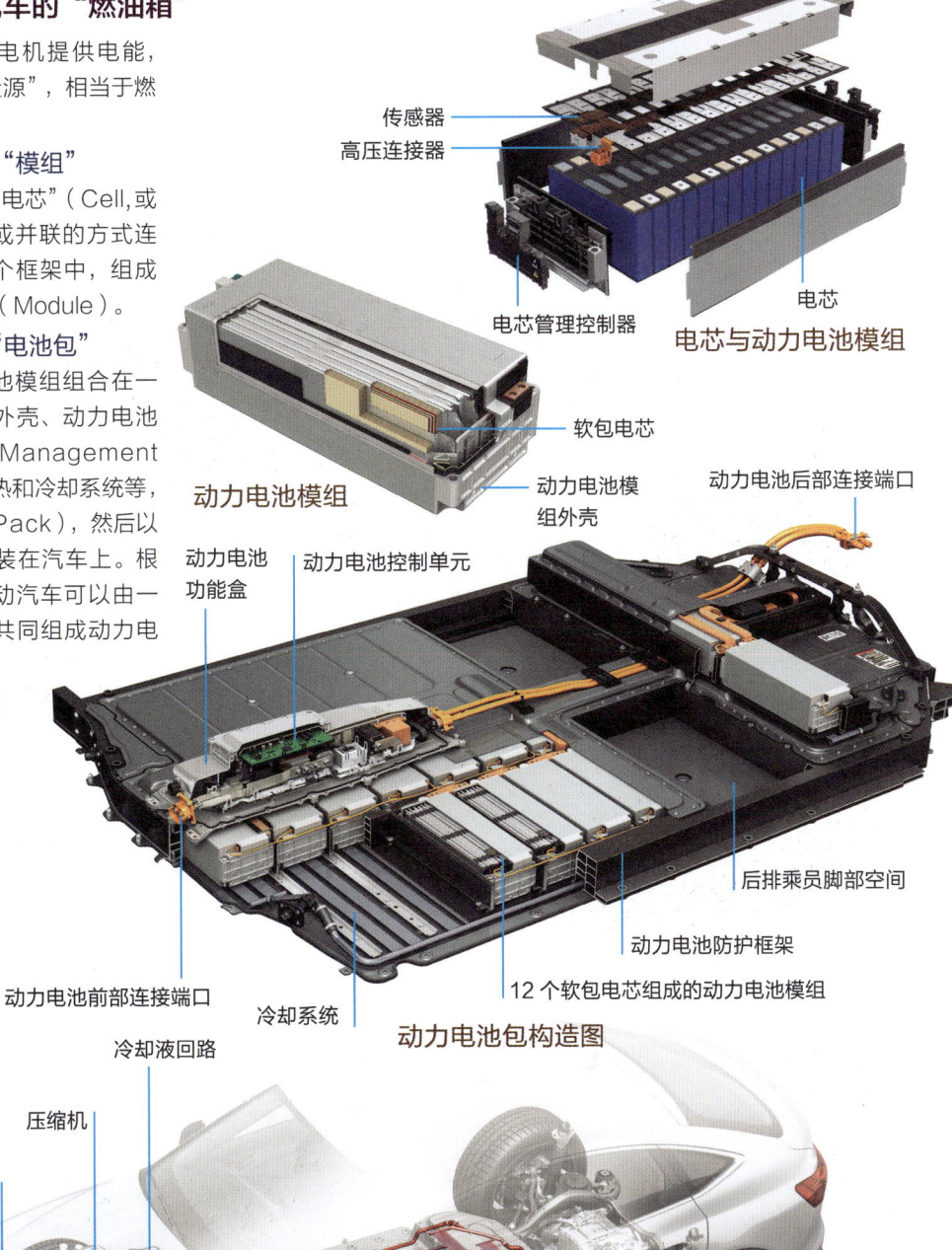

动力电池包构造图
- 动力电池功能盒
- 动力电池控制单元
- 动力电池后部连接端口
- 后排乘员脚部空间
- 动力电池防护框架
- 12 个软包电芯组成的动力电池模组
- 动力电池前部连接端口
- 冷却系统

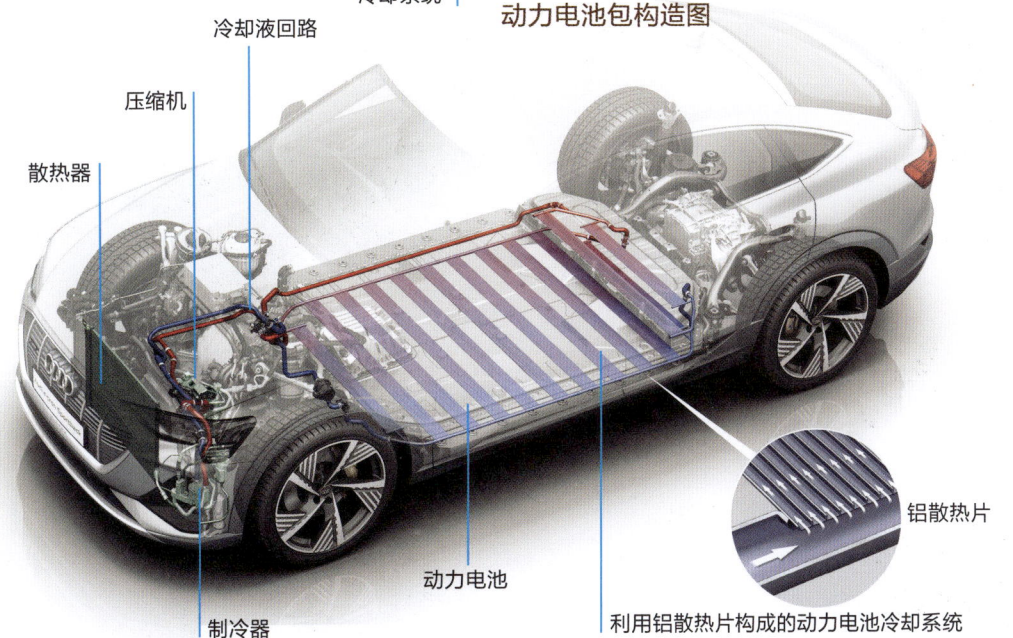

动力电池冷却系统示意图
- 冷却液回路
- 压缩机
- 散热器
- 制冷器
- 动力电池
- 利用铝散热片构成的动力电池冷却系统
- 铝散热片

驱动电机控制器：电动汽车的"大脑"

驱动电机控制器起到调节驱动电机运行状态，使其满足整车不同运行要求的目的。它从整车控制器获得整车需求（起动、加速、制动、倒车等指令），从动力电池获得电能并转化为驱动电机所需的电能，控制和调节驱动电机的转速和转矩，使其满足整车对起动运行、加速、减速、制动、制动能量回收等要求。

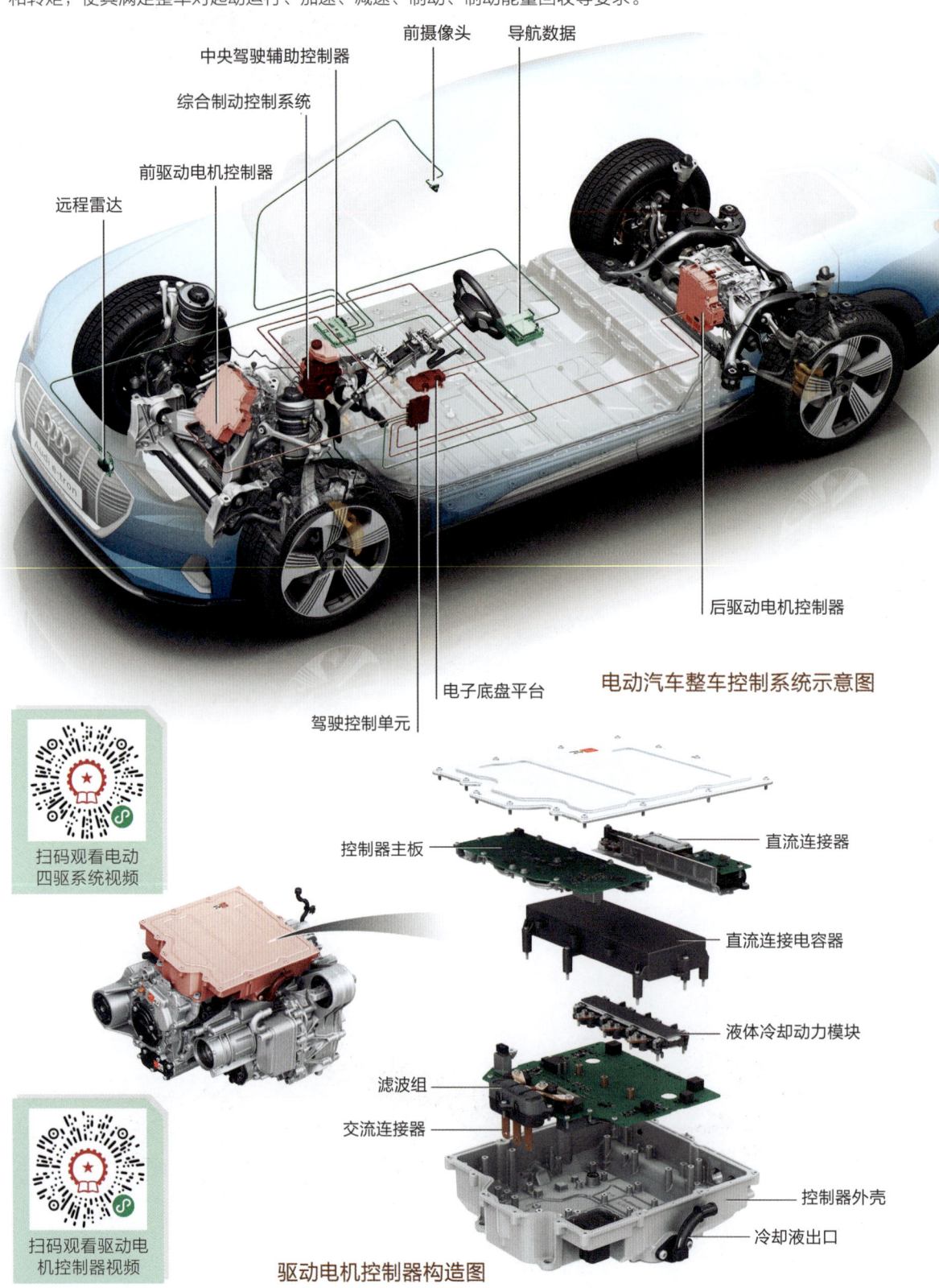

电动汽车整车控制系统示意图

标注：远程雷达、前驱动电机控制器、综合制动控制系统、中央驾驶辅助控制器、前摄像头、导航数据、后驱动电机控制器、电子底盘平台、驾驶控制单元

扫码观看电动四驱系统视频

扫码观看驱动电机控制器视频

驱动电机控制器构造图

标注：控制器主板、直流连接器、直流连接电容器、液体冷却动力模块、滤波组、交流连接器、控制器外壳、冷却液出口

092

8.3 纯电动汽车是怎样奔跑的？

1 通电起动
当驾驶人转动起动钥匙时，纯电动汽车并没有什么反应和动静，只是附件电器接通电源，但驱动电机并没有开始运转

2 驱动电机转动
当踩加速踏板时，驱动电机控制器根据加速踏板位移传感器的信息，发出接通驱动电机电源的指令，动力电池通过DC/AC逆变器向驱动电机定子绕组提供三相交流电，使驱动电机开始旋转

5 减速
当抬起加速踏板时，驱动电机控制器根据加速踏板位移传感器的信息，通过降低电源频率来降低驱动电机转速从而使车辆减速或转为能量回收模式，驱动电机由电动机变身发电机，逐渐使汽车减速

4 加速
当继续向下踩加速踏板时，驱动电机控制器根据加速踏板位移传感器的信息，向驱动电机输出更高的电源频率和电压，使驱动电机转速升高，进而使车速上升

3 起步
驱动电机起动后就能达到最大转矩，只需用减速器将驱动电机的高转速降下来，车辆即可顺利起步

6 制动、停车
当踩制动踏板时，立即进入能量回收模式，车辆在惯性作用下拖动驱动电机转动，驱动电机由电动机变身发电机，使汽车减速停车

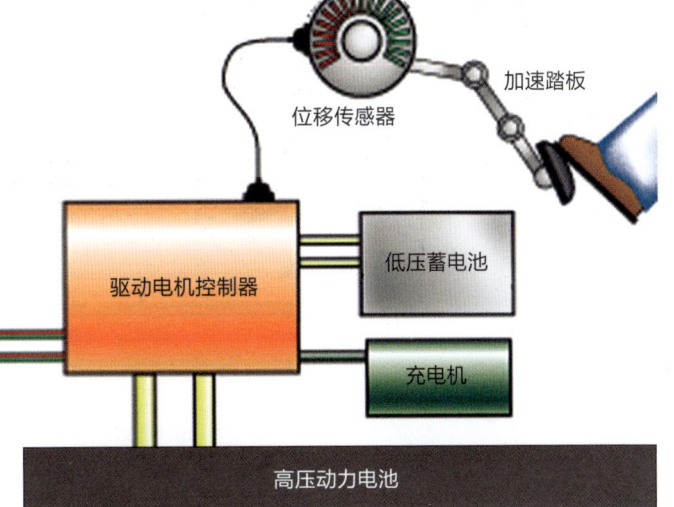

纯电动汽车工作原理示意图

汽车冷知识

为什么纯电动汽车不需要变速器？

当初发明变速器的目的，就是帮助汽车起步和爬坡。因为燃油发动机的初始转矩较小，所以驱动笨重的汽车起步时比较困难，更无法驱动汽车爬坡。变速器则可以通过齿轮组合在将转速降低的同时，将转矩放大，从而让汽车拥有更大的驱动力，使汽车顺利起步和爬坡。

而驱动电机的初始转矩是最大的，不需要变速器放大就可以驱动汽车顺利起步和爬坡，因此电动汽车可以不配传统的变速器，只需配减速机构，将驱动电机的转速减下来，以适应车轮的转速即可。

扫码观看电动汽车不需变速器视频

8.4 普通混合动力汽车

普通混合动力汽车是指那些不需要外部充电的混合动力汽车。这种车辆通常使用传统的发动机作为主要动力来源，同时配备一个或两个驱动电机及一个容量较小的动力电池，来辅助驱动车辆，从而达到节省燃油的目的。

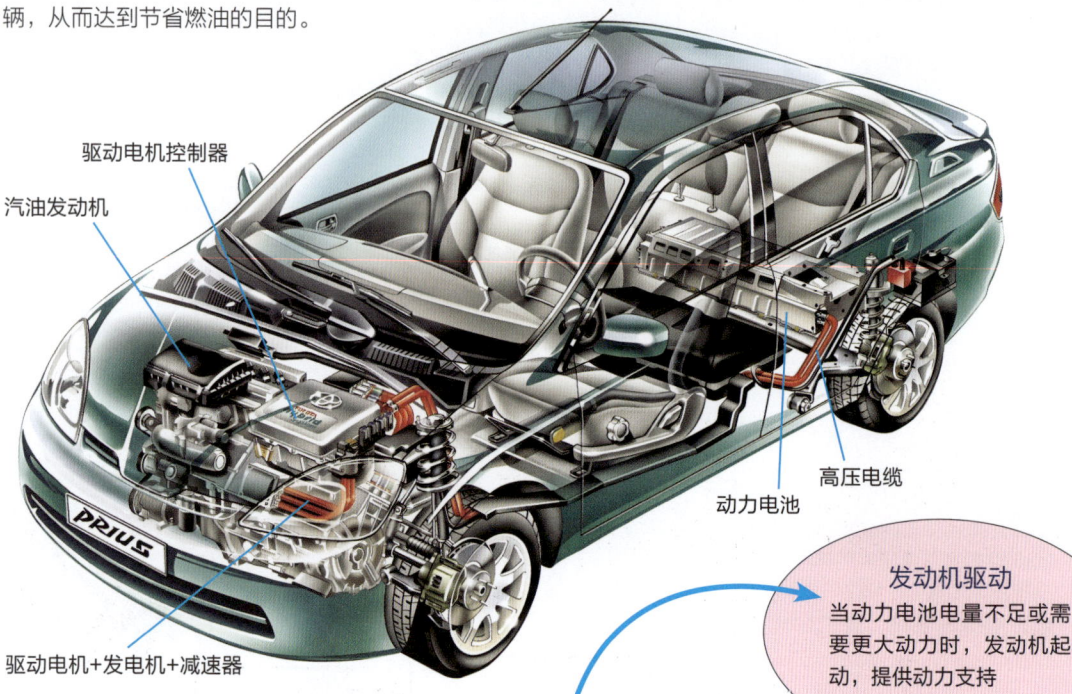

驱动电机控制器
汽油发动机
高压电缆
动力电池
驱动电机+发电机+减速器

普通混合动力汽车构造图

扫码观看普通混合动力汽车视频

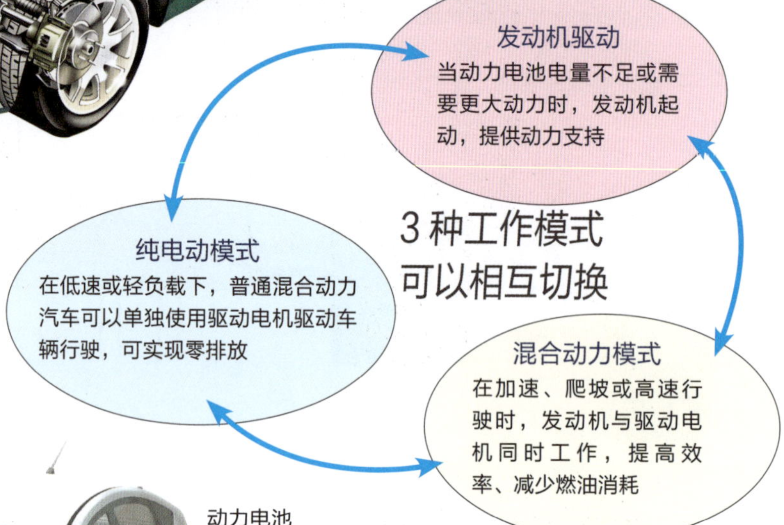

纯电动模式
在低速或轻负载下，普通混合动力汽车可以单独使用驱动电机驱动车辆行驶，可实现零排放

发动机驱动
当动力电池电量不足或需要更大动力时，发动机起动，提供动力支持

3种工作模式可以相互切换

混合动力模式
在加速、爬坡或高速行驶时，发动机与驱动电机同时工作，提高效率、减少燃油消耗

丰田普锐斯工作模式切换示意图

驱动电机控制器
汽油发动机
动力电池
高压电缆
驱动电机+发电机+减速器

丰田普锐斯汽车构造示意图

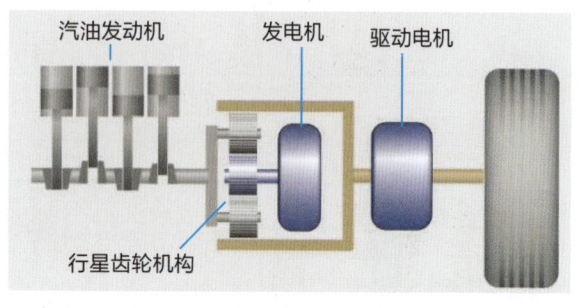

汽油发动机　发电机　驱动电机
行星齿轮机构

丰田普锐斯混合动力系统示意图

8.5 插电式混合动力汽车

并联式插电混合动力汽车

并联式插电混合动力汽车一般只有一台驱动电机,这台驱动电机与发动机的动力系统是并联关系,它们的动力通过动力复合装置整合后,共同驱动汽车。

并联式插电混合动力汽车保留了发动机、变速器及后续传动的机械连接,由电驱动系统所提供的动力在原驱动系统的某一处与燃油发动机动力汇合,或者发动机和电驱动产生的动力完全分开,分别驱动不同的驱动桥,即汽车可以使用发动机和电驱动共同驱动,也可以各自单独驱动。

奥迪A3 插电式混合动力汽车底盘构造

奥迪 A3 插电式混合动力汽车

奥迪A3 e-tron插电式混合动力汽车,其混合动力模块位于发动机与变速器之间,属于并联混合动力方式,驱动电机和发动机都可以独立驱动汽车前进。在发动机单独运转时,可通过双质量飞轮绕开驱动电机直接将动力传递给变速器;而在纯电动模式下,仅将驱动电机的动力传递给变速器。

奥迪A3 插电式混合动力汽车动力系统

混联式插电混合动力汽车

混联式插电混合动力汽车一般都拥有两台驱动电机和一台燃油发动机。其中一台驱动电机、燃油发动机可分别独立向汽车提供驱动力（并联关系），而在动力电池的电量不足时，发动机还可以带动另一台驱动电机作为发电机发电，并向电驱动系统供电（串联关系），因此称为混联式插电混合动力汽车。

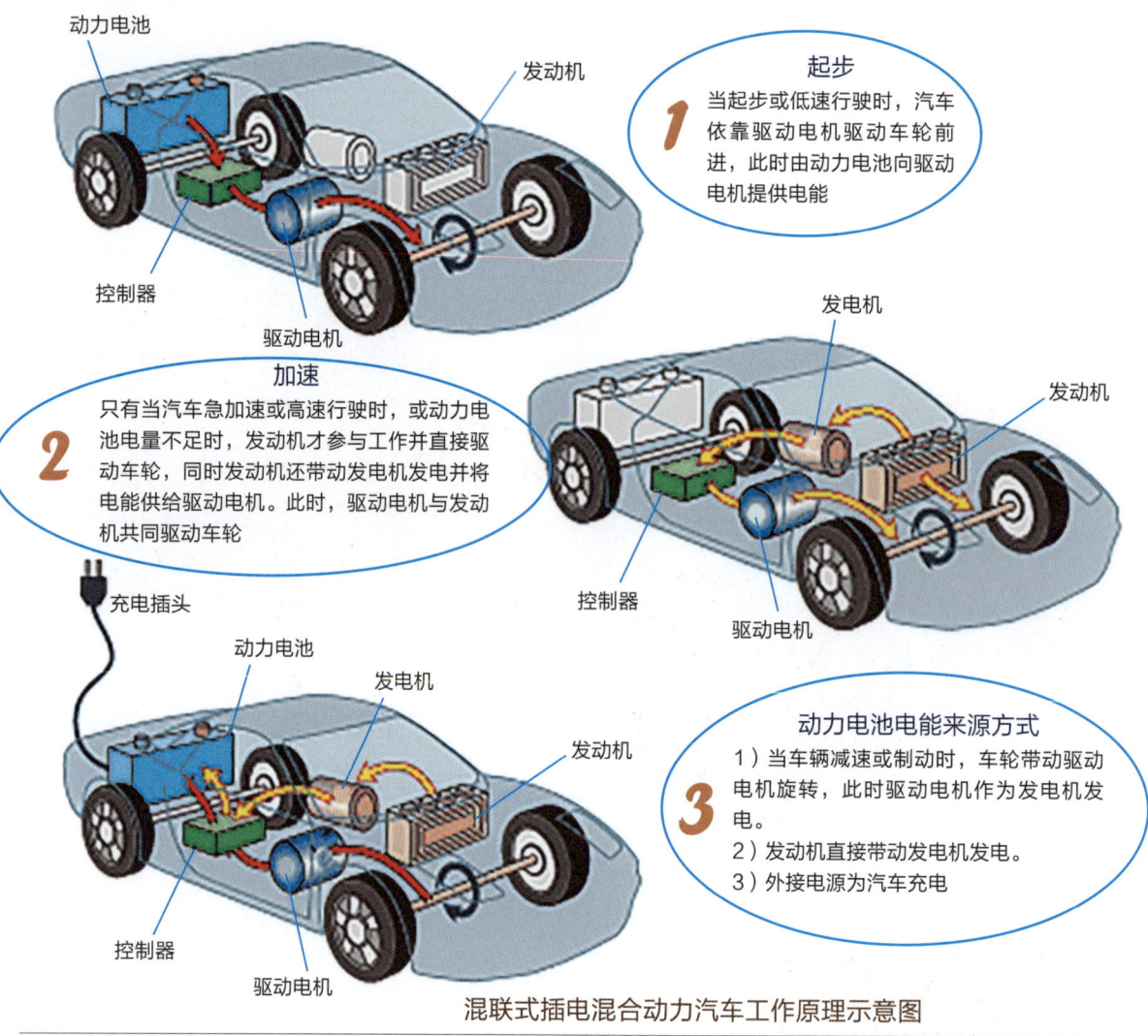

1 起步
当起步或低速行驶时，汽车依靠驱动电机驱动车轮前进，此时由动力电池向驱动电机提供电能

2 加速
只有当汽车急加速或高速行驶时，或动力电池电量不足时，发动机才参与工作并直接驱动车轮，同时发动机还带动发电机发电并将电能供给驱动电机。此时，驱动电机与发动机共同驱动车轮

3 动力电池电能来源方式
1）当车辆减速或制动时，车轮带动驱动电机旋转，此时驱动电机作为发电机发电。
2）发动机直接带动发电机发电。
3）外接电源为汽车充电

混联式插电混合动力汽车工作原理示意图

串联式插电混合动力汽车
（增程式电动汽车）

如果在纯电动汽车上增加一台小型燃油发动机，但并不用它直接驱动车轮，而是用来带动一台发电机发电，通过向动力电池充电并最终依靠驱动电机驱动汽车前进，那么这就是一台串联式插电混合动力汽车。由于汽车只依靠电驱动行驶，因此也称为增程式电动汽车。

发动机不直接驱动车轮，发动机转速和车轮转速、汽车速度没有直接关系，通过对控制系统和控制逻辑的优化设计，可以让发动机一直工作在最佳状态，从而达到节能、噪声小的效果。

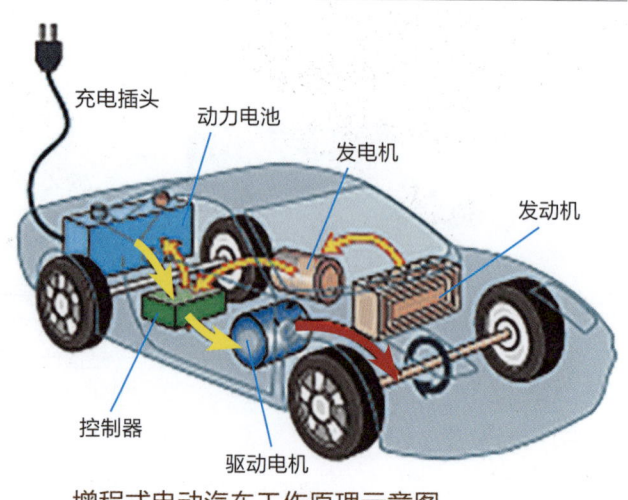

增程式电动汽车工作原理示意图

8.6 燃料电池汽车

燃料电池汽车（Fuel Cell Vehicle，FCV）是一种使用车载燃料电池发电为驱动电机提供电能的电动汽车。

燃料电池汽车也是一种完全由电力驱动的电动汽车，它的电能是利用车载燃料电池获得的。燃料电池汽车相当于一个奔跑中的发电站。

现在的燃料电池汽车通常由燃料电池反应堆、储氢罐、蓄电装置（动力电池或超级电容）、驱动电机、电控系统等组成。氢与空气中的氧发生化学反应，产生电和水。此反应相当于电解水的逆反应，因此氢燃料电池汽车排放的是水而不是废气。氢燃料电池汽车的工作过程可划分为5个步骤：

1 送气 氢气和氧气被输送至燃料电池系统

2 发电 氢与氧气产生电化学反应，发电和生成水

3 供电 燃料电池产生的电能供给驱动电机

4 驱动 驱动电机驱动汽车前进

5 排水 排出电化学反应生成的水

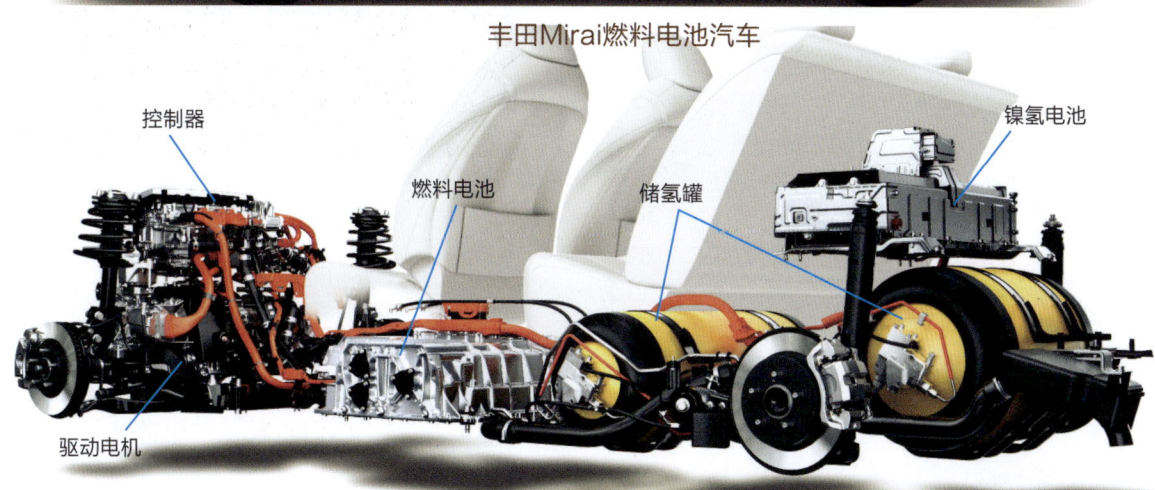

丰田Mirai燃料电池汽车

丰田Mirai燃料电池汽车构造图

小白成长测验（第8级）

1）为什么把电动汽车称为新能源汽车？
2）电动汽车的"三电"是指什么部件？
3）电动汽车的"驱动电机+驱动电机控制器"相当于燃油汽车的哪两个部件？
4）为什么电动汽车上没有变速器？
5）氢燃料电池汽车排放的是废气还是水？

扫码观看燃料电池汽车视频

第9章　汽车怎样才能跑得快？

为什么跑车跑得快？怎样才能让汽车跑得更快？最高车速与什么有关？
为什么电动汽车的零百加速比较快？"推背感"是怎样一回事？

9.1　这辆汽车能跑多快？

加速时间与最高车速

汽车的动力性能通常用加速性能、最高车速和爬坡能力来衡量，而看一辆汽车能跑多快，通常是看它的0—100km/h加速时间和最高车速。

一辆汽车从静止起步加速到100km/h所用的时间（s）越短，表示其加速性能越好，或者说加速越快。比如，超级跑车的0-100km/h加速时间通常在3s以内。

汽车的最高车速是指在平坦良好路面上汽车所能达到的最高行驶速度。比如，很多超级跑车的最高车速在300km/h以上，而极限跑车（Hypercar）的最高车速通常超过400km/h。

0—100km/h加速时间排行

1. 布加迪（Bugatti）Tourbillon	2.0s
2. 法拉利（Ferrari）F80	2.15s
3. 特斯拉（Tesla）Model S Plaid	2.1s
4. 布加迪（Bugatti）Chiron Pur Sport	2.3s
5. 布加迪（Bugatti）Chiron Super Sport	2.4s
6. 阿斯顿·马丁（Aston Martin）Valhalla	2.5s
7. 法拉利（Ferrari）SF90 Stradale	2.5s
8. 迈凯伦（McLaren）W1	2.7s
9. 保时捷（Porsche）Taycan Turbo S	2.8s
10. 兰博基尼（Lamborghini）Aventador SVJ	2.8s

布加迪Tourbillon超级跑车

超级跑车最高车速排行

1. 布加迪（Bugatti）W16 Mistral Roadster	454km/h
2. 科尼赛克（Koenigsegg）Agera RS	447km/h
3. 西尔贝（SSC）Tuatara	443km/h
4. 布加迪（Bugatti）Chiron Super Sport	440km/h
5. 科尼赛克（Koenigsegg）One:1	437km/h
6. 轩尼诗（Hennessey）Venom GT	435km/h
7. 辛格（Czinger）21C	432km/h
8. 布加迪（Bugatti）Veyron 16.4 Super Sport	431km/h
9. 布加迪（Bugatti）Chiron	420km/h
10. 科尼赛克（Koenigsegg）Agera	420km/h

注：本页数据源于截至2025年4月已售量产车型的官方数据（不含电动汽车）。

> **车圈"黑话"解码**
>
> "零百加速"　"极速"
> "3秒俱乐部"　"小钢炮"
>
> "零百加速"：汽车"从静止加速到100km/h所用时间"的简称，比如说"某车零百加速5s"等。
>
> "极速"：汽车所能达到的最高行驶速度。
>
> "3秒俱乐部"：特指从静止加速到100km/h用时不超过3s的汽车。
>
> "小钢炮"：指小型两厢车搭载高性能发动机，如高尔夫R、思域Type R，以"小车身+大功率"为特色。

9.2　谁影响汽车的加速性能？

关键因素1：质量功率比

汽车的加速性能高低并不完全取决于动力大小，还取决于汽车的质量（重量）。如果动力相同的两辆汽车，一个质量小，一个质量大，那么质量小的汽车的加速性能会更好。这个规律早已被牛顿揭示，他因此还提出了牛顿第二定律：

"外力使物体产生加速度，而且外力越大或物体越轻，加速度就越大。"

人们通常用汽车的整备质量与最大功率的比值，即"质量功率比"来说明汽车加速能力。比如，一辆汽车的整备质量是2000kg，它的最大功率是200马力（PS），那么它的质量功率比就是10kg/PS。这表明1PS的功率只负责驱动10kg的车身质量。因此，质量功率比越小，汽车的加速潜力越大。

注：1马力（PS）≈735.5瓦特（W）

大型拖挂车发动机的功率高达300PS，但其总质量高达100t，质量功率比高达330kg/PS，相当于5个人骑一匹马，它的0-100km/h加速时间约为35s

悍马H2发动机的最大功率398PS，车重3t，质量功率比7.5kg/PS，相当于一只中型犬骑在马上，其0-100km/h加速时间为10s

宝马Z4 35i的最大功率为306PS，重1.6t，质量功率比5.2kg/PS，相当于一只小狗骑在马上，它的0-100km/h加速时间为5.1s

布加迪Tourbillon的最大功率高达1800PS，车重1995kg，质量功率比为1.10kg/PS，相当于一只兔子骑在马上，其0-100km/h加速时间为2.15s

汽车冷知识

为什么跑车加速快？

跑车通常采用大排量发动机，具有较强的功率输出，同时还注重轻量化设计，采用碳纤维、铝材、复合材料等制作车身，尽力减小汽车的整备质量，尽力降低跑车的质量功率比，提升其加速能力。

关键因素2：转矩特性
划重点：低转速大转矩≈起步加速快

汽车在起步和低转速时，转动惯量较大，需要更大的转矩来克服转动惯量使车轮加速旋转。因此，发动机在低转速区的转矩大小直接影响汽车的起步性能；在中转速区的转矩大小决定中途加速性能。

电动机具有一起动就能输出最大转矩并能在宽广转速范围保持最大转矩的特性，因此电动汽车的加速性能相对燃油汽车更加优秀。

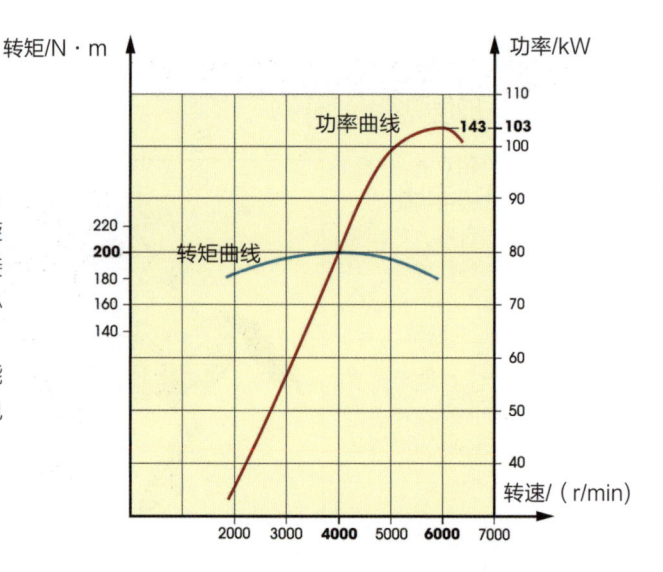

汽车冷知识

什么是转矩？
划重点：瞬间爆发力、扭劲

转矩也称扭矩、扭力等，是使物体发生转动的一种特殊力矩，相当于瞬间爆发力、扭劲等。当用扳手去拧一个螺母时，施加在螺母上的力量大小就是转矩。如果扳手越长或越用力，那么施加在螺母上的转矩就越大。因此，转矩值的计算方法是：转矩=力×力臂。比如，力=1N，力臂=1m，那么，转矩=1N·m。

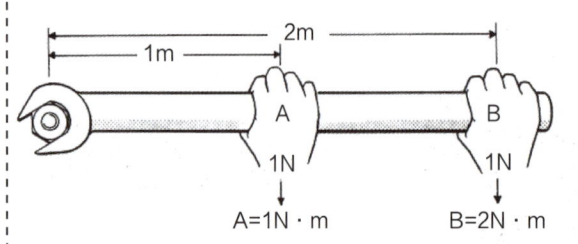

在发动机内部，燃油爆炸产生的爆炸力最终要以转矩的形式拧动曲轴旋转。气缸中的活塞相当于人的手，曲轴的曲拐相当于扳手，如果曲拐较长，那么施加在轴上的转矩就越大，从发动机输出的转矩也越大。

什么是功率？

如果发动机的曲拐较长，其行程也较长（行程=曲拐×2），输出转矩较大，但也导致曲轴的转速较慢；如果曲拐较短，行程也短，虽然输出转矩较小，但每完成一次工作循环的时间较短，曲轴的转速也较高。

因此，如果想输出较大转矩，可降低转速；如果想提高转速，则转矩输出就要减小。为了综合评价动力系统的能力，人们将转矩与转速的乘积定义为"功率"，即：功率=转矩×转速，并用"马力"或"千瓦"作为功率的单位。

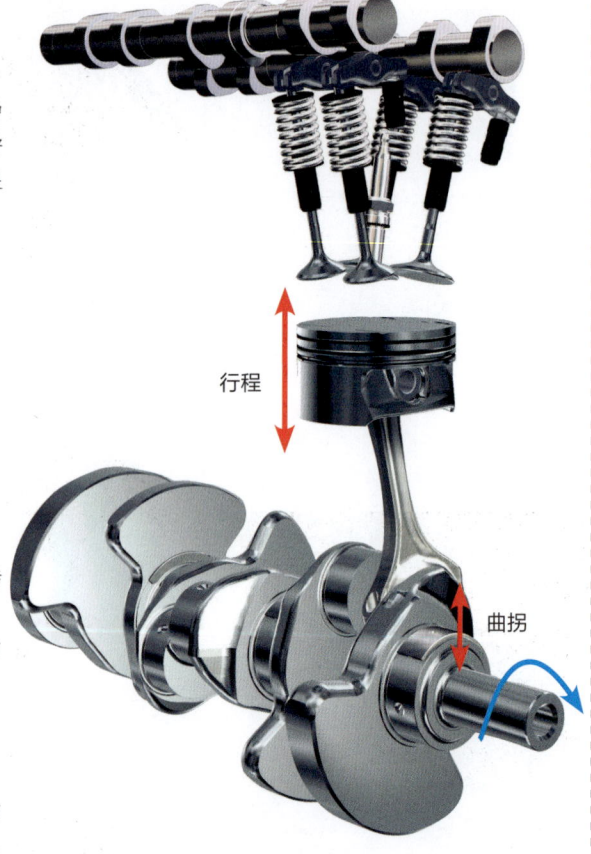

行程=曲拐×2
转矩=力×力臂
功率=转矩×转速

关键因素3：变速器与传动效率
划重点：MT、DCT 的传动效率较高

手动变速器（MT）和双离合变速器（DCT）完全采用机械和齿轮传递动力，其动力传递更加直接、功率损失少、传动效率高、换档速度快，它们有利于车辆获得更好的加速性能；而自动变速器（AT）使用液力变矩器，无级变速器（CVT）使用金属带传递，它们在传动中的功率损失相对较高，换档速度不够快，它们对汽车的加速性能会有一定的影响。

全轮驱动（AWD）通常比两轮驱动提供更好的加速性能，因为它们可以将动力分配到所有车轮以获得更佳的牵引力。为此，许多超级跑车通常采用四轮驱动。

双离合自动变速器构造图

手动变速器构造图

关键因素4：轮胎与胎压

高性能轮胎具有更好的抓地力，能将发动机的动力更有效地转化为车辆前进的动力，特别是在起步、加速和转弯时。

轮胎气压不足，会增加轮胎的滚动阻力，使汽车消耗更多的动力来克服阻力；轮胎气压过高，则会影响轮胎的抓地力，同样不利于动力的有效传递。

车圈"黑话"解码

"推背感""地板油""顿挫感"

"推背感"当汽车猛烈加速时，由于惯性的缘故，在汽车加速的瞬间，我们的身体仍处于原来的状态，而汽车已加速向前冲去。相对而言，我们的身体由于惯性的作用而滞后于汽车，并迅速压向靠背，就好像是靠背猛烈地推我们后背一下，从而产生所谓的推背感。加速性能越好的汽车，猛然加速时的推背感就越强。

"地板油"：指将加速踏板一脚踩到底，全力加速。

"顿挫感"：指汽车在加速过程中出现动力中断或不顺畅的感觉。其原因往往与变速器的性能有关。

汽车冷知识

不同花纹的轮胎各有什么特点？

单导向花纹：轮胎花纹具有明显的方向性，一般为V字形。其特点是排水性能较佳，适用于中高级别轿车。

非对称花纹：轮胎花纹左右不对称，对高速过弯时的操控性能极为有利，适用于运动性车型。

条形花纹：轮胎花纹呈条状，其特点是不易侧滑、噪声小，但制动性能一般，适用于普通轿车。

块状花纹：轮胎花纹相互独立，其特点是抓地力强，适用于越野车辆。

羊角花纹：轮胎花纹像是羊角，具有极强的抓地力和制动力，适用于工程车辆。

单导向花纹　　　条形花纹　　　羊角花纹

非对称花纹　　　块状花纹

9.3 怎样让发动机更"有劲"？

增大排量："胃口大"

通常情况下，增大发动机排量是提高转矩最直接、最有效的手段。排量大意味着发动机每次燃烧过程中能够吸入和压缩更多的空气和燃料混合物，从而释放出更多的能量，为汽车提供更强的转矩和功率输出。

采用增压器："压力高"

充足的进气量是保证发动机正常燃烧和高效输出动力的基础。多进气就能多喷油，燃烧膨胀力更大，输出转矩也更高。比如，采用涡轮增压器或机械增压器，通过提高进气压力来增加进气，可在不增大发动机排量的情况下增大转矩输出。

提高压缩比："压缩狠"

压缩比越大，混合气压缩程度就越大，压缩行程末端燃烧室压力就更大，做功行程中混合气燃烧时对活塞的推力也越大，从而输出更大的转矩。

采用长行程："力臂长"

转矩=力×力臂，发动机曲轴的曲拐长度相当于"力臂"，而活塞行程=曲拐长度×2，因此采用长行程设计，相当于增大了曲拐长度，即"力臂"，从而可以增大发动机的转矩输出。

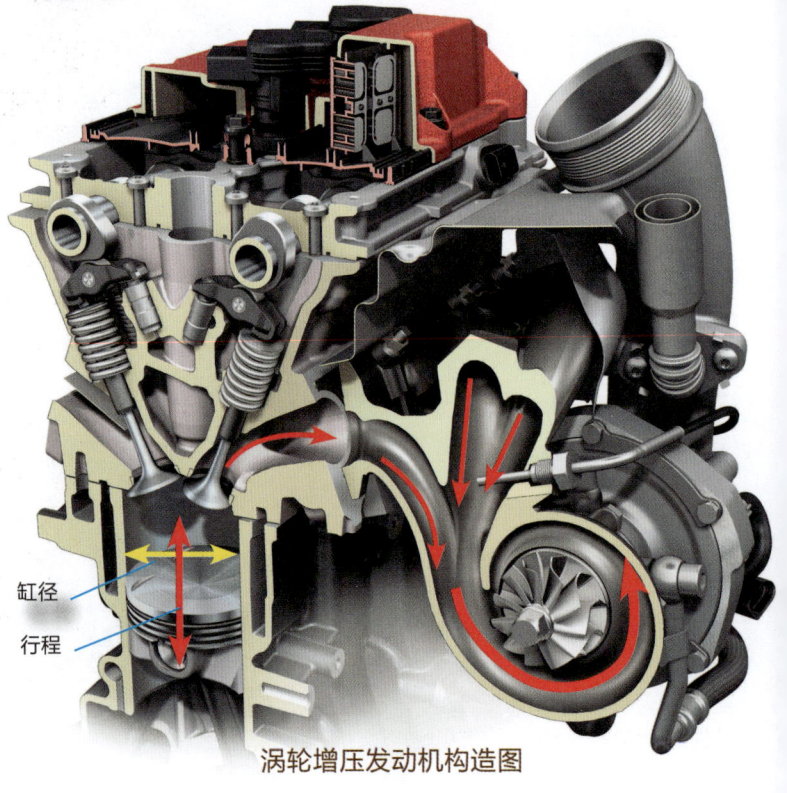

涡轮增压发动机构造图

车圈"黑话"解码

"自吸" "涡轮迟滞"

"自吸"："自然吸气"的简称，指发动机采用自然吸气的方式进气，与之对应的是采用涡轮增压或机械增压的强制进气方式。

"涡轮迟滞"：指涡轮增压发动机在踩下加速踏板后的一段时间内，由于涡轮响应延迟而导致动力输出不足的现象。

车圈"黑话"解码

"马力" "瓦特" "千瓦"

"马力"是一种计量功率的常用单位。"马力"概念是由苏格兰科学家詹姆斯·瓦特首先提出的。为了推销蒸汽机，瓦特需要用一种办法来表示蒸汽机动力的大小。当时蒸汽机的潜在客户主要是矿井老板，他们使用大量马匹拉动抽水机来抽取矿井中的水，或提升从矿井中挖出的煤。瓦特就想到用"马力"来表示蒸汽机动力的大小。根据瓦特估算一匹马的能力，再经转换为公制后即为：1公制马力（PS）=75千克·米/秒（kg·m/s）。

在专业术语中，现在基本不再使用"马力"，而是用"瓦特"（W）或"千瓦"（kW）作为功率的标准单位。

1公制马力（PS）=75千克·米/秒（kg·m/s）≈735.5瓦特（W）。

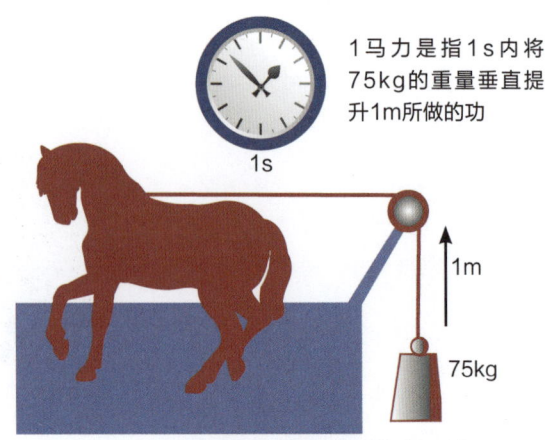

1马力是指1s内将75kg的重量垂直提升1m所做的功

一匹真马的瞬时爆发力可达15马力，但无法长时间维持1马力

9.4 为什么电动汽车起跑快？

扫码观看电动汽车起跑快视频

1 发动机的动力响应有点缓慢

发动机汽车起步或加速时，驾驶人踩下加速踏板，气缸内充入更多的燃油和空气，燃烧室发生剧烈的燃烧爆炸，产生的爆炸力推动活塞下行，经连杆将动力传递到曲轴，将直线运动调整为旋转运动，也就是将动力改变方向。

由于力量改变了方向，运转起来不平衡，必须为曲轴装上平衡重或平衡轴，曲轴输出端还要连接上飞轮。平衡重和飞轮都会影响动力变化的响应。因此，发动机的转矩特性曲线像是一座山峰，在初始转速时有一个爬坡上升的过程，使得起步加速就没有那么干脆利落。

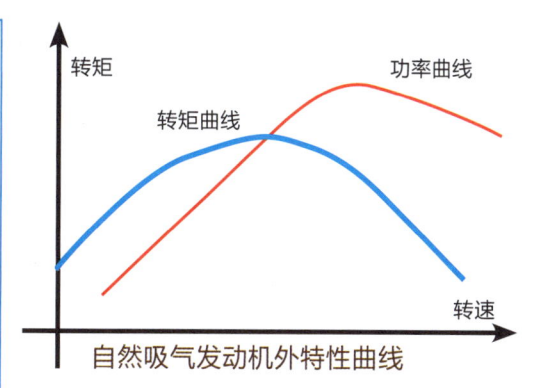

自然吸气发动机外特性曲线（转矩曲线、功率曲线、转速）

2 电动机的动力响应快如闪电

电动机的结构简单，主要由定子和转子组成，而且定子与转子之间有气隙。它的基本原理就是两个磁场相互作用，在同性相斥、异性相吸的原理作用下，由一个磁场旋转带动另一个磁场旋转。动力的产生和改变，都是基于电磁学的原理，它们的动力响应也是电和磁的速度，可以说快如闪电。

况且转子与定子之间存在气隙，没有任何机械阻力，转子浑身无牵挂。更重要的是，电动机的力量从一产生就是旋转力，不需要改变方向，也不需要配什么平衡重或平衡轴和飞轮，因此电动机的转矩曲线像是一堵墙，一开始就达到最大转矩，并能保持较长的转速范围。

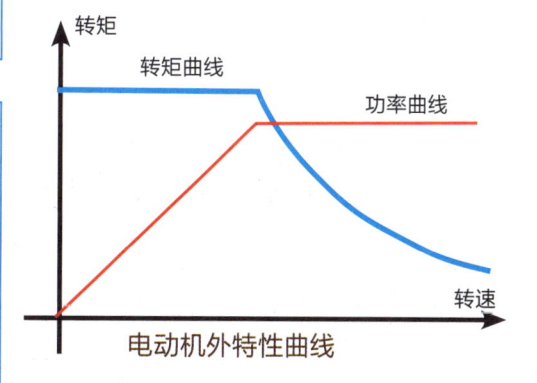

电动机外特性曲线（转矩曲线、功率曲线、转速）

3 电动汽车的动力传递更直接

发动机的动力输出后，还要经过变速器等环节才能将动力传递到车轮。在从静止加速到100km/h的过程中，变速器至少要变换一次档位，这又要耽误一些时间。而电动汽车没有变速器，只有一个减速器，在起步和加速过程中没有换档，使得电动汽车的加速响应比燃油汽车更迅猛。

4 电动汽车像是百米短跑选手

电动汽车像是百米短跑运动员，起步很快并直达终点；而燃油汽车像是障碍跑接力运动员，要越过一些障碍，还要转个弯，再换个接力棒，才能到达终点。

汽车冷知识

汽车加速快有什么好处？

1）在超车和并线中更安全。在超车过程中与被超车辆并行时是最危险的时刻，而加速快的汽车可以减少并行时刻，尽快离开危险区。

2）提供更愉悦的驾驶体验。

9.5 谁决定了汽车的最高速度？

关键因素1&2：最大功率、风阻系数

汽车受到驱动力而奔跑，同时还会受到多种阻止汽车前进的力量，包括加速阻力、坡道阻力、滚动阻力和空气阻力等，它们统称为"行驶阻力"。当驱动力大于行驶阻力时，汽车受到的合外力方向向前，使汽车产生向前的加速度，车速就会越来越高。

随着车速的增加，行驶阻力也越来越大，因为行驶阻力中的空气阻力与车速的平方成正比，它随车速增大而急剧增大，比如，车速100km/h的空气阻力是车速50km/h的4倍。当行驶阻力增大到与最大驱动力（即输出最大功率时）相等时，这两个大小相等、方向相反的力就达到了二力平衡状态，此时加速度为零，汽车也就达到了它的最高行驶速度。

行驶阻力与驱动力达到"二力平衡"时，汽车达到最高车速

汽车在行驶时，如果最大驱动力（最大功率时）很大，或行驶阻力（主要是空气阻力）较小，那么汽车就不容易达到"二力平衡"，这样汽车就会继续加速，使汽车继续向最高速度攀登，直到"二力平衡"后车速才不再上升；反之，如果最大功率较小或空气阻力较大，那么汽车很容易达到"二力平衡"，最高车速很快达成，而且不会太高。

因此，影响汽车最高速度的有两大因素：一个是动力系统的最大功率，另一个是车身空气阻力系数。**最大功率越大或风阻系数越小，汽车的最高速度可能就越高。**

汽车冷知识

什么是风阻系数？

划重点：车身外形、表面粗糙度

风阻系数也称空阻系数、空气阻力系数等，是衡量汽车在行驶过程中受到空气阻力大小的一个重要指标。风阻系数越小，汽车在高速行驶时需要克服的空气阻力就越小，不仅更加节能，而且可拥有更大的最高车速。

风阻系数受到车身外形、表面粗糙度等因素的影响。流线形车身、光滑的车身表面、空气动力学部件与设计等，都有助于降低风阻系数。现代汽车制造商通过大量的风洞试验来优化汽车的外形设计，以降低风阻系数，提高汽车的最高速度潜力。

关键因素3：最小传动比
划重点：最小传动比越小，最高车速越高

车轮转速=发动机转速÷（变速器传动比×主减速比）

其中，主减速比是一个固定值，变速器传动比是一个变化值，随档位变化而变化，其中最高档位的传动比最小。因此，最高档位的传动比与主减速比的乘积，也称为"最小传动比"，与发动机转速一起，限制和决定了车轮的最高转速和最高车速。最小传动比越小，汽车所能达到的最高车速越高；反之，最小传动比越大，汽车的最高车速越低。

关键因素4：制动性能
划重点：没有制动，就没有速度

汽车的制动距离与制动时的车速成正比。比如，一辆轿车从车速100km/h开始紧急制动，通常还要再行驶超30m才能完全停车。如果制动性能不佳，汽车的制动距离还会更长或制动时不稳定，那么驾驶人可能会担心制动效果而不敢将车速提升到最高，从而影响最高车速的达成。

制动性能是汽车拥有最高车速的安全保障。为此，跑车、赛车等拥有较高最高车速的汽车，都采用大直径制动盘、通风式制动盘、陶瓷制动盘、多卡钳设计等，以保证车辆拥有较短的制动距离和制动稳定性。

汽车冷知识
为什么要对汽车限速？

1）最高车速是汽车在极限状态下达到的速度，而汽车在极限状态下长时间运行后非常容易"筋疲力尽"而导致故障。就像我们人一样，如果总处于亢奋状态或极限状态，再强壮的身体也受不了。为了安全起见，也为了保证汽车的寿命，必须将汽车限制在一个合适的速度下行驶。

2）汽车的制动技术还比较落后，制动距离较长，必须根据道路条件对汽车进行限速，使制动距离不能太长，以保证行驶安全。

驾驶人发现危险情况 →(信息传入大脑)→ 大脑思考做出决定 →(大脑下令制动)→ 右脚踩向制动踏板 →(制动系统动作)→ 汽车最后完全停住

扫码观看汽车不是一制动就停视频

汽车速度	反应距离	制动距离	停车距离
120km/h	35m	65m	100m
100km/h	28m	42m	70m
80km/h	22m	30m	52m
60km/h	17m	16m	33m
40km/h	11m	10m	21m

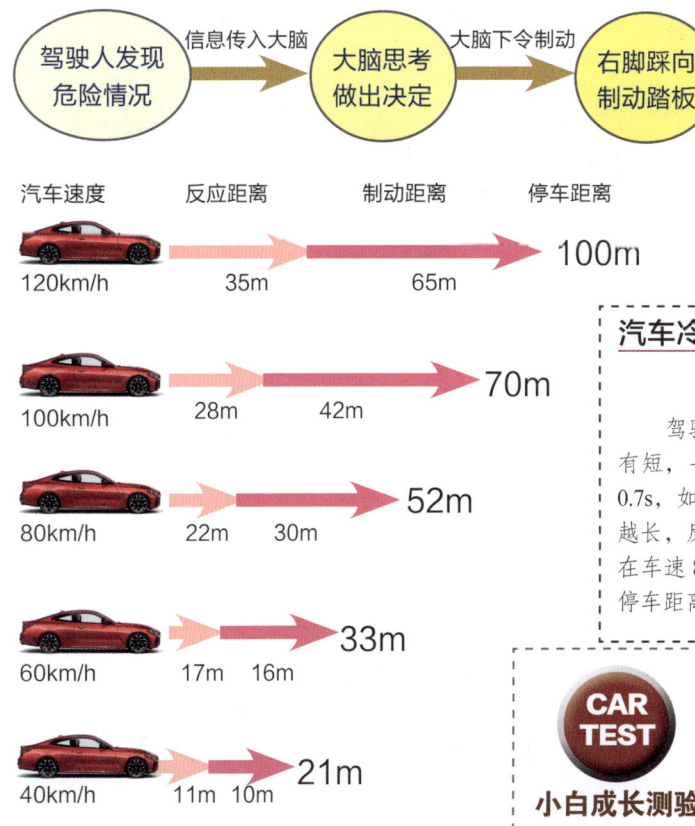

车速与停车距离关系示意图

汽车冷知识
反应时间与反应距离

驾驶人采取制动措施时的反应时间因人而异，有长有短，一般人的反应时间为1s左右，反应快者可以到0.7s，如果饮酒后或接听电话时可能是2~3s。反应时间越长，反应距离也越长，尤其是在高速行车时更明显。在车速80km/h时，如果反应时间增加1s，反应距离或停车距离就会延长22m！很容易导致交通事故。

CAR TEST 小白成长测验（第9级）

1）汽车的最高速度在什么时候达到？
2）怎样才能使发动机更"有劲"？
3）汽车的风阻系数受哪些因素的影响？
4）为什么电动汽车起跑快？
5）功率与转矩之间是什么关系？

第10章 汽车怎样才能跑得远？

为什么插电式混合动力汽车的续驶里程能超 2000km？
怎样才能让发动机更省油？为什么纯电动汽车有"里程焦虑症"？

10.1 谁决定了燃油汽车跑更远？

通常用"续驶里程"来衡量汽车能跑多远。燃油汽车的续驶里程是在加满燃油箱的情况下所能持续行驶的最大距离。普通燃油轿车的续驶里程通常为500~700km。

影响燃油汽车续驶里程的主要因素包括：燃油箱容量、发动机排量、发动机节能技术、混合动力技术、变速器类型、传动效率、车辆自重、车身风阻系数、轮胎类型与气压、空调与暖风使用、驾驶习惯、行驶路况等。

扫码观看汽车节能技术视频

关键因素1：燃油箱容量

划重点：燃油箱容量越大，汽车跑得越远

燃油箱容量越大，一次能加更多的燃油，汽车就能跑得更远。但受空间限制，燃油箱不允许设计得过大。况且装载更多的燃油也会增加汽车重量，增加燃油消耗量，影响汽车的续驶里程。

普通轿车的燃油箱容量通常为45~55L，加满燃油箱可行驶600~700km。SUV自重较大，油耗稍高，燃油箱容量通常为50~70L，加满燃油箱可行驶500~700km。

燃油汽车燃油箱构造图

关键因素2：发动机节能技术

划重点：热效率越高，节能性越好，汽车跑得越远

燃油发动机是通过提高热效率来实现节能性能的。

发动机的热效率是指将燃料的热能转化为机械能的效率。热效率越高，那么在消耗相同燃料的情况下能够提供更多的动能，驱动汽车跑得更远。

现在普通汽油发动机的热效率通常在30%~40%，而利用阿特金森循环等先进节能技术后，极少数汽油发动机的热效率可达到46%。

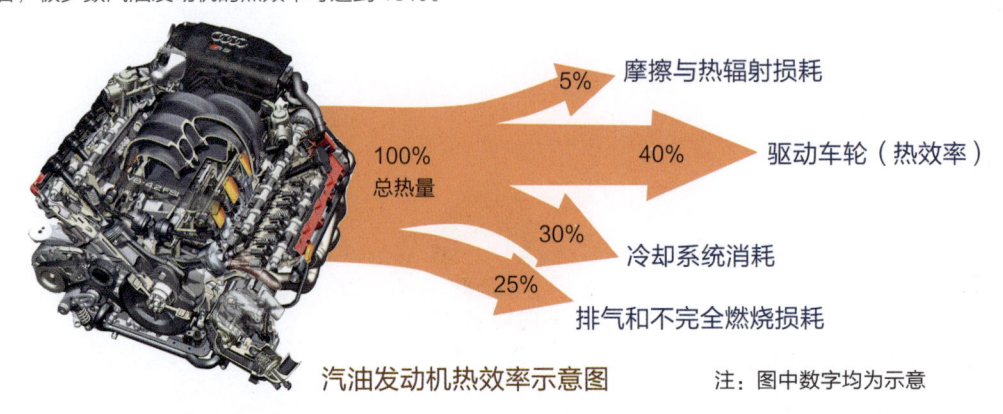

- 100% 总热量
- 5% 摩擦与热辐射损耗
- 40% 驱动车轮（热效率）
- 30% 冷却系统消耗
- 25% 排气和不完全燃烧损耗

汽油发动机热效率示意图　　注：图中数字均为示意

10.2 发动机节能技术有哪些?

发动机的节能技术就是想方设法提高发动机的热效率,而提高热效率的关键是让燃料快速、充分、完全地燃烧。因此,发动机的节能技术主要围绕燃油供给、燃油喷射、进气和排气控制、点火控制等进行。

电控燃油喷射:给发动机装上"脑子"
划重点:用计算机控制喷油和点火

电子控制燃油喷射利用各种传感器测量发动机的运行参数,如空气流量、发动机转速、进气压力和温度、排气中的氧含量等,并将信号传输到电子控制单元(Electronic Control Unit,ECU),ECU根据预存的控制程序计算出最佳的喷油量和喷油时刻,及时向喷油器和点火系统发出指令,确保发动机在不同工况下都能获得最佳的空燃比和点火时刻,从而实现高效燃烧,降低燃油消耗,延长汽车续驶里程。

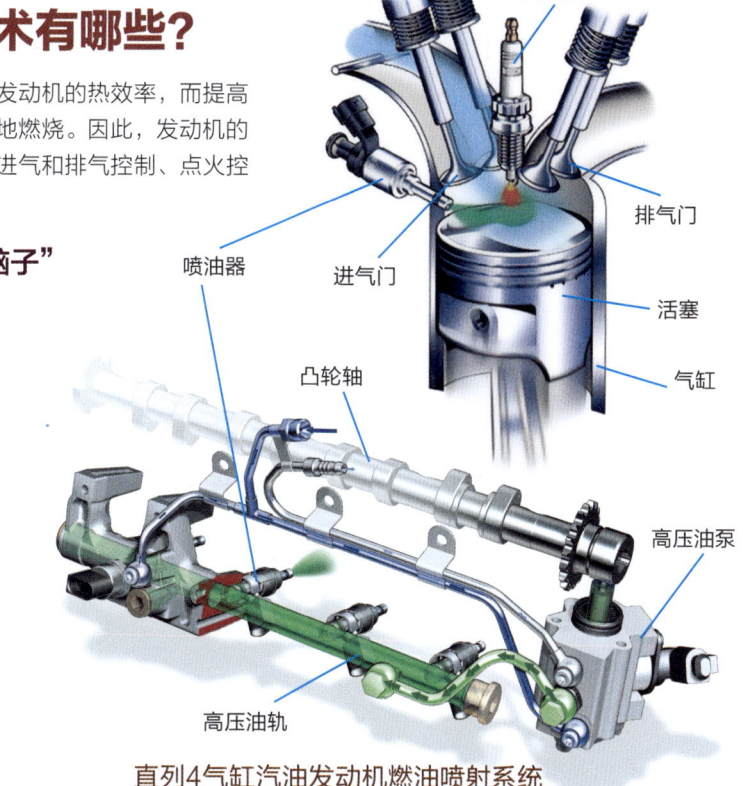

直列4气缸汽油发动机燃油喷射系统

发动机电子控制单元(ECU)不仅控制喷油时刻和喷油量,而且控制点火顺序和点火时刻

发动机电子控制燃油喷射和点火控制示意图

燃油缸内直喷：跨过"中间渠道"
划重点：直接把燃油喷入缸内

燃油缸内直喷是指将燃油喷嘴安装于气缸内，直接将燃油喷入气缸。缸内直喷允许更高的喷射压力，可使燃油雾化更加细致，更精准地按比例控制喷油并与进气充分混合。同时，利用喷嘴位置、喷雾形状、进气气流控制以及活塞顶形状等特别设计，可使油气能够在整个气缸内充分、均匀地混合，使燃油充分燃烧，能量转化效率更高，燃油消耗减少，让汽车跑得更远。

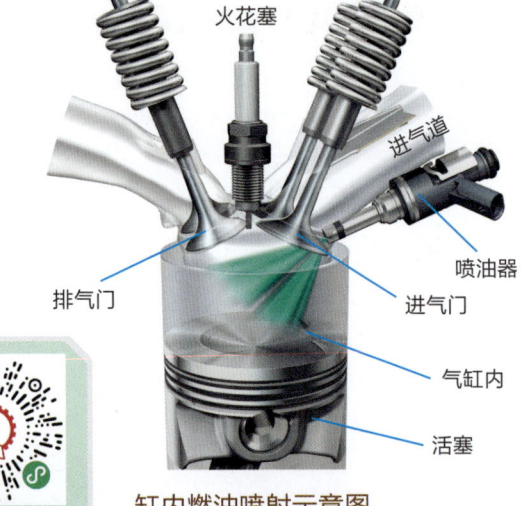

缸内燃油喷射示意图

可变气门：告别"死板呼吸"
划重点：根据需要自主调节呼吸

气门是发动机的"呼吸阀门"。发动机工作时需要吸入空气和排出废气，气门就像发动机的"鼻子"和"嘴巴"，控制气体进出气缸。

传统气门的开闭时间和开合幅度是固定的，类似人只用一种节奏呼吸，无法适应不同场景（如慢走和跑步）。

可变气门正时（VVT）可调节气门开闭的时间点，比如低速时延迟关闭进气门，让更多废气留在气缸内，减少油耗；高速时提前开启进气门，吸入更多空气增强动力。

可变气门升程（VVL）可调节气门开合的幅度，比如低速时气门开小口（省油模式），高速时开大口（动力模式），类似跑步时大口喘气。

可变气门技术让发动机告别"死板呼吸"，在不同场景下自动切换工作模式，既像"老司机"那样精准控制加速踏板，又像长跑冠军懂得调整呼吸节奏，最终实现降低油耗、让汽车跑得更远的目标。

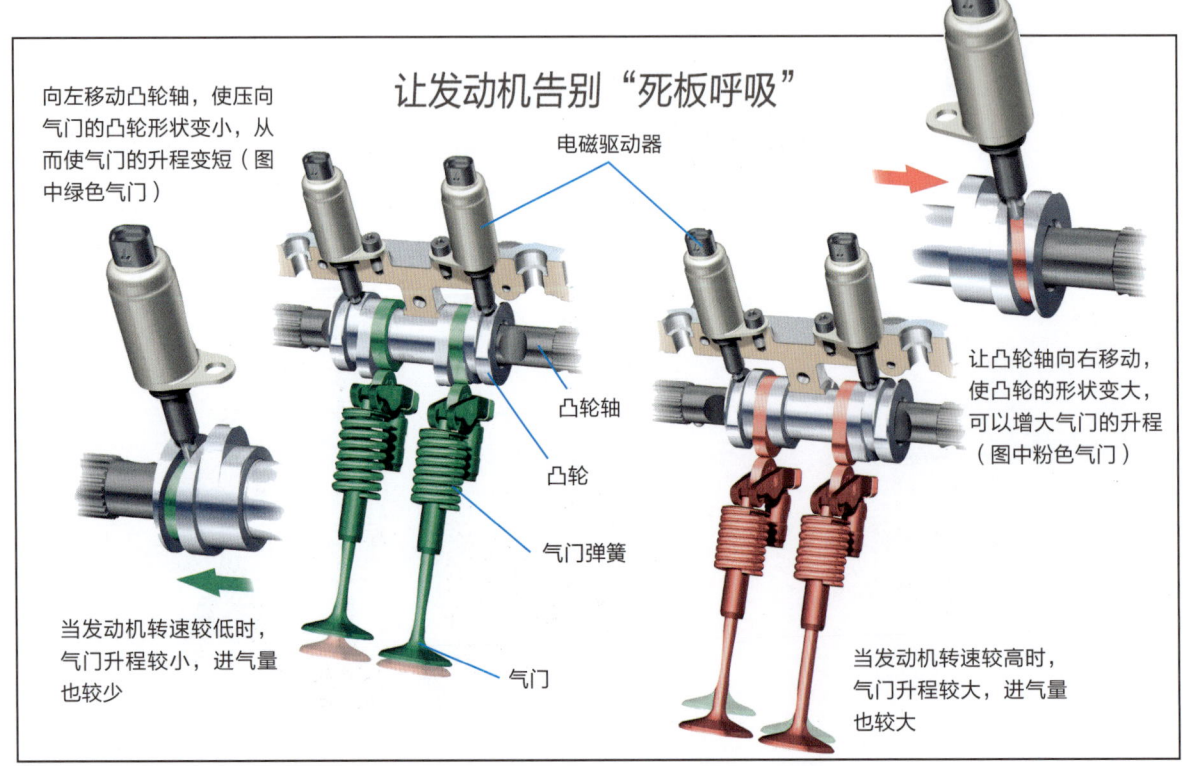

让发动机告别"死板呼吸"

向左移动凸轮轴，使压向气门的凸轮形状变小，从而使气门的升程变短（图中绿色气门）

当发动机转速较低时，气门升程较小，进气量也较少

让凸轮轴向右移动，使凸轮的形状变大，可以增大气门的升程（图中粉色气门）

当发动机转速较高时，气门升程较大，进气量也较大

奥迪发动机可变气门AVS工作原理示意图

排量可变：工作量小时就"裁员"

划重点：不需要时关掉几个气缸

　　大排量发动机的油耗比较高，但日常行驶中，多数情况下并不需要大功率输出，特别是在越来越拥堵的城市，致使大排量发动机的汽车在城区行驶时浪费燃油。而小排量发动机又无法满足人们对汽车动力和驾驶乐趣的需求。为此，采用排量可变或气缸按需运行（Cylinder on Demand，COD）技术，则可解决这一矛盾。在低负载条件下，关闭一部分气缸的工作，减少燃油消耗；当需要加速而深踩加速踏板时，自动开启更多或全部气缸的工作，使汽车恢复拥有较大的动力。

扫码观看发动机排量可变视频

在进排气凸轮轴上安装一套零行程的凸轮，当需要关闭部分气缸的工作时，只要指挥步进电动机使凸轮轴左右移动，就可以使部分气门处于零行程的工作状态（红色部分），也就是停止工作，使对应的气缸也停止工作

奥迪可变气缸发动机构造示意图

阿特金森循环："少干活少吃饭"

划重点：做功行程大于压缩行程，将推力完全释放

　　阿特金森循环是指通过电子控制系统灵活控制气门的打开和关闭时刻，使压缩行程相对其他行程变短。由于做功行程长于压缩行程，可将燃烧爆炸的推力彻底释放干净。虽然因压缩行程变短而减少了可燃混合气量，使得输出功率降低，但由于将推力释放完全，因此提高了发动机的热效率，并能节省燃油。

　　阿特金森循环技术以减小输出功率为代价，达到了更节油的目的。这就好比是一台1.8L排量的阿特金森循环发动机，其输出功率与1.6L发动机相当，油耗则与1.4L发动机相当。

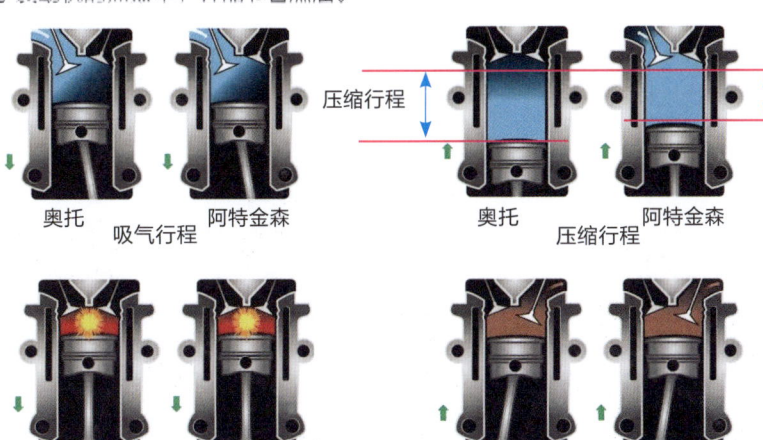

扫码观看阿特金森循环视频

奥托　吸气行程　阿特金森　　奥托　压缩行程　阿特金森

奥托　做功行程　阿特金森　　奥托　排气行程　阿特金森

奥托循环与阿特金森循环比较

"用功率换热效率"

汽车冷知识
为什么混合动力汽车喜欢采用阿特金森循环发动机？

　　阿特金森循环发动机的最大特点是节省燃油，但输出功率稍弱。真是巧了，节省燃油正是混合动力的最大诉求，而功率稍弱则可以由电驱动来弥补。阿特金森循环与驱动电机搭档，堪称珠联璧合。现在几乎所有混合动力车型，包括插电式和普通式（非插电式），基本都采用阿特金森循环发动机。

10.3　谁决定了电动汽车跑更远？

电动汽车的续驶里程，是在动力电池完全充满电的状态下所能连续行驶的最大距离。

电动汽车的续驶里程受多种因素影响，主要包括：动力电池容量、整车自重、车身风阻系数、驱动电机工作效率、制动能量回收技术、车外气温、空调与暖风使用、驾驶习惯、行驶路况等。

关键因素1：动力电池容量

划重点：动力电池容量 ≈ "燃油箱容量"

动力电池容量通常以安培小时（A·h）或千瓦时（kW·h，俗称"度"）为单位来衡量，表示动力电池能够储存的能量。纯电动汽车的续驶里程主要取决于动力电池容量。动力电池容量越大，汽车跑得越远。比如，一辆电动汽车的动力电池容量是120kW·h，它在城区的平均耗电量是15kW·h/100km，那么它的续驶里程在理论上为800km；如果动力电池容量增大到150kW·h，那么它在城区的理论续驶里程就上升到1000km。

但动力电池容量并不是越大越好，因为随着动力电池容量的增加，动力电池重量也随之增加，导致整车重量增高，百千米耗电量也会增加，这样将抵消一部分续驶里程的增加，反而影响汽车跑得更远。

奥迪R8 e-tron纯电动跑车构造图

动力电池

关键因素2：整车自重

划重点：车身越重，续驶里程越短

整车自重对电动汽车的续驶里程影响较大，据估计，每增加100kg的车身重量，续驶里程可能减少3%~5%。

由于动力电池重量较大，电动汽车通常比燃油汽车重，因此电动汽车更注重车身轻量化设计，比如采用铝合金、碳纤维等材料来制造车身、车架，可以减轻车辆的整备质量，使得汽车在行驶中需要克服的惯性相对较小，从而降低百千米耗电量。百千米耗电量越小，汽车的续驶里程越长。

纯电动汽车底盘构造图

关键因素3：车身风阻系数

划重点：风阻系数越小，续驶里程越长

通过空气动力学设计，降低车身的风阻系数，使汽车在行驶中遇到的空气阻力减小，从而减小车辆行驶时的能量损耗，实现更长的续驶里程。据估计，电动汽车的风阻系数每降低0.01，续驶里程约增加5~10km。

电动汽车在空气动力学设计上有两大优势：

1）电动汽车的前部不需要放置发动机，因此可以将车头设计得较低，使车前部具有较佳的流线形，有助于降低车身的风阻系数。

2）动力电池、驱动电机和电控系统都不需要强大的冷却系统，因此不用设计大型进气格栅，可减小空气进入车身内造成的阻力。

车身风阻系数优化设计示意图

关键因素4：能量回收

划重点：驱动电机将动能转换为电能

电动汽车都配备了能量回收系统。在车辆减速或制动过程中，车轮在车辆惯性作用下带动驱动电机转动，驱动电机变成发电机开始发电，将车辆的动能转化为电能并储存起来，有助于提高车辆的续驶里程。

在低速和拥堵情况下，能量回收效果明显。据称，部分电动汽车在城市驾驶中，制动能量回收可增加续驶里程约15%~25%。

部分电动汽车支持多级强度的能量回收模式，高强度回收模式下续驶里程提升更显著。

纯电动汽车能量回收示意图

扫码观看电动汽车能量回收视频

关键因素5：外界温度
划重点：寒冷天续驶里程缩短

在寒冷的天气里，动力电池效率较低，放电量减少，而且还需要额外的电量用于车舱暖风系统；在炎热的天气里，动力电池冷却系统和空调器都会消耗额外的能量。因此，无论是在寒冷或炎热的极端天气条件下，电动汽车的续驶里程都会相对减少。

外界温度23℃
续驶里程500km

外界温度35℃
续驶里程450km

外界温度 -7℃
续驶里程400km

外界温度与续驶里程关系示意图

关键因素6：驾驶习惯
划重点：单踏板驾驶可提升续驶里程

两位不同驾驶习惯的驾驶人，即使驾驶同一辆汽车、走同样的路线，其续驶里程也可能有所不同。能够延长电动汽车续驶里程的良好驾驶习惯如下：

1）平稳驾驶，避免激进操作，如急加速和急制动等。
2）将再生制动设置为"强"档，尽量采用"单踏板驾驶"模式，可增加能量回收。
3）高速公路上避免超速行驶。
4）不在行李舱放不必要的东西。
5）确保轮胎气压符合车厂推荐的标准值。
6）节约使用暖风和空调。
7）避免频繁快速充电，否则会影响动力电池寿命和续驶里程。

单踏板驾驶时，松开加速踏板，再生制动系统就会被激活

汽车冷知识
什么是单踏板驾驶模式？

单踏板驾驶模式并不是指汽车只有一个物理踏板，而是指驾驶人通过操作一个加速踏板来实现加速、减速和制动。

当驾驶人松开加速踏板时，电动汽车的再生制动系统会被激活，将车辆行驶中的动能转换成电能并储存起来，同时实现减速和制动。

采用单踏板驾驶模式能够增加续驶里程，延长传统液压制动系统的寿命，但需要时间来适应新的驾驶习惯。

10.4 电动汽车的"里程焦虑症"

什么是电动汽车的"里程焦虑症"？

电动汽车的里程焦虑症，是指驾驶电动汽车时因担心突然没电引起的精神痛苦或忧虑。虽然现在电动汽车的续驶里程已与燃油汽车相差无几，但由于存在充电设施不足、充电时间较长、续驶里程受外界气温影响较大等因素，因此使得人们对驾驶电动汽车跑长途仍存在疑虑。

哪些因素导致"里程焦虑症"？

1 标称续驶里程与实际续驶里程差异

官方测试的续驶里程通常在理想条件下（如恒速、适宜温度）测得，但实际驾驶中，频繁加速、空调使用、低温等因素会缩短续驶里程。实际续驶里程可能比标称值低20%~30%，从而导致信任度下降。

2 动力电池性能受环境影响大

低温时（尤其是低于0℃），动力电池活性会大幅降低，从而导致"剩余可行驶里程"下降过快；高温下，虽然续驶里程影响较小，但长期使用可能加速动力电池老化。

3 充电桩分布不均

在偏远地区、小城市或高速公路服务区，充电桩数量可能不足，用户担心无法及时找到充电点或长时间排队。相比之下，燃油车加油站网络更成熟。

4 充电时间较长

即使使用快充，电动汽车充满80%电量通常需要30~60min，而燃油汽车加满燃油箱仅需5min。

汽车冷知识

电动汽车仪表盘符号

可以驾车出发了！

这个灯亮起时，意味着你的车准备好了，可以开车了。但请记住，如果在开车时没有看到这个标志，那么可能有问题，应该检查一下。

需要充电了！

当需要充电时，这个图标会亮起琥珀色。当图标第一次亮起时，你还有10%的电量，然后一旦它开始闪烁，你的电量就只有5%或更少。

动力系统出问题了！

电动汽车仪表盘出现小乌龟时，表示车辆的动力系统出现了问题。这时应保持低速，到最近的修理厂检查或安全停车，以免发生事故。

10.5 为什么混合动力汽车跑得远？

为什么混合动力汽车油耗低？
划重点：低速时电驱动 + 回收能量

1 混合动力汽车低速时用电驱动

油电混合动力汽车在低速行驶时可以直接使用驱动电机驱动，发动机可以停机，不存在发动机怠速运转情况，从而避免高油耗行驶。

2 混合动力汽车发动机热效率高

混合动力汽车的发动机采用"以功率换热效率"的阿特金森循环技术，甚至使发动机的热效率提高到40%以上，以降低油耗。

3 混合动力汽车回收惯性能量

当汽车滑行、减速或制动时，在惯性作用下车轮带动驱动电机旋转，驱动电机转换为发电机开始发电，回收汽车动能，帮助车辆跑得更远。

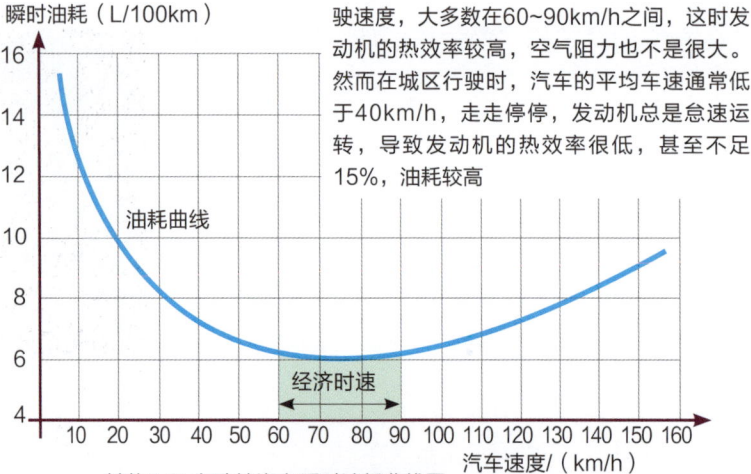

燃油汽车低速行驶时油耗高

燃油汽车的经济时速，也就是比较省油的行驶速度，大多数在60~90km/h之间，这时发动机的热效率较高，空气阻力也不是很大。然而在城区行驶时，汽车的平均车速通常低于40km/h，走走停停，发动机总是怠速运转，导致发动机的热效率很低，甚至不足15%，油耗较高。

某款1.6L自动档汽车瞬时油耗曲线图

普通混合动力汽车构造图

增程式电动汽车"治愈"里程焦虑症
划重点：发动机始终在高热效率状态工作

电量不足时增程器开始发电

在动力电池电量充足时，动力电池输电给驱动电机，提供整车驱动功率需求，此时由发动机和发电机组成的增程器不参与工作。当动力电池电量消耗到一定程度时，增程器起动，发动机带动发电机发电并输电给驱动电机，多余的电能为动力电池充电，当电量恢复到设定值时增程器停止工作。

发动机始终在高热效率状态工作

由于发动机不直接驱动车轮，它只负责带动发电机发电，因此可以始终维持在高热效率状态下工作，达到节能、延长续驶里程的目的。

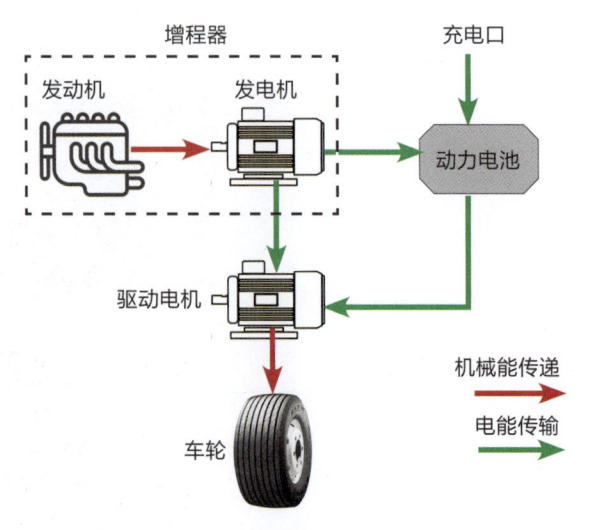

增程式电动汽车原理示意图

插电式混合动力汽车"治愈"里程焦虑症

划重点：电动汽车续驶里程 + 混合动力汽车续驶里程

电动汽车续驶里程+混合动力汽车续驶里程
插电式混合动力汽车续驶里程

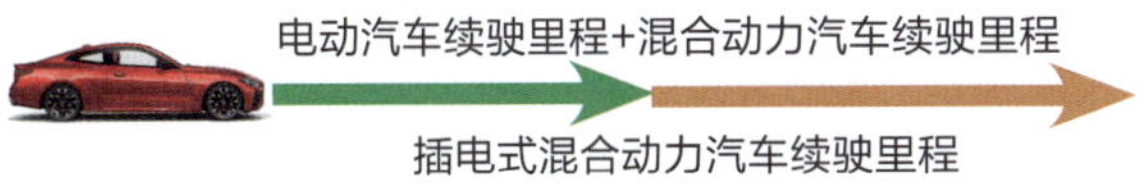

插电式混合动力汽车拥有两套能量补充和动力系统，既能充电又能加油，相当于将一辆电动汽车和一辆混合动力汽车的续驶里程相加，彻底治愈"里程焦虑症"。除此之外，它能跑很远的原因还包括：

低速时采用电驱动
在低速行驶时，主要依靠电力驱动，避免了发动机在低效区间运行，从而节省燃油。

配备动能回收系统
在车辆减速或制动时可回收能量，将动能转化为电能储存起来，优化了能量利用。

驱动电机工作效率高
驱动电机的能量转换率可达85%以上，远高于发动机的30%~40%，使车辆的总体能量利用更为高效。

智能化系统调节
智能化系统根据车速和驾驶需求，自动调节发动机和驱动电机的工作状态，保持最佳效率区间运行，减少能量浪费，延长续驶里程。

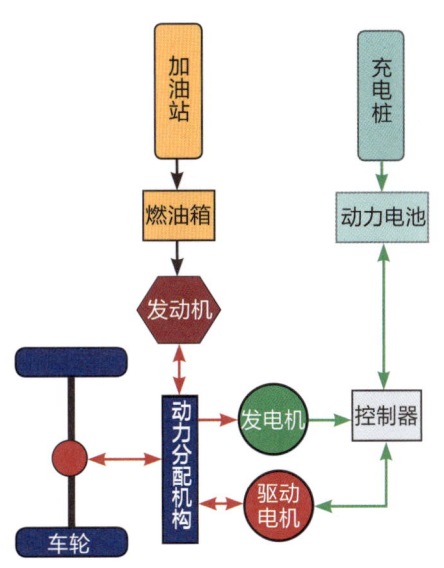

插电式混合动力汽车动力系统（混联式）

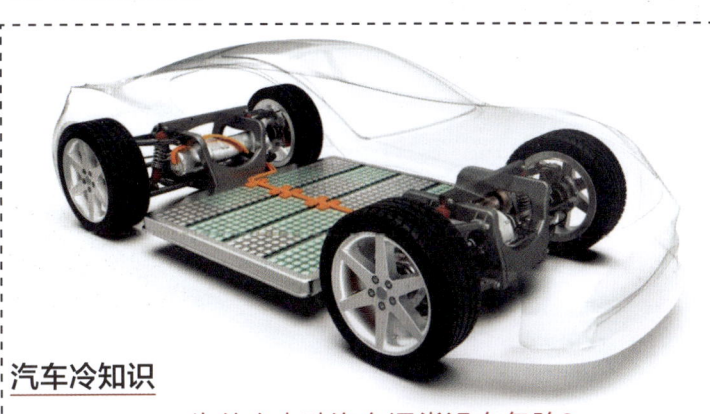

车圈"黑话"解码
"插混" "油混"
"油车" "电车"

"插混"是插电式混合动力汽车的简称。

"油混"也称"油电混"，通常是指普通（非插电式）油电混合动力汽车。

"油车"是燃油汽车的简称。
"电车"是电动汽车的简称。

汽车冷知识

为什么电动汽车通常没有备胎？

1）**减小重量，增加续驶里程。** 电动汽车配有很重的动力电池，使其重量比汽油汽车重30%左右。为了优先考虑续驶里程，就要尽量减小车重。而一个备胎和千斤顶等相关工具总重超过10kg，不配备胎就可以增加一些续驶里程。

2）**降低成本。** 电动汽车的制造成本仍然高于燃油汽车，为了吸引更多的买主，厂家尽量降低制造成本。一个备胎和千斤顶等相关工具的成本超过千元，不配备胎，就可以消减售价。

3）**短途出行不太需要。** 电动汽车主要用于城区或短途行驶，即使发生爆胎等意外情况，也很容易得到及时救援和解决。

4）**配有胎压监测系统。** 大多数电动汽车都配有胎压监测系统，可以监测轮胎压力，当轮胎出现问题时及时提醒你，使你有机会行驶到修理店修补轮胎。

CAR TEST
小白成长测验（第10级）

1）什么是单踏板驾驶模式？

2）普通燃油轿车的经济时速区间通常是多少？

3）为什么采用双燃油箱设计可以延长续驶里程？

4）制动能量回收系统在什么时候开始工作？

5）寒冷天气使电动汽车的续驶里程增长还是缩短？

第11章　汽车怎样才能跑得稳？

为什么操控性与行驶稳定性不是一回事？
哪些现象表示汽车的操控性不好？为什么一些汽车要采用铝合金车轮？

11.1 什么是汽车的操控性？

划重点：人车合一的感觉

汽车的操控性可以理解为让汽车"听不听话"的能力。就像遛狗时，听话的狗会立刻响应你的指令，不听话的狗会拽着你乱跑。

操控性是一种主观感受。操控性高的汽车，能够按照驾驶人的加速、转弯、制动等操作做出积极响应，能让你在开车时有"人车合一"的掌控感。

操控性好的表现有哪些？

1　方向盘像是有"心灵感应"，路感反馈清晰而适中，打方向盘时车头立刻跟随，过弯精准不拖沓，像用手直接"掰"车轮一样直接、顺从。低速行驶时方向灵敏，高速行驶时沉稳。

2　踩加速踏板时，动力瞬间爆发，随叫随到，而且上升平顺，尤其是在超车时给人极大的信心。

3　制动力一踩就有，而且制动力呈线性增大，而不是突然剧增或骤减，让驾驶人捉摸不定。

4　始终感觉是你在掌控汽车，而不是汽车在掌控你。高速紧急变道时轮胎"紧咬"地面，不会打滑和漂移，不会感觉车辆是在"自我修正"。

操控性≈汽车"听话"的能力

操控性不好的表现有哪些？

1　转向不精准
比如方向盘虚位大，小幅转动方向盘时车辆无反应，需频繁调整方向盘，而大幅转动时像是拧麻花；转向系统对路感的反馈比较模糊，如颠簸、抓地力变化等，影响高速过弯信心；或者转向反馈不一致，低速时过轻、高速时过重。

2　动力响应迟滞
比如踩加速踏板后动力输出延迟（如涡轮增压车型的涡轮迟滞），超车时力不从心。

3　制动力度不够线性
比如初段制动过软，后段突然变硬，导致制动距离长或"点头"严重。

4　悬架调校失衡
比如悬架性能过软，过不平路面时车身晃动不止，坐车上像是"坐船"，并且过弯道支撑不足；或者悬架过硬，路感过于清晰，过沟坎时颠簸感强，影响舒适性。

11.2 谁决定了汽车的操控性?

划重点:悬架、动力、转向、制动、轮胎

关键因素1:悬架是操控性的关键

划重点:悬架是汽车的腿

　　悬架系统相当于汽车的腿,而腿是运动员奔跑、做各种运动的关键,因此说悬架是操控性的关键,对操控性有决定性的影响。

　　扎实而具备韧性的悬架,才能使汽车具备良好的操控性。比如,独立悬架系统相较于非独立悬架系统,能够提供更好的车轮独立性,使得每个车轮在遇到路面颠簸或转弯时能更独立地运动,尽力保证轮胎与地面的接触面和抓地力,忠实响应驾驶人对车辆的操控;硬朗的悬架系统可以在车辆高速转弯时,有效地抑制车身侧倾,确保车辆保持良好的姿态,驾驶人能够更精准地控制车辆的行驶方向。

扫码观看汽车前悬架视频

汽车悬架系统

> **车圈"黑话"解码**
>
> **"驾驶乐趣" "激烈驾驶"**
>
> "驾驶乐趣":指开车时感受到的操控灵活性、加速的推背感、转弯的稳定性和掌控车辆的信心,以及人车一体的感受。它是车辆性能与驾驶人情感的结合,让人享受驾驭的乐趣与掌控力。
>
> "激烈驾驶":指在驾驶过程中采取快速加速、紧急制动、高速转弯等高强度、极端的操控方式,追求驾驶的刺激感和掌控感。这种方式通常伴随着较高的驾驶技巧要求和风险,需要特别注意安全。

汽车冷知识

独立悬架与非独立悬架

　　非独立悬架则是指左右两个车轮之间有硬性连接物,两侧车轮是连接在一体的,当一侧车轮跳动时,另一侧车轮也会受到影响,像是跷跷板的两端。

　　独立悬架的左右两个车轮之间没有硬轴连接,一侧车轮跳动时不会影响到另一侧车轮,像是人的两条腿。

　　独立悬架由于车轮之间没有干涉,可以调校出更好的舒适性和操控性,更适合乘用车。而非独立悬架由于结构简单,可以获得更好的刚性和通过性,更适合载货车。

非独立悬架 ≈ 跷跷板
独立悬架 ≈ 人的两腿

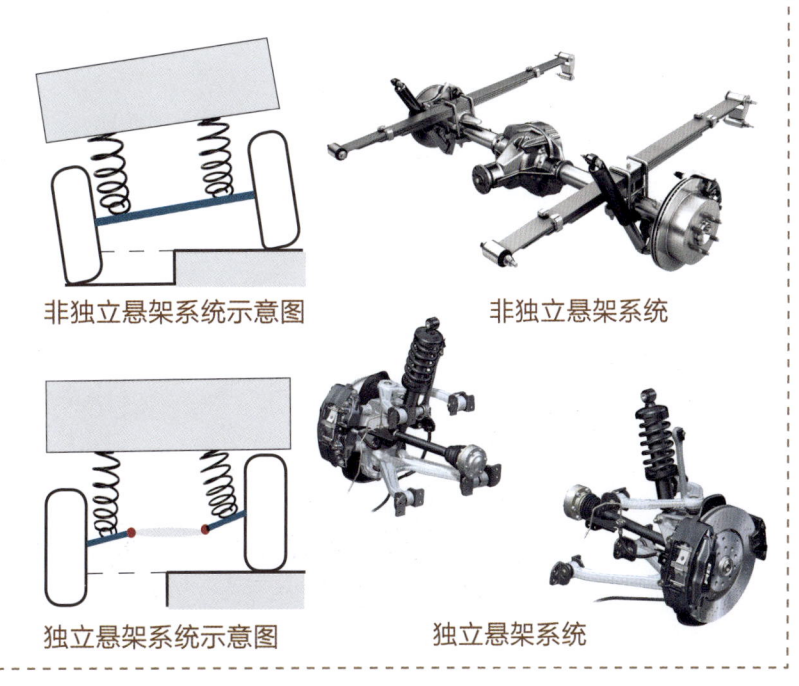

非独立悬架系统示意图

非独立悬架系统

独立悬架系统示意图

独立悬架系统

117

关键因素2：非簧载质量

划重点：非簧载质量越小，操控性越好

非簧载质量是指悬架系统中弹簧下方部件的质量，也称为簧下质量。这些部件包括车轮、车轴、传动半轴、转向节、车轮轴承、轮圈、轮胎、制动分泵和制动碟、悬架摆臂等。非簧载质量越小，汽车的操控性相对越好。

如果非簧载质量很大，会影响减振器的回弹和压缩，这样就无法让车轮大部分时间紧贴地面，从而影响汽车的操控性和舒适性。

想象你穿着不同重量的鞋子跑步时的感觉。如果鞋子很重（相当于非簧载质量大），你的脚需要更费力地抬起和放下，反应会变慢，容易打滑或踩不稳；如果鞋子轻便（相当于非簧载质量小），脚部动作会更灵活，抓地更稳，能快速调整步伐。

采用铝合金车轮、轻质悬架连杆等设计，都是为了减小非簧载质量，提高操控性。

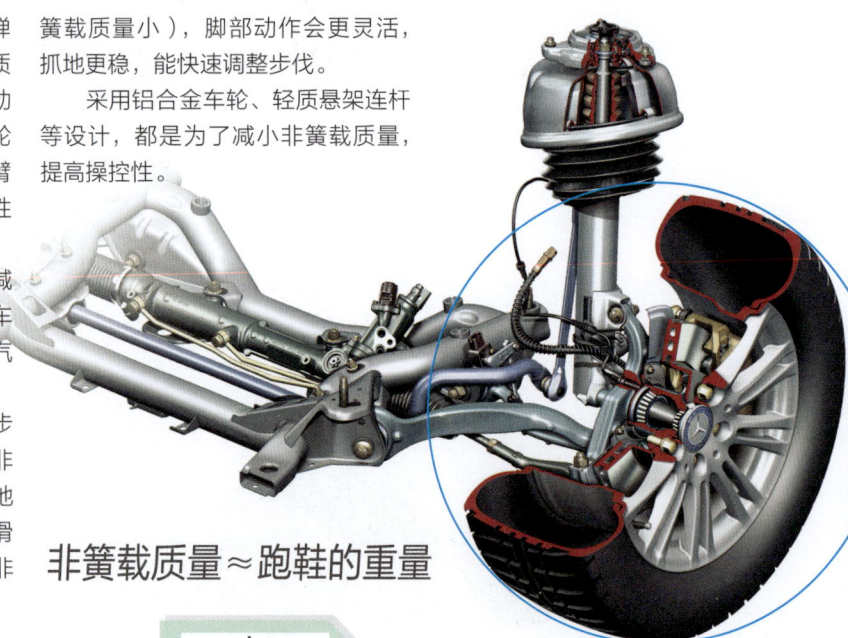

非簧载质量 ≈ 跑鞋的重量

汽车冷知识

常见悬架形式有哪些？

扫码观看常见悬架形式视频

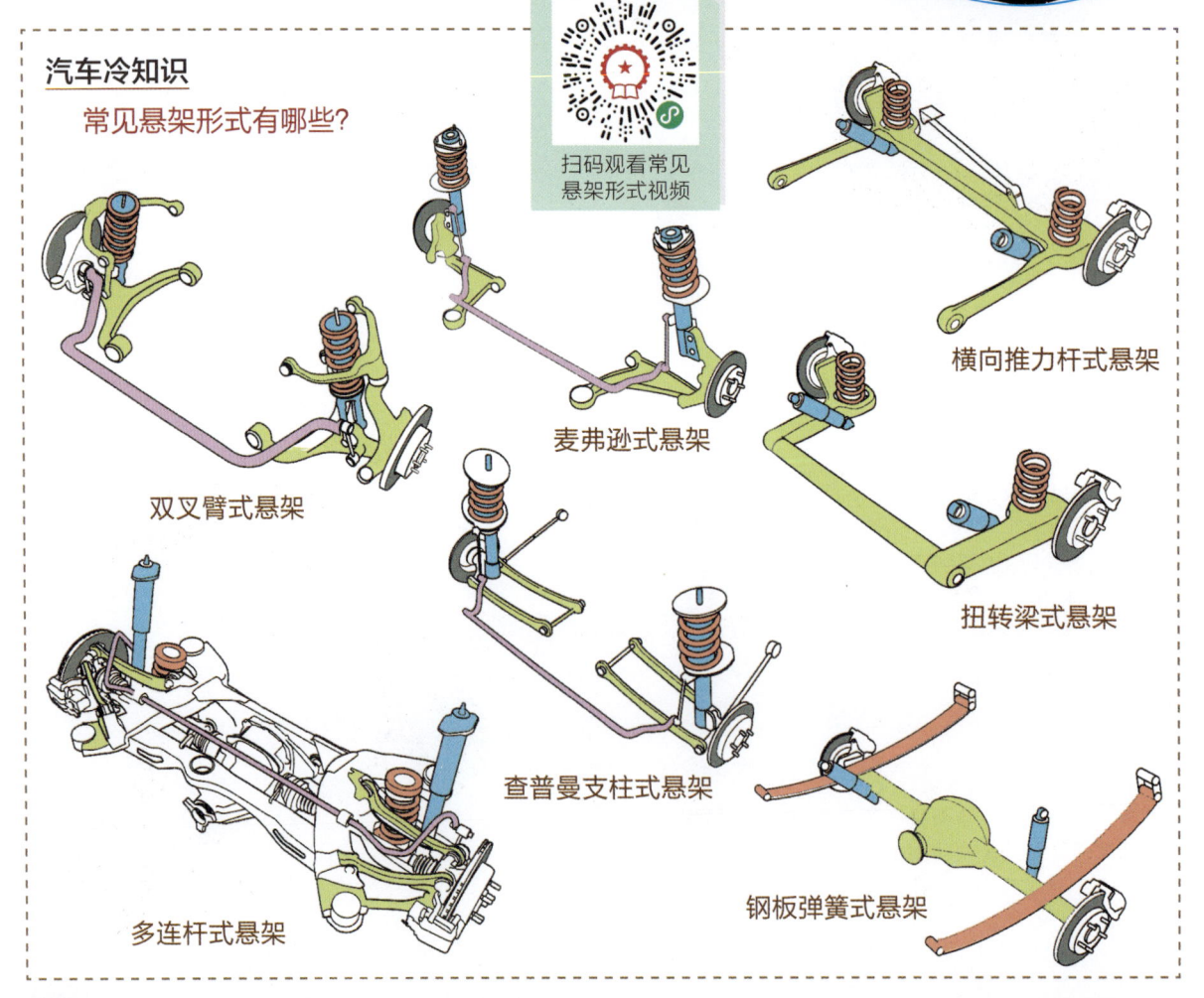

- 双叉臂式悬架
- 麦弗逊式悬架
- 横向推力杆式悬架
- 扭转梁式悬架
- 查普曼支柱式悬架
- 钢板弹簧式悬架
- 多连杆式悬架

高性能悬架：多连杆悬架
划重点：多连杆悬架≈精密机械手臂

悬架是由连杆、减振器和减振弹簧组成的。多连杆式悬架，顾名思义，就是它的连杆比一般悬架要多些。按惯例，把4连杆或更多连杆结构的悬架系统，称为多连杆式悬架。

多连杆式悬架，不仅可以保证一定的舒适性（因为它是独立式悬架），而且由于连杆较多，可以允许车轮与地面尽最大可能保持垂直，减小车身的倾斜，维持轮胎的贴地性，因此，它们的操控性一般都不错。

多连杆悬架就像是具有多个关节和手指的"精密机械手臂"，通过多组连杆的精细配合，在保证舒适性的同时提供精准操控。这种设计常见于对驾驶品质和舒适性有更高要求的车型。

高性能悬架：双叉臂悬架
划重点：双叉臂悬架≈两把"机械叉子"

双叉臂式又称双A臂、双横臂式悬架。它的下部构造与麦弗逊式悬架一样，是一根叉臂，同时车轮上部也有一根叉臂与车身相连，减振弹簧和减振器则与下叉臂相连。此时的减振支柱只承担支撑车体和减振任务，车轮的横向力和纵向力都由叉臂来承担。

从构造上看，这种悬架的强度和耐冲击力都比较强，这个特点被SUV设计师看中，这也是我们在大多数SUV上都能看到它身影的原因。另外，由于车轮上下均有叉臂支撑，在悬架被压缩时，两组叉臂会形成反向力，具有较强的支撑力，可以很好地抑制侧倾，能够提高过弯极限，非常有助于提升汽车的操控性，因此，它也得到高级别轿车和跑车设计师的青睐。

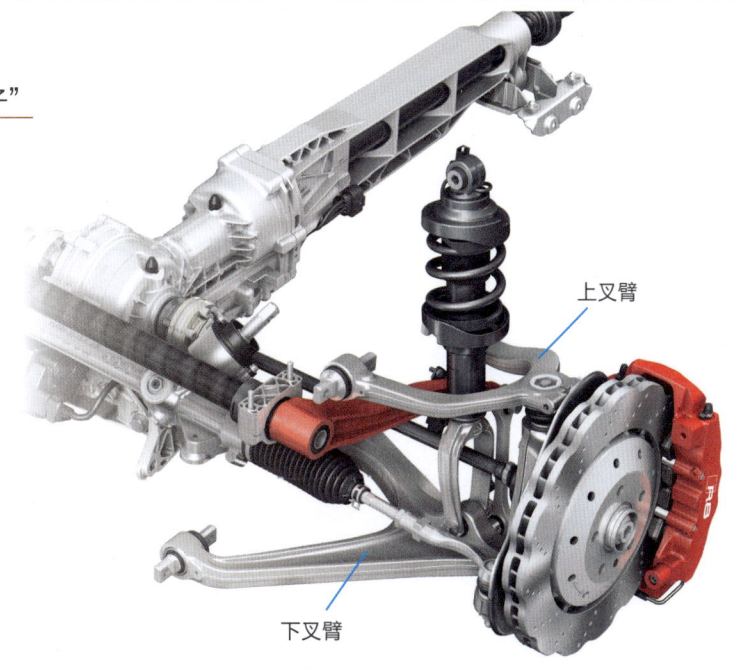

双叉臂悬架就像人的手臂（上臂和下臂）共同控制手掌的动作。上下两把"机械叉子"精准控制车轮，让车子开起来既稳定又灵活

车圈"黑话"解码

"路感清晰"

"路感清晰"：指车辆行驶时驾驶人能明显感知路面细节（如小颠簸、路面接缝等）。这种感觉通常与较硬的悬架调校或轮胎设计相关。

虽然这种"路感清晰"的调校能提升操控性，但会牺牲乘坐舒适性，长时间驾驶易导致疲劳。

汽车冷知识

操控性与舒适性的矛盾

悬架性能不仅决定了汽车的操控性，它也影响乘坐舒适性。更好的操控需要更硬的悬架，这通常使得驾驶更不舒服或更困难。操控性与舒适性很难做到鱼和熊掌兼得。因此，在设计悬架结构和设定悬架参数时，通常根据车型定位和性能取向，在操控性与舒适性之间做取舍和妥协。

关键因素3：转向是操控性的保障
划重点："神经传导系统"

转向是操控性的保障，相当于驾驶人与车辆之间的"神经传导系统"。有了敏捷而准确的转向系统，才能保证车辆不会因偏离或失去方向而无法控制。通过转向系统驾驶人应清晰地感受到路感反馈，时刻掌控道路行驶状况，增强驾驶人的操控信心。

齿轮齿条式转向　　循环球式转向

相对而言，齿轮齿条式转向系统的路感反馈更直接，更利于车辆操控，而循环球式转向系统的路感反馈比较柔和，更利于在坎坷不平的越野路面驾驶

关键因素4：动力传动是操控性的根本
划重点：动力传动≈心脏+肌肉系统

在踩下加速踏板的瞬间，发动机会根据当前转速智能调节喷油量，变速器自动选择最佳档位，差速器合理分配转矩，最终通过轮胎与地面的摩擦转化为精准的车辆运动——这就是为什么说动力传动是操控性的根本所在。

动力传动系统之于汽车操控性，就如同人体的"心脏+肌肉系统"对运动能力的决定性作用。优秀的运动员既需要强大的心肺功能，也需要灵敏的肌肉神经反应。

发动机或驱动电机的功率和转矩输出，就像是心脏决定人体供血强度一样，它们直接影响汽车加速时的"爆发力"。

动力响应速度，就像是人体肌肉记忆速度决定运动动作的快慢一样，直接影响汽车"腾转挪移"的速度。

在动力响应方面，电动汽车出现了革命性的进步，比如特斯拉Model S Plaid驱动电机的响应时间仅10ms，比燃油汽车快约50倍。这种瞬时响应让车辆能够精确地执行驾驶人的每个操控意图。

8L排量4涡轮增压W形16气缸发动机

动力响应影响汽车"腾转挪移"的速度

布加迪威龙超级跑车构造图

关键因素5：制动性能是操控性的底线

划重点：制动距离、制动稳定性、制动热衰减

制动性能对汽车操控性的影响，就像是烈马的缰绳，是汽车操控性所能达到极限的最后防线。具体表现如下：

1　制动距离
制动距离短意味着制动更快停住，想停就停。同时制动距离还影响驾驶人对车辆控制的信心。如果制动太软，驾驶人可能会不敢开快，影响整体驾驶体验。

2　制动稳定性
制动稳定性就是制动时车辆是否跑偏或抖动。如果制动时车辆偏向一侧，驾驶人需要不断调整方向，这会降低操控性，增加事故风险。

3　制动力分配
特别是电子制动力分配系统（Electronic Brake force Distribution, EBD），如何在不同车轮间分配制动力，这会影响汽车转弯时的稳定性。

4　制动热衰减
长时间制动导致制动系统过热，制动效果下降，制动会变软甚至失效，严重影响操控性和安全性。

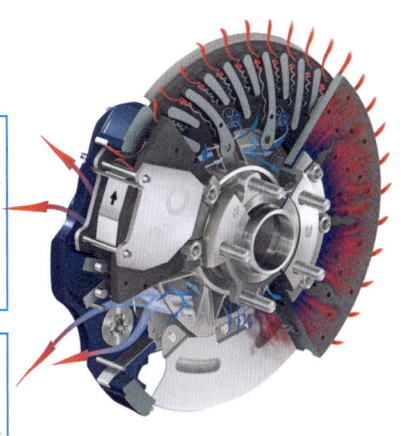

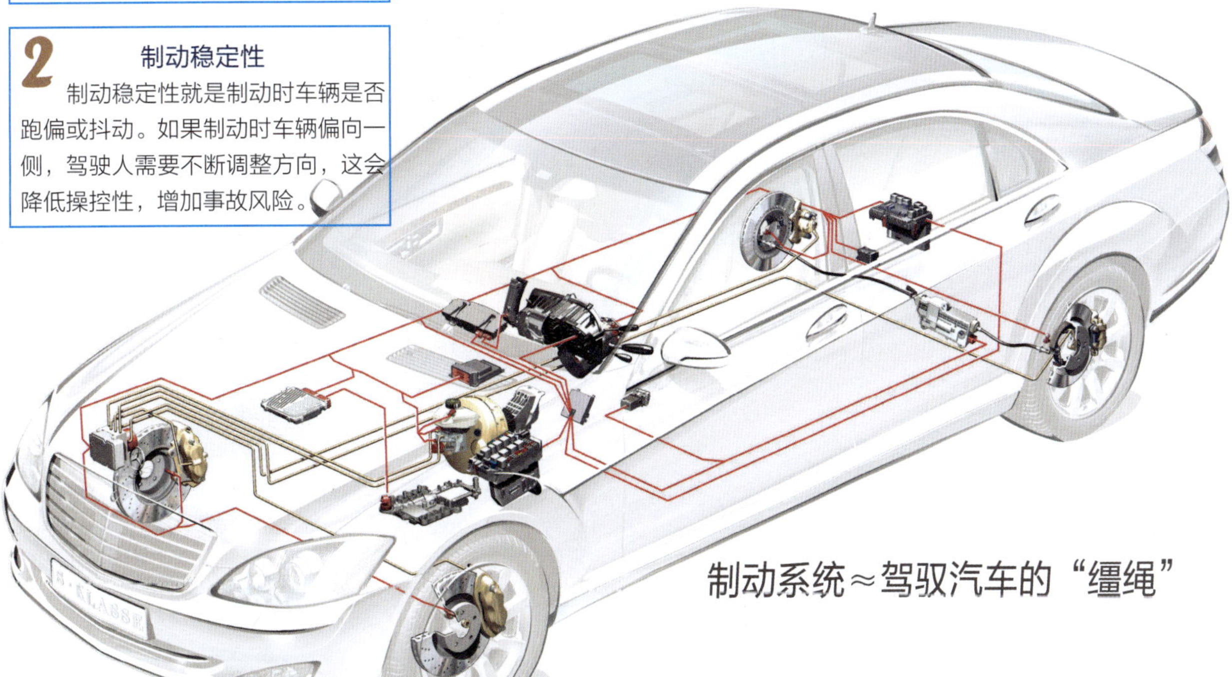

制动系统≈驾驭汽车的"缰绳"

汽车制动系统构成示意图

汽车冷知识

操控性好的车有什么好处？

一辆操控性良好的汽车会对你的操作动作（转向、制动、加速）做出更清晰、更准确、更可预测的反应。在正常行驶时，汽车的操控性能很难体现或有施展的机会，只有在激烈驾驶或在紧急情况下，才会露出真面目并发挥作用。比如，当你不得不急转弯以避开障碍或避免事故时，汽车的操控性就起作用了。操控性好的汽车在关键时刻很可能救你一命。

另外，如果你喜欢驾驶乐趣，那么操控性好的车辆能为你带来更加愉悦的驾驶体验。比如，在山路驾驶或者高速过弯时，车辆能够精准地响应驾驶人的激烈驾驶操作，使驾驶人感受到对车辆的完全掌控。

关键因素6：轮胎性能

划重点：轮胎是获得抓地力的唯一途径

轮胎作为汽车与地面接触的唯一部件，相当于汽车的跑鞋，汽车全靠它获得抓地力，对操控性有着决定性的影响。

1 轮胎材质：鞋底软硬程度

就像运动鞋和皮鞋的区别，软材质轮胎（如跑车胎）就像气垫运动鞋，能紧密"贴合"路面提供更好的抓地力，但磨损更快；硬材质轮胎则像硬底皮鞋更耐磨，但抓地力稍逊。

2 胎面花纹：鞋底防滑纹路

雨天穿带深沟纹的登山鞋不易打滑，轮胎花纹也是如此。纵向沟槽负责快速排水，横向花纹提供侧向抓地力。没有花纹的光头胎（赛车专用）就像溜冰鞋，在干燥路面能完全"吸附"在地面上，但遇水瞬间失去抓地力。

3 轮胎宽度：脚掌接触面积

如同相扑选手的大脚掌更稳当，宽轮胎（常见于跑车）能提供更大的接地面积。实验数据显示：255mm宽胎比205mm窄胎在干燥路面的过弯极限速度可提升约15%。

4 胎压：气球充气程度

胎压过高时，轮胎像充胀的气球，只有中间接触地面，容易在紧急制动时打滑；胎压过低时，轮胎则像泄气的气球，两侧过度磨损且转向迟钝。普通轿车的标准胎压（2.3~2.5bar，1bar=10^5Pa）让轮胎形成最佳接地形状。

5 扁平比：鞋帮的高度

低扁平比轮胎像低帮篮球鞋，侧向支撑更强，过弯时胎壁变形小，方向盘指哪打哪；高扁平比轮胎则像高帮靴子，能更好地吸收振动，但转向响应稍慢。

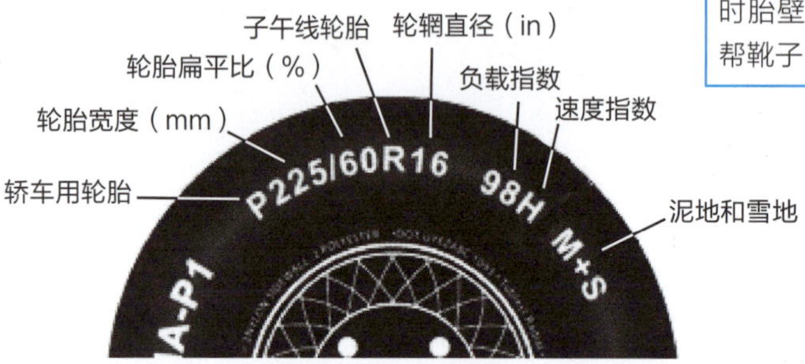

轮胎结构示意图

（胎肩、胎块、尼龙带束层、钢丝带束层、胎圈钢丝）

轮胎标识示意图

- 轿车用轮胎
- 轮胎宽度（mm）
- 轮胎扁平比（%）
- 子午线轮胎
- 轮辋直径（in）
- 负载指数
- 速度指数
- 泥地和雪地

P225/60R16 98H M+S

轮胎≈汽车的跑鞋

$\dfrac{胎高}{胎宽}$ = 扁平比

车圈"黑话"解码

"吃胎""光头胎""热熔胎""低趴"

"吃胎"：也称"啃胎"，指轮胎出现了异常磨损，可能影响汽车的操控稳定性。

"光头胎"：无胎纹的赛车轮胎，抓地力极强。

"热熔胎"：高温下胎面融化增强黏性，适合竞速。由于磨损快，也称"烧钱胎"。

"低趴"：超低车身+大轮毂的改装风格。改装后车辆底盘降低，使车身尽可能贴近地面，呈现出一种低矮的姿态。

11.3 什么是行驶稳定性？

划重点：抵抗外部干扰的能力

行驶稳定性是指汽车在行驶中受到外部干扰的情况下，保持其预定行驶路线和行驶速度的能力。比如，汽车行驶中遇到侧风、急转弯、过沟坎、过湿滑路段时，能否保持"淡定"而不失控，就像杂技演员走钢丝时保持平衡的本领。

行驶稳定性好的汽车有三大"超能力"

1）抓地术：轮胎像壁虎脚掌一样紧贴地面，通过湿滑路面也不打滑。

2）平衡术：重心低得像不倒翁，急转弯时不容易侧翻。

3）修正术：电子控制系统像是隐形教练，发现跑偏时会悄悄帮你回正方向。

体现稳定性的实际场景有哪些？

划重点：纵向、横向、垂向、侧倾

1 加速与制动（纵向稳定性）

纵向稳定性是指汽车起步加速时的顺畅程度以及紧急制动时车辆的稳定行驶能力。比如，起步时因动力过于强大而使车轮打滑，或在湿滑路面上紧急制动时车轮因抱死而出现滑动等，都会使车身处于不稳定状态。

2 抵抗侧滑（横向稳定性）

横向稳定性是指车辆转向时抵抗侧滑的能力。当车辆转弯时，会受到离心力的作用，此时需要轮胎提供足够的侧向力来保持平衡。如果侧向力不足，例如，在高速转弯或者路面附着力低（如结冰、积水路面）时，车辆就可能发生侧滑或者侧翻，这表明横向稳定性受到威胁。

3 颠簸与俯仰（垂向稳定性）

垂向稳定性是指车辆在通过不平路面或急加速、急制动时保持车身平衡的能力。比如，车身剧烈振动、颠簸或严重俯仰，都表明垂向稳定性变差。

4 抵抗侧倾（侧倾稳定性）

侧倾稳定性是指车辆在转弯或者遇到路面不平坦时抵抗侧倾的能力。车辆行驶中如果车身的侧倾角度过大，超过了车辆自身结构和悬架系统等所能承受的范围，车辆就可能失去侧倾稳定性，甚至导致侧翻事故。

遇干扰保持「淡定」而不失控

11.4 谁决定了汽车的行驶稳定性？

划重点：重心高度、轴荷分布、车身重量、空气动力学设计

关键因素1：重心高度

划重点：重心越低，行驶越稳定

低重心的汽车就像是蹲马步的姿势，让重心下降，提高稳定性。一般而言，汽车的底盘越高，车辆的重心就越高，在遇到较强的侧风或在弯道上行驶时，车身侧倾也大，从而影响汽车的操控性和行驶稳定性。在极端情况下，重心较高的车辆可能会翻车。为此，跑车和赛车为了保证拥有较高的操控性和稳定性，通常采用低重心设计。相对而言，轿车的重心比SUV低，这也是轿车的行驶稳定性相对较好的主要原因。为了追求过弯时的稳定性，跑车往往将重心设计得很低，就像趴在地上一样。

低重心的汽车，像蹲马步的姿势

关键因素2：轴荷分配

划重点：理想比例是50：50

汽车前轴与后轴上的载荷分布，就像是两手分别提拿一桶水，让两手上的重量尽量相同，才好让身体保持平衡和稳定。

汽车轴荷分配的理想比例是50：50，这种比例有利于汽车拥有较好的过弯特性和行驶稳定性。

车辆起步加速、制动、转弯时，在惯性的作用力下，各车轮上的受力还会发生变化。比如，汽车制动时会使重心前移，前置前驱式汽车在制动时不仅会有"点头"现象，而且还会影响车辆获得最佳前后制动力分配，从而影响汽车的制动稳定性。

55% 前置发动机前轮驱动的汽车，其前轴载荷较大 45%

50% 前置发动机后轮驱动的汽车，更容易达到前后轴荷平衡 50%

前后轴荷像是两手分别提一桶水，
只有左右平衡，走路才能更稳定

关键因素 3：驱动形式
划重点：前驱车容易转向不足，后驱车容易转向过度

前轮驱动汽车的前轮，既承担驱动力又承担转向力，如果在弯道中急加速，就可能使驱动力突破前轮的附着力，从而使转向力为零，此时汽车便不再转向，而是直直地往弯道外侧冲去，发生转向不足现象，俗称"推头"。

后轮驱动的汽车在转向时，后轮的驱动力会给正在转向的前轮一个推力，使前轮的转向力加大，使转向异常灵敏。这对于拥有较高驾驶技术的人来讲当然是好事，可以让汽车快速通过弯道，但对于驾驶技术一般的人来讲，可能就是个麻烦，如果在弯道中加速就可能导致转向过度，车辆尾部向弯道外侧甩，甚至突然调头、原地打转等，尤其是在湿滑路面上更容易发生这种现象。

前轮驱动的汽车容易出现转向不足的现象

后轮驱动的汽车容易出现转向过度的现象

关键因素 4：转向助力
划重点：高速行驶时转向越轻越不稳定

方向盘并不是越轻盈越好，因为在高速行驶时，转向应具有较高的稳定性和精准性，否则稍微一动方向盘，就可能导致车辆跑偏甚至失控。为此，轿车上通常采用电动随速助力转向（Electric Power Steering，EPS），能够根据车速等因素自动调整转向助力的大小。比如，低速行驶时提供较大助力，驾驶人可轻松转动方向盘，便于停车入位等操作；高速行驶时减少助力，提高转向的稳定性和精准性，使车辆行驶更加稳定和安全。

关键因素 5：车身重量
划重点：车身越重，直道行驶稳定性越好

车身越重，对汽车的操控性越不利，但对直道行驶稳定性却是加分。这是因为较重车身的汽车，具有较大的惯性而不易改变行驶状态，并且具有较强的抓地力，就像相扑选手不易被推倒一样，在遇到横风、湿滑路面时，可以减少飘移、偏离车道和侧滑的可能性，从而保持较高的行驶稳定性。

然而，在弯道行驶时，较重的车身对操控性和行驶稳定性都不利，因此大货车过弯时一定要减速，否则就可能冲出弯道甚至侧翻。

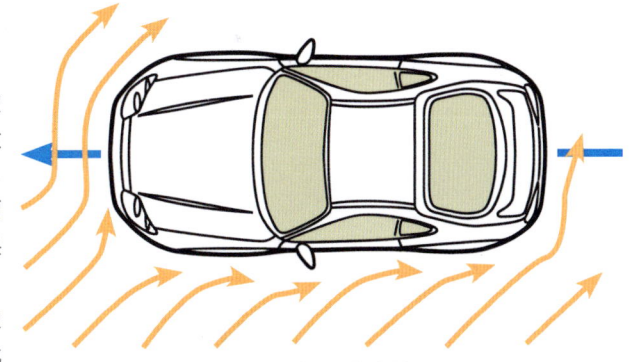

车身越重，搞侧风的能力越强，在直道上的行驶稳定性越好

关键因素6：轮距

划重点：轮距越大，抗侧倾能力越强

轮距提供车辆横向重量转移和车身倾斜的阻力。像相扑选手必须将双腿站开才能更稳定一样，轮距越宽，车辆侧倾和侧翻的可能性越小，对车辆高速过弯时的行驶稳定性越有利。为此，超级跑车和高性能车通常采用宽轮距设计，使得车身宽度也较大。

关键因素7：轴距

划重点：轴距越大，稳定性越好

轴距提供车辆纵向重量转移和俯仰角惯性的阻力。轴距越长，车辆俯仰的可能性越小，行驶稳定性越好。比如，F1赛车的车身重量非常小，为了保证具有较高的行驶稳定性，通常采用长轴距设计，2022年F1赛车的轴距长达3.6m，2026年F1赛车的轴距为3.4m，与高级豪华轿车的轴距相当。

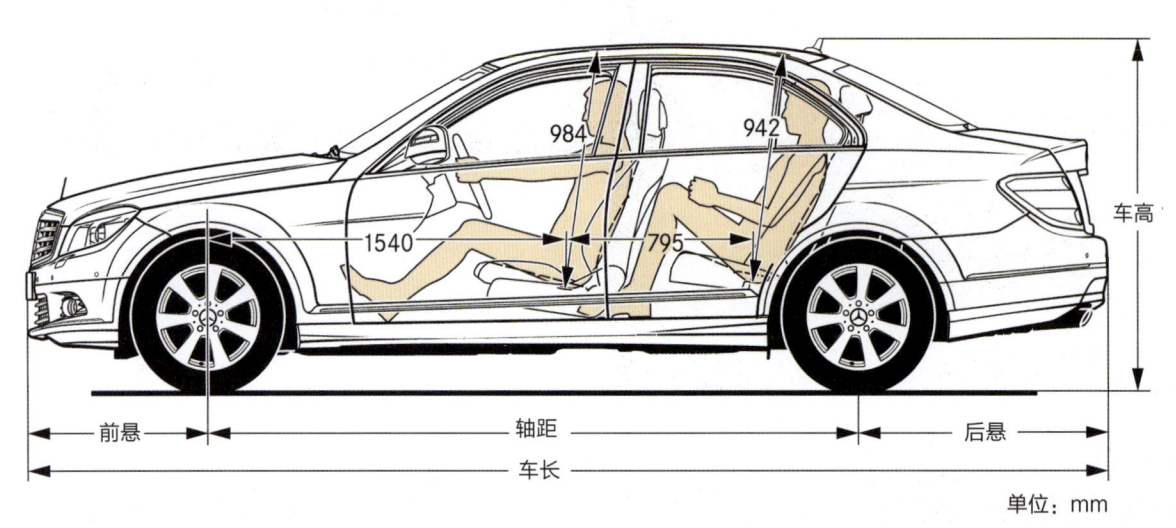

轴距过长的车辆，虽然其行驶稳定性、乘坐舒适性都较好，但其最小转弯半径也随之增大，从而会影响车辆的转向灵活性和弯道操控性，因此必须根据车型定位来合理设定轴距尺寸。

关键因素8：轮胎性能与胎压

高性能轮胎的胎面花纹和材质能提供更好的附着力，使车辆在行驶过程中更加稳定。而低质量轮胎由于橡胶老化、磨损等原因，可能导致车辆行驶不稳定，甚至引发爆胎事故。

胎面较宽或接地面越大，对车辆的直线行驶稳定性越有利。

胎压过高或过低都会影响轮胎的附着力，而胎压不平衡也会导致车辆在行驶过程中出现不平衡，影响汽车的行驶稳定性。

关键因素9：空气动力学设计

划重点：增大下压力，让汽车贴地行驶

汽车的空气动力学设计就是让车身与气流"和谐共舞"，既减少行驶阻力又增强操控稳定性。

上升力导致"发飘"

汽车快速行驶时，由于汽车外形，尤其是轿车外形与飞机的机翼形状非常近似，从车顶部流过的气流压强要小于车底部的气流压强，这个压强差会导致车身受到一个上升力。这个上升力就是飞机能够飞行的动力。但对于汽车来说，这个上升力会减小车轮的地面附着力，从而影响汽车的动力性、操控性和行驶稳定性，甚至使汽车在高速行驶时"发飘"。

前唇导流板引导气流

前唇导流板采用类似快艇的船头设计，把迎面气流分向两侧，防止车头"飘起"。

尾翼产生下压力

一些跑车、高性能车、赛车等，因速度快而产生较大的上升力，为此它们通常会采用空气动力学设计手段，如前导流板、尾翼、扩散器、平车底设计等，增大车身受到的下压力，抵消上升力，使汽车高速行驶时能够贴地，提升行驶稳定性。

主动尾翼适时升起

主动尾翼像可调节的飞机襟翼，当汽车超过一定速度时或选择某种驾驶模式时就自动升起，可以增强下压力，相当于给车尾加了个"空气锚"。

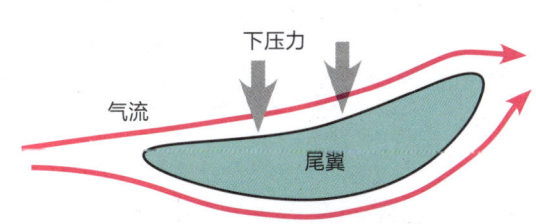

布加迪 威龙的尾翼可自动升起

标准模式尾翼角度　2°
激烈驾驶模式尾翼角度　6°
最高车速模式尾翼角度　2°
空气制动模式尾翼角度　55°

11.5 操控稳定性又是什么？

划重点：操控性 + 稳定性 = 操控稳定性

汽车的操控稳定性是操控性与行驶稳定性的总称。汽车的这两种性能关系密切，有时很难对它们进行明确区分。比如，在转弯时遇到湿滑路面，打方向盘后车辆出现转向不足或转向过度的现象，也就是"推头"或"甩尾"，这既体现出操控失败，也体现出行驶不稳定的特征。其实，车辆通过弯道时的稳定性，也相当于转向时的操控性。

而且影响操控性和稳定性的因素，比如悬架系统、转向系统、轮胎、轴距与轮距、重心高度、驱动方式等，基本一样，因此将两者合称为一种特性来说明可减少混乱，更容易理解。

> **车圈"黑话"解码**
>
> **"发飘""窜车"**
>
> "发飘"：指车辆在高速行驶或侧风干扰下，方向稳定性差、车身易偏移或难以保持直线行驶的现象。
>
> "窜车"：指车辆在加速踏板操作不当时突然加速或前冲的现象，影响汽车方向的控制稳定性。此现象通常与发动机响应延迟或变速器调校有关。

操控稳定性的利器：电子稳定控制（ESC）

划重点：利用电子技术"修正"车身姿态

电子稳定控制（Electronic Stability Control，ESC），利用转向传感器、轮速传感器、侧滑传感器、横向加速度传感器等实时监控汽车的行驶状态，当车辆在紧急躲避障碍物或转弯时出现不足转向或过度转向时，ESC会通过对单个车轮进行制动干预，并调整发动机输出转矩，来纠正车辆的行驶轨迹，确保车辆保持稳定。比如，当汽车发生转向不足时，车身表现为向弯外推进，此时ESC通过对弯内后轮的制动来纠正车身姿态；而当汽车发生转向过度时，车身表现为向弯内推进，此时ESC通过对弯外前轮的制动来纠正危险的行驶状态。

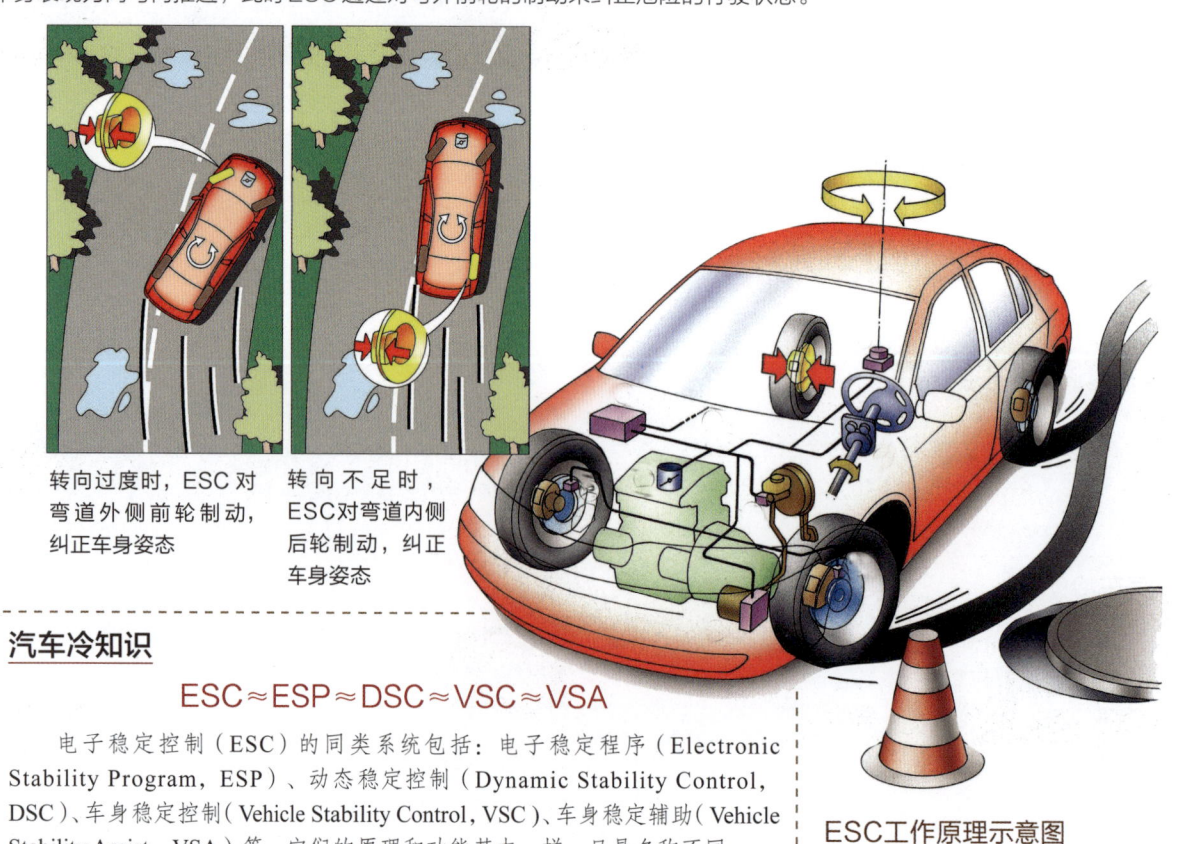

转向过度时，ESC对弯道外侧前轮制动，纠正车身姿态

转向不足时，ESC对弯道内侧后轮制动，纠正车身姿态

ESC工作原理示意图

> **汽车冷知识**
>
> **ESC ≈ ESP ≈ DSC ≈ VSC ≈ VSA**
>
> 电子稳定控制（ESC）的同类系统包括：电子稳定程序（Electronic Stability Program，ESP）、动态稳定控制（Dynamic Stability Control，DSC）、车身稳定控制（Vehicle Stability Control，VSC）、车身稳定辅助（Vehicle Stability Assist，VSA）等。它们的原理和功能基本一样，只是名称不同。

操控稳定性的利器：电磁减振器

划重点：1ms 内即可调节性能

电磁减振器利用电磁感应原理，针对路面情况在 1ms 内做出反应，及时调整悬架的硬度，保持车辆的操控稳定性。特别是在车速很高又突遇障碍时，更能显出它快速反应的优势。比如，在快速转弯或紧急制动时，电磁悬架及时提高弯道外侧或前轮悬架的硬度，保证车身平稳。

电磁减振器内填充一种称为电磁液的特殊液体。它由合成碳氢化合物以及 3~10μm 大小的磁性颗粒组成。一旦悬架控制单元发出脉冲信号，线圈内便会产生电压，从而形成一个磁场，使磁性颗粒马上按垂直于减振压力的方向排列，阻碍油液在活塞通道内的流动，从而提高减振器的阻尼系数，实现快速调整减振性能的效果。

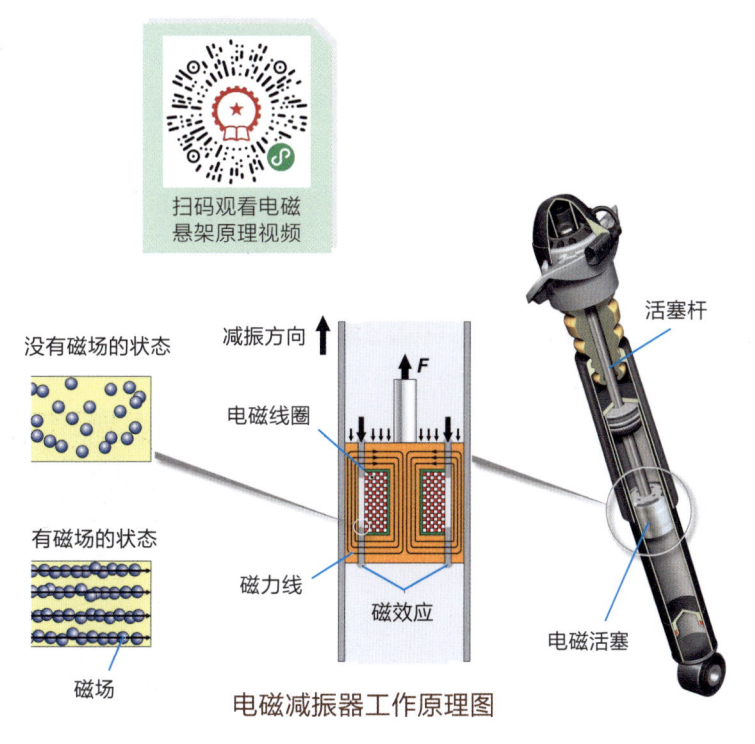

扫码观看电磁悬架原理视频

没有磁场的状态
有磁场的状态
磁场
减振方向
电磁线圈
磁力线
磁效应
活塞杆
电磁活塞

电磁减振器工作原理图

操控稳定性的考场：麋鹿测试

划重点：躲避障碍的应变能力

麋鹿测试也被称为紧急避让测试，主要是为了模拟车辆在高速行驶时突然遇到类似麋鹿或麋鹿大小的障碍物时，车辆能够安全避险的最高速度。

麋鹿测试的名称源于北欧和北美常见的一种野生动物麋鹿，这种动物经常突然出现在公路上，导致车辆需要紧急避让。

进行麋鹿测试时，通常在车辆满载的情况下，以特定的速度驶入测试路段，在不踩加速和制动踏板的情况下急打方向躲避障碍物，以测定车辆能够保持正常操控稳定性的极限车速。

测试时先以较低车速进行，通过后再逐步提高车速，直到出现车辆接近失控状态时记录当时的极限车速。这个极限车速越高，说明汽车的操控稳定性越好。

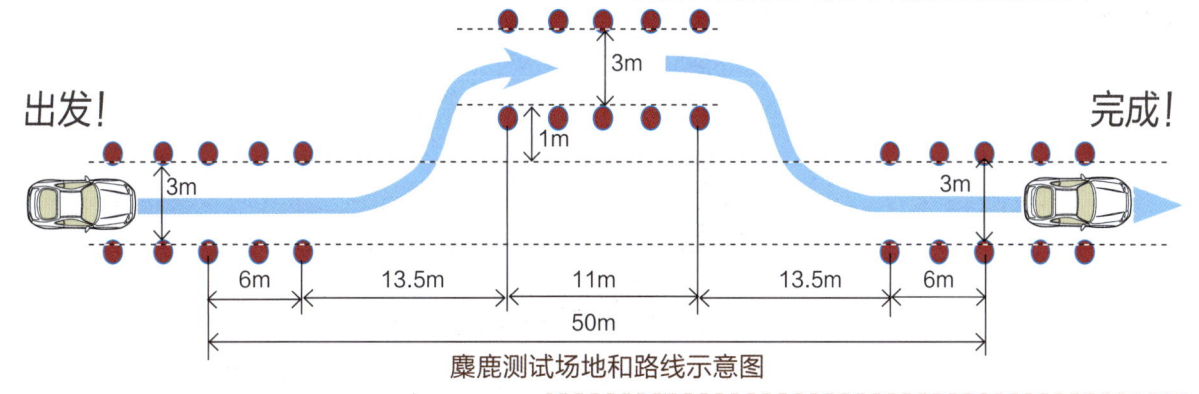

出发！ 完成！
3m　1m　3m
6m　13.5m　11m　13.5m　6m
50m

麋鹿测试场地和路线示意图

汽车冷知识

车主怎样提升操控稳定性？

升级轮胎：对于普通轿车来说，提升操控稳定性最简单易行的方法就是升级轮胎。更换高性能轮胎可提高汽车在路面上的附着力。

升级悬架：对于跑车和性能车来说，通常可以升级悬架部件（弹簧、减振器）来改善汽车的操控稳定性，尽管乘坐舒适性通常会受到影响。

CAR TEST

小白成长测验（第 11 级）

1）什么是汽车的操控性？
2）什么是汽车的行驶稳定性？
3）赛车为什么要安装尾翼？
4）什么是非簧载质量？它对汽车的操控性有什么影响？
5）长轴距和宽轮距，对行驶稳定性是有利还是没利？
6）为什么跑车的重心比较低？

第12章　汽车怎样才能跑越野？

哪些汽车的越野性比较好？为什么越野车都是四轮驱动？
哪些因素对汽车的越野性能影响较大？为什么越野车上都有两档分动器？
越野圈的"黑话"有很多，它们都是啥意思？

12.1　什么是汽车的越野性？

划重点：汽车的"野外生存能力"

　　汽车的越野性是指汽车在额定载重下通过各种坏路、坎坷不平地段、无路地带（比如松软地、沙漠、雪地、冰面、沼泽、水、泥地等）和克服各种障碍（比如陡坡、侧坡、台阶、壕沟、乱石等）的能力。

　　汽车的越野性能就像车辆的"野外生存能力"。普通SUV的越野能力较低，就像是"健身房里的壮汉"，只能走一些简单的烂路；硬派越野车像是野外求生专家"贝爷"，钻丛林、爬乱石、滚泥潭都不怕。

12.2　谁决定了汽车的越野性？

关键因素1：动力系统

划重点："爬坡大力神"

低转速大转矩

　　低转速下的大转矩输出，能提供足够的力量来克服诸如爬坡、穿越障碍等困难。拥有较大转矩的车辆，像是"爬坡大力神"，在爬陡坡时优势更大，能够克服车辆自身重力在斜坡上产生的分力、地面滚动摩擦力等行驶阻力，让车辆顺利通过松软沙地、泥泞地或者陡坡等复杂地形。

最大功率

　　高功率动力系统在越野时能够提供更强劲的动力。比如，在爬陡坡、过沟坎和坑洼以及快速通过一些障碍地段时，较大功率的动力系统可以让车辆更轻松应对。

130

关键因素2：悬架系统

划重点：悬架刚度、悬架行程

悬架刚度

悬架偏硬的汽车在越野时能够保持较高的行驶稳定性和越野性能，但也可能颠簸得让你怀疑人生；悬架偏软的汽车在转弯或遇不平路面时，侧倾可能过大，不利于越野行驶。

悬架行程

长行程的悬架系统可以让车轮在遇到较大起伏的路面时有更多的上下运动空间，使车辆顺利通过。比如，在经过大坑洼或者巨石时，长行程悬架能够使车轮始终保持与地面接触，维持抓地力。加长悬架行程也是升级越野性能的常用手段。

关键因素3：四驱系统

划重点：四轮驱动 ≈ "四脚兽"

四驱汽车的四个车轮都能发力，在遇到泥坑或打滑时，四个车轮像"四脚兽"的四只脚一样互相帮忙，不容易陷车。如果说两驱车像人用两条腿爬坡，容易滑倒，四驱汽车则像手脚并用，抓地更稳。

适时四驱：平常两驱，打滑时四驱

车辆根据传感器检测到的路况和驾驶信息，自动切换两驱和四驱模式。在正常公路行驶时采用两驱模式，当检测到车轮打滑等情况时自动切换为四驱模式。这种四驱系统在城市SUV上比较常见，比如丰田RAV4、本田CR-V等。

分时四驱：手动切换两驱与四驱

可由驾驶人手动切换两驱和四驱模式。在正常公路行驶时使用两驱模式，能够节省燃油；在越野或者复杂路况下切换到四驱模式，前后轴会持续获得相同的动力分配，有助于车辆脱困。应用车型：吉普牧马人、铃木吉姆尼。

全时四驱：一直都是四轮驱动

车辆一直采用四驱模式行驶，四个车轮始终能够获得动力分配。在复杂的路况下，能够根据行驶条件及时调整分配到前轴与后轴上的动力。应用车型：奥迪quattro、斯巴鲁森林人。

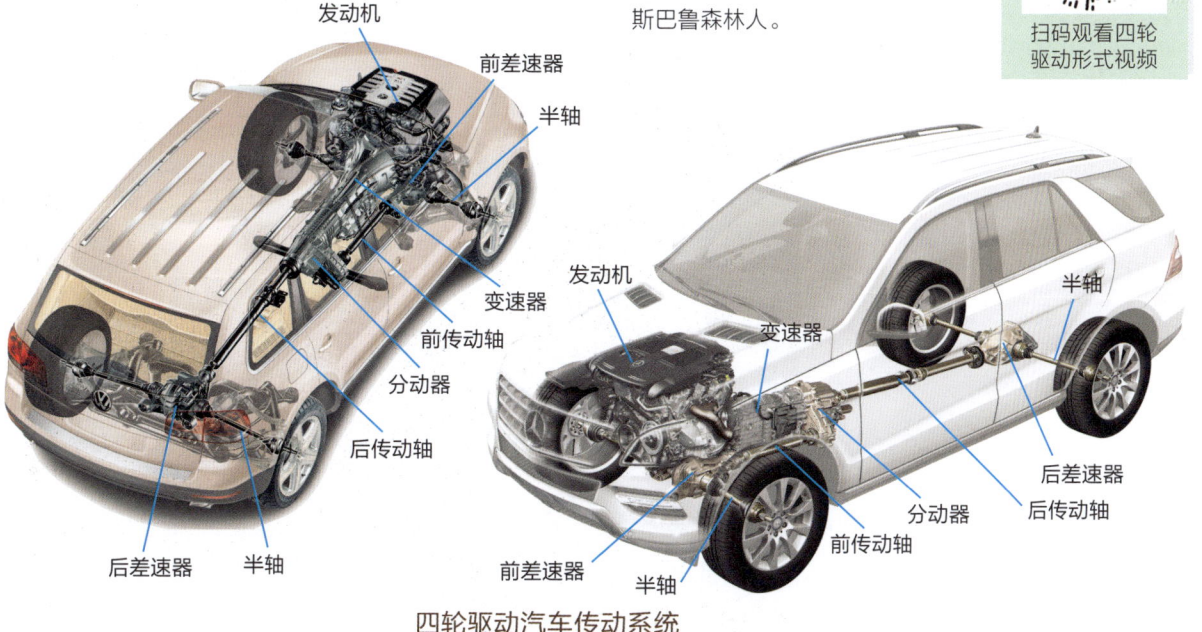

扫码观看四轮驱动形式视频

四轮驱动汽车传动系统

关键因素4：车身规格
划重点：过坎不托底，上下坡不蹭车

离地间隙：较高的离地间隙，可以避免车辆底部在通过崎岖地形（如凸起的岩石）时被刮擦或托底。
接近角：较大的接近角，有助于车辆开始爬坡时车头不会蹭到坡面，保证车辆顺利爬坡。
离去角：较大的离去角，有助于车辆驶下陡坡时车尾不会蹭到坡面，保证车辆顺利驶离。
纵向通过角：较大的纵向通过角，有助于车辆通过更高的驼峰地形时，不会被"卡肚子"。

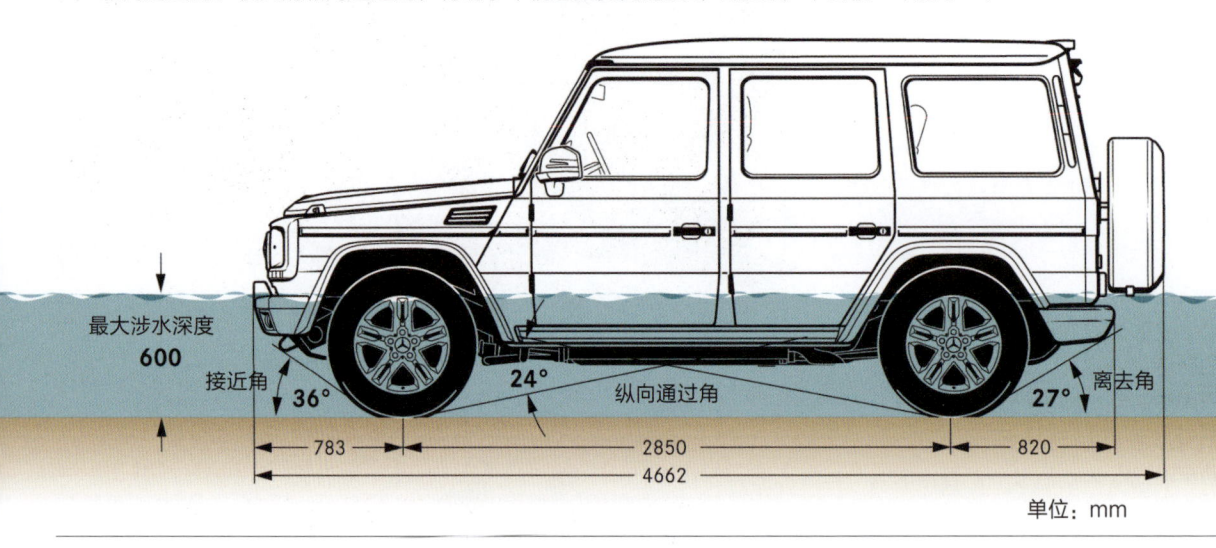

最大涉水深度 600
接近角 36°
纵向通过角 24°
离去角 27°
783　2850　820
4662
单位：mm

关键因素5：轮胎
划重点：越野轮胎≈"抓地魔爪"

轮胎类型
越野轮胎的胎纹深且宽，具有很强的抓地力，在非铺装路面上能够有效地咬住地面，提供良好的牵引力；全地形轮胎兼顾了公路和越野性能，适合一些轻度越野和日常使用相结合的需求。

轮胎花纹
块状花纹的轮胎，在松软的沙地和泥泞地上的抓地力较好；花纹较深且块状较大的轮胎，能够提供更好的抓地力和对尖锐岩石的抵抗能力。

轮胎尺寸
较大尺寸的轮胎可提高离地间隙，有助于车辆越过一些障碍。

轮胎气压
在沙地行驶时降低气压，可增大轮胎与沙地的接触面积，提高抓地力。

12.3 汽车越野利器有哪些？

差速锁："脱困神器"
划重点：左右车轮同步转

汽车转弯时，左右车轮需要转得不一样快（比如左轮慢、右轮快）。差速器就像一个"聪明的跷跷板"，自动分配动力，让左右轮转速不同，从而让车辆顺利转弯。但问题来了：如果越野时一侧车轮悬空或陷进泥里（比如右轮完全打滑），差速器会误以为"右轮需要转更快"，于是把动力全送给打滑的轮子，没打滑的左轮也不转了，导致车辆卡住不动。

这时如果启动差速锁，把左右车轮的转速强制锁死，让它们像一根硬轴一样同步转动。即便一侧车轮打滑，另一侧没打滑的车轮也能获得动力，从而推动车辆脱困。

因此，差速锁像是汽车越野时的一个"脱困神器"，危难时刻强制车轮同步转，专治各种"一个轮子瞎转、其他轮子看戏"的尴尬场面。

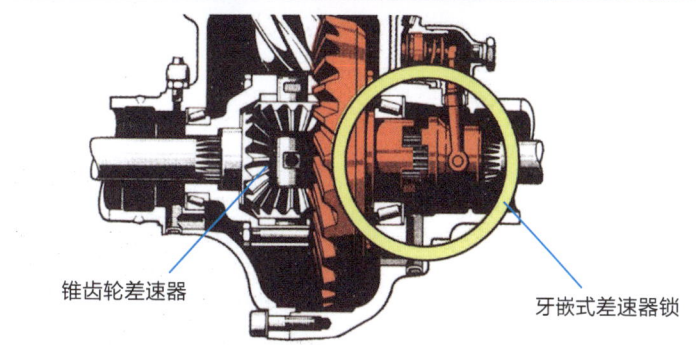

锥齿轮差速器　　牙嵌式差速器锁

机械式差速器锁构造示意图

两档位分动器：扭力"放大器"
划重点：力量放大，如履平地

当分动器在低档位（低速四驱模式）工作时，通过齿轮组合降低了车轮转速、放大了发动机输出的转矩。比如，原本发动机输出100N·m的转矩，分动器在低档位时可能放大到300N·m甚至更高，当汽车爬陡坡、过泥坑时，能让车轮缓慢转动但力量十足，提升越野能力。

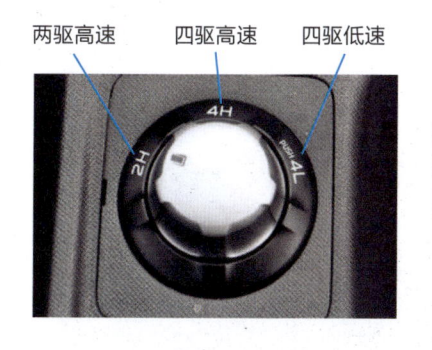

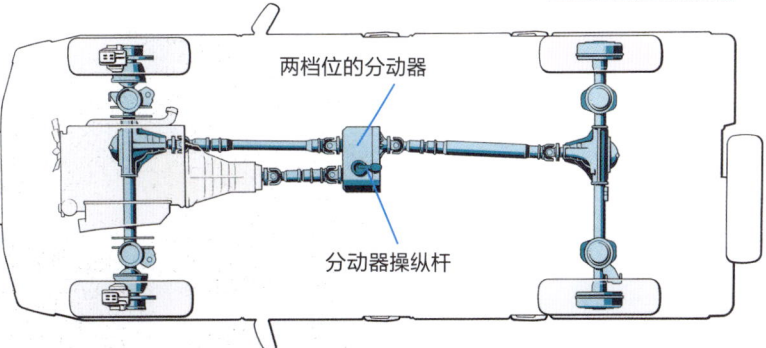

扫码观看汽车分动器视频

两驱高速　四驱高速　四驱低速

两档位的分动器

分动器操纵杆

分动器操作钮　　**两档位分动器的四驱系统**

非承载式车身："硬骨头"
划重点：带大梁的车身

非承载式车身有一个独立的钢制大梁车架（类似梯子的结构），车身像"外壳"一样安装在这个车架上。越野时，坚固的车架承担了几乎所有的冲击和扭曲力，而车身基本不参与受力，让车在恶劣路况下更抗造、更耐用。比如过炮弹坑、交叉轴时，车架能承受剧烈扭曲，而车身不变形。

非承载式车身是越野车的"硬骨头"，用简单粗暴的结构换来了极端路况下的生存能力。

梯形大梁车架

非承载式车身构造图

越野驾驶模式："越野老手"
划重点："聪明"地匹配车辆性能

越野驾驶模式就像给汽车请了一位"越野老手"，专门针对复杂地形（如泥地、沙地、岩石、陡坡等）调整发动机、变速器、四驱系统、底盘高度、制动、转向、悬架和电子控制系统的性能，通过软件调校，把车辆原有性能"聪明"地匹配到复杂地形上，从而降低越野驾驶的门槛，让普通人也能更轻松、安全地通过恶劣路况。

越野驾驶模式选择钮

高位进气管："潜水呼吸管"
划重点：提高涉水能力，提升进气质量

高位进气管

高位进气管又称"涉水喉"，它有两大作用：

提高涉水极限
只要不淹没高位进气管的吸气孔，发动机就不会进水。

提高发动机进气的纯净度
在沙丘或土路上车队驾驶时，车顶的空气要比车头部的空气洁净得多，把进气口安装在车顶位置，自然能提升进气质量。

陡坡缓降功能："帮你扶车的人"
划重点：自动制动小助手

陡坡缓降功能（Hill Descent Control, HDC）就像给汽车装了一个"自动制动小助手"，专门帮助车辆安全、平稳地驶下陡坡。

下陡坡时，你不需要一直踩制动踏板（长时间踩制动可能导致制动过热失灵）。陡坡缓降通过传感器实时监测车轮状态，自动调整制动力度，避免车轮抱死或侧滑，把车速稳定在很慢的匀速，让你专心控制方向盘。

想象你推购物车下很陡的扶梯，如果直接松手，车会越冲越快，但如果有个人在下面帮你稳稳扶住，慢慢往下放——陡坡缓降就是这个"帮你扶车的人"，让越野下坡既安全又省力。

副燃油箱："续命食粮"
划重点：延长续驶里程

为了保证在偏远地区的超长途行驶，或避免在燃油标号和质量不符合车辆要求的地区加油，一些越野型SUV装备两个燃油箱，一个主燃油箱和一个副燃油箱。当主燃油箱燃油用尽时可使用副燃油箱内的燃油，从而有效提升车辆的续驶能力。比如，日产途乐、陆地巡洋舰、雪佛兰Silverado、福特F-150等，都配有副燃油箱。长城坦克汽车也可以加装副燃油箱。

电动绞盘："救命绳索"
划重点：电机带动绞索拖拉陷车

绞盘像是越野汽车的"救命绳索"，当陷车时可用绞盘把车"拽"出来，也因此才有了"无绞盘，不越野"的说法。

电动绞盘最为常用，它是从汽车蓄电池中获得动力来驱动电机，带动绞索拖拉被困车辆。这种绞盘使用起来非常方便，因为可以站在任何地方，通过遥控器上的旋钮来操纵绞盘。只要蓄电池里还有电，即使发动机无法工作，也可以操纵绞盘。

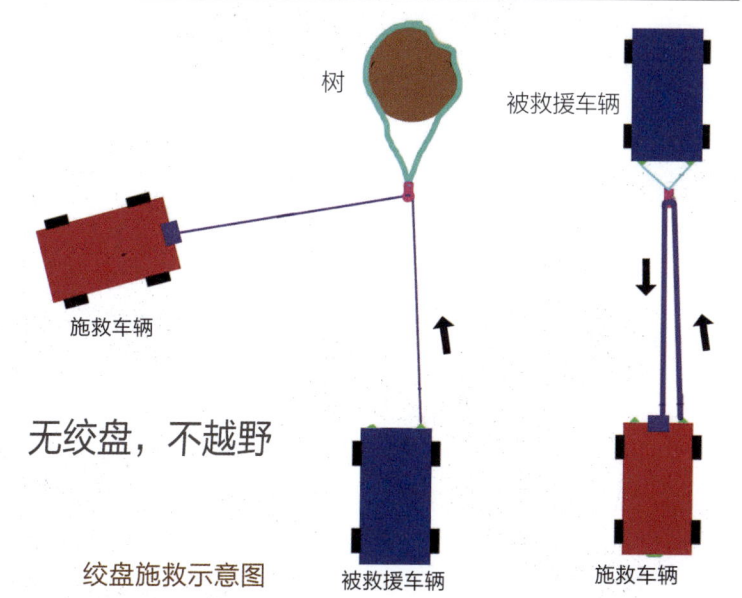

无绞盘，不越野

绞盘施救示意图

12.4 越野车圈"黑话"盘点

豁车
指在复杂地形中激烈驾驶，甚至故意"虐车"挑战极限，可能对车辆造成损伤。

冲坡
猛踩加速踏板冲上陡坡，考验动力和轮胎抓地力。

陷车
车辆被困在泥潭、沙地或坑中无法脱困，需救援。

涮锅
在沙漠中沿沙丘的碗状地形绕圈行驶，考验控车技术。

旱地拔葱
指车辆在静止状态下，依靠强大的动力和四驱系统，迅速起步并爬坡的动作。

三把锁
前差速锁、后差速锁、中央差速锁全配齐（如奔驰G级）。

绞盘
救援用的卷扬装置，常喊"上绞盘！"表示需要拖车。

全地形胎（AT胎）
全地形轮胎（All-Terrain），胎纹深，适合非铺装路面。

泥地胎（MT胎）
泥地胎（Mud-Terrain），胎纹更夸张，专攻泥泞路。

交叉轴
车辆对角车轮悬空，考验四驱系统和差速锁性能。

鸡窝坑
密集坑洼，易陷车。

炮弹坑
连续起伏的深坑，易托底或形成交叉轴。

馒头包
地面凸起的土包，密集分布时易导致车辆反复弹跳。

刀锋线
沙漠中沙丘顶端的尖锐棱线，翻越时需精准控制。

滚刀锋
快速冲过沙丘顶部棱线，避免停留导致陷沙。

拧麻花
车身因极端地形扭曲变形。

侧坡
车辆横向倾斜行驶，考验重心稳定性。

交叉轴

乱石阵

旱地拔葱

玩泥巴

低速四驱（低四）
挂入低速四驱模式，放大转矩，用于攀爬或脱困。

挠
轮胎空转刨地，试图脱困（如"挠沙子"）。

担车、托底
底盘被凸起物卡住，车轮悬空无法着地。

放气
降低胎压增加轮胎接地面积，提升沙地或雪地通过性。

素车
未经过任何改装的原厂车。

爆改
重度改装车辆，比如换发动机、加装防滚架等。

玩泥巴
专门挑战泥地路况，车和人都糊满泥浆。

捡车
在沙漠或无人区寻找迷路或抛锚的车辆。

摄影师车
总停在路边看别人越野，自己不敢尝试的车。

快走沙子慢走水
沙地需保持动力快行，涉水则需缓行。

搓板路
指路面凹凸不平、形似搓衣板的路段，行驶时颠簸感强烈。

V形沟
指两侧高、中间低的沟壑地形，车辆通过时需保持平衡。

水漂
指车辆在水中快速行驶时，车轮扬起水花的现象。

流沙
指表面看似坚固但实际松软的沙地，车辆容易陷入其中。

乱石阵
指布满大小不一石头的复杂地形，对车辆底盘和悬架系统要求较高。

跟车辙
沿前车留下的轮胎印行驶，避免陷入软地。

越野老炮
经验丰富的越野玩家，常带队或指导越野新人。

驼峰
指起伏较大的山丘地形，车辆需要有足够的动力和悬架行程才能顺利通过。

拆车厂路线
行驶在极其毁车的极端路线，意思是"回来直接报废"。

涉水喉
高位进气管的俗称，可提高涉水深度。

快走沙子慢走水

泥地胎

跟车辙

CAR TEST

小白成长测验（第12级）

1）什么是分时四驱？
2）为什么差速锁能帮车辆脱困？
3）为什么越野车通常采用非承载式车身？
4）什么是汽车的接近角与离去角？
5）什么是交叉轴？
6）陡坡缓降功能开启时还用踩制动踏板吗？

第13章　汽车怎样才能跑得舒适？

汽车是越大舒适性越好吗？车内噪声是越小越好吗？
为什么一些汽车很吵，而一些汽车很安静？什么是分区空调？

13.1　什么是汽车的舒适性？

汽车的舒适性是指驾乘人员在车内所能体验到的舒适感受，包括座椅的舒适性（支撑感、角度调节、加热、通风、按摩功能）、车内驾乘空间宽敞度、车内噪声水平、通过不平整路面时悬架的缓冲能力、车内空气及温度调节（冷风、暖风、通风）、人机工程学设计、舒适性配置等。

提高舒适性有什么好处？

提升驾驶体验

舒适的座椅、良好的空调系统和静谧的车内环境能够让人在长时间驾驶中感到放松。

增强安全性

例如，舒适的座椅能够减少驾驶人的疲劳感，从而提高注意力和反应能力。

增加车辆价值

舒适性能往往是衡量一辆车好坏的重要标准之一，良好的舒适性能会提升车辆的市场竞争力。

怎样了解汽车的舒适性？

试驾体验

在试驾时，可以重点关注车辆在不同路况下的表现，例如高速行驶时的稳定性、城市道路中的舒适性以及通过减速带时的减振效果。

静态体验

坐在车内感受座椅的支撑性和空间布局，检查储物空间是否足够实用。

询问车主反馈

如果有机会，可以向现有车主了解他们对车辆舒适性的评价。

车圈"黑话"解码

"零重力座椅""女王副驾""坐船感"

"零重力座椅"：是一种宣传语，形容通过人体工学设计减少乘坐时的压力分布，模拟太空失重状态下的放松感。

"女王副驾"：指前排乘员（副驾驶）座椅配备腿托、按摩等功能，主打极致舒适的乘坐体验。

"坐船感"：形容悬架调校过软，车身晃动明显，舒适性好但缺乏操控稳定性。

13.2 谁决定了汽车的舒适性？

关键因素1：座椅舒适性

座椅是与驾乘人员接触最直接、接触时间最长、接触面积最大的部件，对驾乘舒适性的影响最大。舒适性良好的座椅可以减轻驾驶疲劳，减小驾驶压力，让驾驶更轻松和得心应手，也有助于行车安全。

座椅舒适性主要包括：座垫的厚度和柔软度；座椅面料的材质和触感；座位的长度和宽度；座椅的支撑力和包裹感；坐姿调节功能；腰部和腿部支撑调节功能；座位通风、加热和按摩功能等。

关键因素2：驾驶姿势调节

一个好的驾驶姿势可以增强驾驶舒适度，减轻驾驶疲劳。方向盘角度和高度的调节功能，座垫和靠背的多向调节功能、车外后视镜的电动调节功能，驾驶坐姿记忆功能等，都会影响驾驶姿势的调节。

关键因素3：驾驶视野

良好的驾驶视野对于舒适性和安全性都很重要。宽阔的前风窗玻璃，合理的A柱和车窗设计，灵活方便的后视镜调节等，能够让驾驶人清晰地看到周围的交通状况，减少视觉盲区，减小驾驶压力。倒车影像、360°全景影像等辅助系统，可进一步扩大驾驶视野。

座椅调整方向示意图　　　　方向盘高度调整示意图

关键因素4：驾乘空间

宽敞的驾乘空间会提升汽车的舒适性，因此现在汽车越做越大，通过增大驾乘空间来提高驾乘舒适性。对于驾驶人来说，有足够的头部、腿部和横向空间，可以让驾驶姿势更加舒展，操作更加自如；对于乘员而言，尤其是后排乘员，宽敞的腿部空间让人自由伸展双腿，放松自在；充足的头部空间不会给人压抑感、局促感。

关键因素5：车内噪声

划重点：发动机噪声，风阻噪声，轮胎噪声

车内噪声影响车内驾乘人员的舒适性，影响车上音响系统的效果，甚至影响车内人员间相互谈话。一般来讲，汽车噪声的主要来源有发动机噪声、风阻噪声、轮胎噪声、空调噪声、传动系统振动、车身扭动和振动、制动噪声等。其实这些噪声每辆车都有，只是有人把隔音技术做得比较好，车子的密封性较好，发动机声音调校得动听和安静等。

通常，我们衡量声音大小和强弱的单位是分贝（dB），这个数值越大，声音级别就越高，如果是噪声，则越难听。一般来讲，汽车行驶中，车内噪声约为55~70dB，如果超过70dB，就会影响前后排驾乘人员之间的谈话。

发动机噪声是怎样产生的？

划重点：气体流动，活塞运动，气门开闭

发动机噪声主要来源：
1）进气和排气系统气体快速流动的声音。
2）气缸内燃烧爆炸产生的振动与噪声。
3）活塞上下运动和气门开关产生的振动与噪声。
4）正时带、轴承、水泵、风扇等运动部件产生的声音等。

由于发动机是按一定的节奏和顺序工作的，因此它产生的振动和噪声也是有节奏的，并且与发动机转速、负载、气缸数量及排列形式（比如，直4、V6、V8等）密切相关。

发动机工作时产生的振动和噪声，分别通过结构部件和空气传递到驾乘舱。因此，通常通过减小发动机振动、使用隔音材料或消声器，来控制和降低传递到驾乘舱内的噪声。

车圈"黑话"解码

"主动降噪" "隔声玻璃"
"深海级静音" "二郎腿自由"
"冰箱彩电大沙发"

"主动降噪"：通过车内麦克风捕捉噪声，并通过扬声器发出反向声波抵消噪声。

"隔声玻璃"：采用多层玻璃或夹层材料，减少外界噪声传入车内。

"深海级静音"：隔音技术卓越，车内噪声小。

"二郎腿自由"：后排腿部空间充裕，可轻松跷二郎腿。

"冰箱彩电大沙发"：形容舒适性配置堆砌，调侃没什么技术含量。

汽车冷知识

什么是汽车的"调音师"？

负责调校发动机声音的工程师被称为汽车"调音师"，他们把发动机的声音调整到与其定位相配的程度。比如，跑车的发动机声音必须激情而动感，让听者感觉出力量的爆发；豪华轿车的发动机声音必须轻柔而舒缓，让人感觉平静、舒适和安全。

高端汽车品牌非常重视汽车声音的调校，他们用汽车声音来传达与品牌相关的特定情感和特征，创造属于品牌自己的独特声音身份，让人们只要一听到声音，就能立即识别出他们是谁。一些高性能汽车甚至可以定制发动机声音，来满足客户的需求。

"胎噪"是怎样产生的？

划重点：泵气效应

轮胎噪声简称"胎噪"，一般由3部分组成：

1）轮胎在接触地面时，胎面花纹间隙和道路之间的空气突然外流，而轮胎离开地面时空气又突然流入，形成"泵气效应"而产生噪声。

2）当轮胎经过不平路面时胎面花纹、胎体部分振动引起的噪声。

3）轮胎快速运动时，四周空气扰动构成的空气噪声。

经测试，具有纵向花纹的轮胎比具有横向花纹的轮胎噪声要小些。

在紧急制动时，轮胎与地面剧烈摩擦也会发出较大的噪声；在急转弯、绕桩或做其他激烈驾驶时，由于后轮侧滑也会产生轮胎摩擦地面的噪声。这种声音更加刺耳甚至恐怖，但对于一些爱好驾驶、追求刺激者来讲，那是再动听不过的声音了。

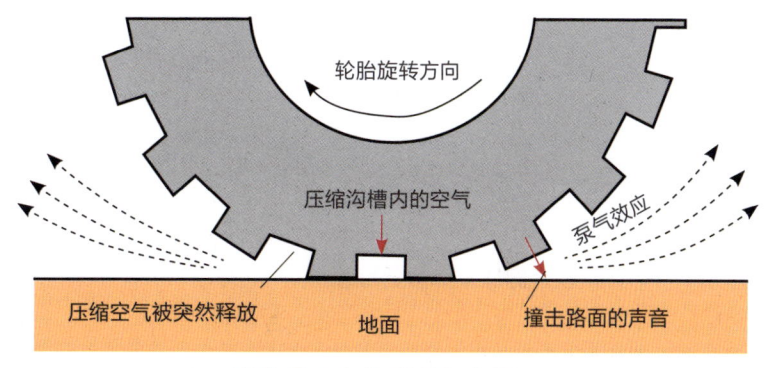

轮胎噪声产生原理示意图

"风噪"是怎样产生的？

划重点：空气与车身的摩擦

风阻噪声简称"风噪"，它是车身周围的空气与车身摩擦的声音。比如，当汽车高速行驶时，来自车窗上方的"呼呼"声音，就是风阻噪声。风阻噪声太大就会扰人，直接影响舒适性，甚至让车内人之间的语言沟通困难。相对而言，风阻系数较小的流线形汽车的风阻噪声较小。

对轿车来讲，在60km/h以下时，其风阻几乎可以忽略不计。然而，风阻与车速的平方成正比，随着车速的提高，风阻急剧增大，风阻噪声也会骤然增强，此时的风阻噪声也会提醒驾驶人：车速提高了，注意安全！

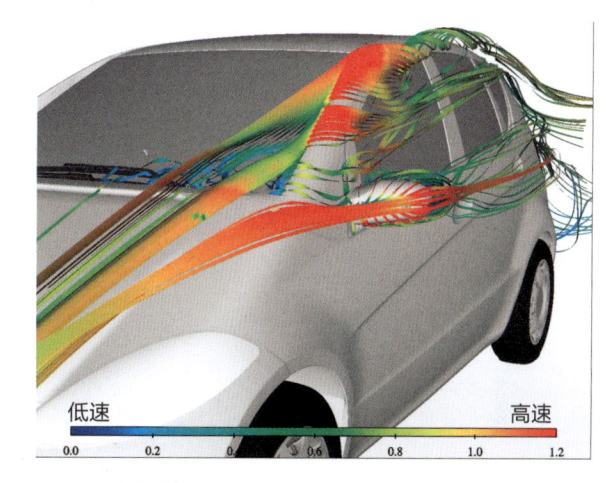

空气流过车身时的流速示意图

汽车冷知识

汽车噪声不是越小越好

有些车主希望车内噪声越小越好，甚至有人希望听不到发动机的任何声响，这样的期望显然是不可行的。因为有些声音，如发动机或路面的声音，可以为驾驶人提供相应的信息——驾乘人员如果坐在完全没有声音的空间就会失去方向感。另外，如果驾驶人听不到其他车辆的鸣笛声，也会给自身安全带来一定威胁。

汽车行驶时最好能发出声音，以便让其他车辆或路人注意到有来车。当一辆纯电动汽车悄无声息地起步或从后面驶过来时，行人可能会因听不到来车的声音而被撞到。为此，像特斯拉等一些纯电动汽车，在检测到周围有行人时，它会向路人发出警示声音，提醒他人注意。

关键因素6：悬架性能
划重点："软"悬架舒服

独立悬架更舒适
独立悬架相对非独立悬架，可提供更高的驾乘舒适性，因为独立悬架的两侧车轮相对独立，一侧车轮的跳动不会影响到另一侧车轮，从而可减少振动和颠簸。独立悬架中的多连杆悬架对提升舒适性更有利。

软点的悬架弹簧更舒适
悬架弹簧刚度决定车辆在通过不平路面时的反弹力度，硬度过高会使车辆颠簸明显、不舒服，就像是坐在硬木椅上一样；而硬度较低的弹簧，或者说较软的悬架，有利于吸收更多的振动，提升乘坐舒适性，就像是坐在沙发上一样。然而，如果弹簧太软，则可能会导致车身振荡和摆动感增强，容易使乘员晕车，而且车身下沉感明显。

阻尼系数小的减振器更舒适
减振器是用来抑制弹簧来回振荡的。阻尼系数较高的减振器对车身振动的抑制较为积极，使悬架表现更硬朗，对行驶稳定性也有利，但对汽车的舒适性却不利。

（图示标注：减振弹簧、减振器、悬架连杆、悬架连杆）

汽车冷知识
空气悬架是怎样提升舒适性的？

在崎岖不平的路上
当检测到车辆行驶在崎岖不平的路面上时，空气悬架自动调节空气弹簧的气压和减振器的阻尼力，使车身升高，悬架变软，从而有效地吸收路面的冲击，提升车辆的舒适性。

车辆急转弯时
当车辆急转弯时，空气悬架自动调整车身高度和悬架硬度，使外侧悬架变硬，从而提高车辆的侧向支撑力，减小车身的侧倾，保护汽车拥有较高的舒适性。

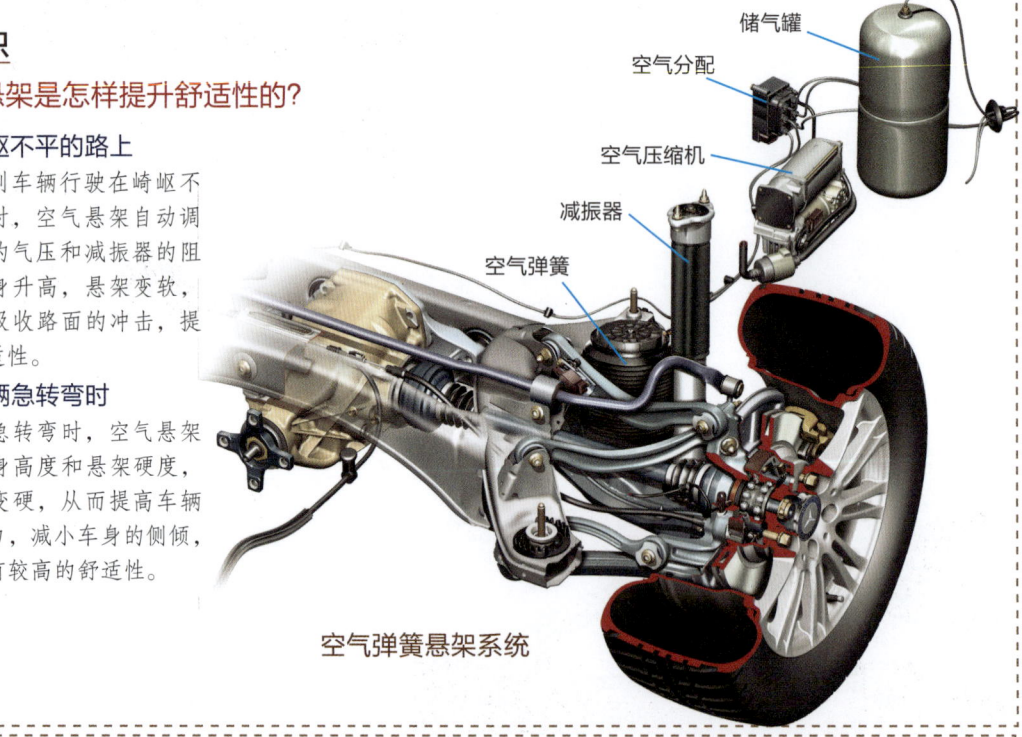

（图示标注：储气罐、空气分配、空气压缩机、减振器、空气弹簧）

空气弹簧悬架系统

车圈"黑话"解码
"三区空调" "真皮座椅" "Alcantara材质" "缝线工艺"

"三区空调"：驾驶人位、前排乘员位、后排乘员位独立控温，凸显高端定位。

"真皮座椅"：高档内饰材料，触感柔软且透气性好。

"Alcantara材质"：一种合成材料，兼具麂皮的质感和耐用性，常用于运动车型的座椅或方向盘。

"缝线工艺"：座椅或内饰的缝制方式，精致的缝线能提升豪华感。

关键因素7：动力系统

1. 多缸发动机振动小

气缸越多的发动机，其振动相对就越小，传递给车内的振动和噪声也就越小。一般认为，直列6气缸发动机的平衡性较好，而直列3气缸发动机的平衡性最差。为了减缓发动机的振动，通常使用平衡重、平衡轴或偏心飞轮来抵消因不平衡运动而引起的振动，同时还要改善发动机悬置技术，更多地吸收发动机的振动。

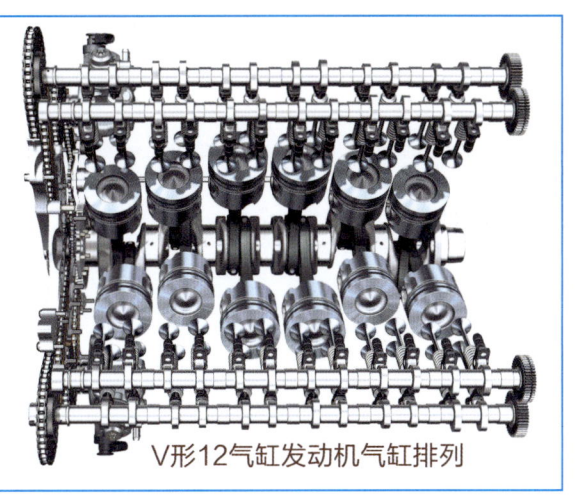

V形12气缸发动机气缸排列

2. 无级变速器更丝滑

一般来说，变速器的动力传递和输出越平稳，整车的舒适性越高。例如，无级变速器、自动变速器相比手动变速器、双离合变速器，它们的动力传递更加平稳、舒缓，因此也使整车具有更好的舒适性。

无级变速器构造图

3. 纯电驱动太突兀

由于驱动电机一起动就能获得最大转矩，使其起步加速比较猛，这会影响驾乘舒适性。而且，在抬起加速踏板的同时也启动了再生制动系统，往往会给人"突然制动"的感觉，缺少"空档滑行"的顺畅感，这同样会影响汽车的驾乘舒适性。

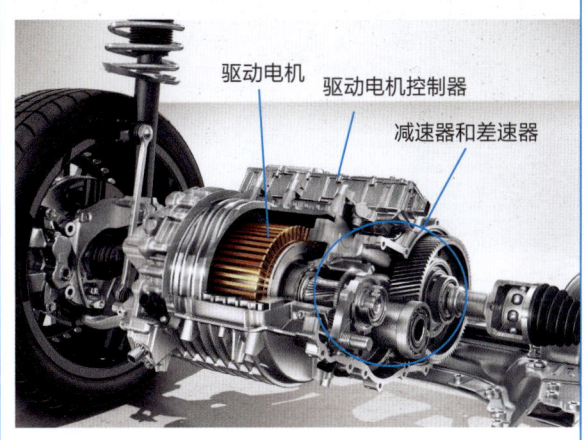

驱动电机　驱动电机控制器　减速器和差速器

电驱动单元构造图

汽车冷知识
什么是舒适模式？

舒适模式注重为车内驾乘人员提供舒适的驾乘体验。它会对车辆的悬架、转向、加速响应等进行优化，使车辆的行驶更加平稳、柔和。悬架系统会调整到较为柔软的状态，能够更好地过滤路面颠簸，减少车身振动。

舒适模式下加速响应相对平缓，换挡过程比较平顺，以避免突兀的加速或减速对驾乘舒适性造成影响。

小白成长测验（第13级）

1）轮胎噪声是怎样产生的？
2）发动机噪声是怎样产生的？
3）车内噪声是越小越好吗？
4）空气噪声是怎样产生的？
5）什么是"主动降噪"？
6）影响汽车驾乘舒适性的因素主要有哪7个？

第14章　汽车怎样才能跑得安全？

什么是主动安全和被动安全？怎样评价一辆汽车的安全性？什么是 AEB？
为什么电动汽车会自燃？轿车中坐哪个位置最安全，坐哪个位置危险性最大？

14.1　什么是汽车的安全性？

汽车安全性是指避免事故发生、保障车内人员和行人安全的能力，可分为主动安全性与被动安全性。主动安全性是指汽车主动避免或减少事故发生的性能，是指汽车的主动防御能力；被动安全性是指事故发生时减少对车内人员造成伤害的性能，是指汽车的被动防护能力。

怎样评价一辆汽车的安全性？

第1步
先看"官方考试"：碰撞测试评级

汽车安全性就像学生的考试成绩，最直接的参考是权威机构发布的碰撞测试结果，比如欧洲 NCAP、美国 IIHS、中国 C-NCAP 和 C-IASI。

第2步
观察"骨骼强度"：车身结构设计

车身像人体骨架，好的设计应确保驾乘舱不变形。

笼式车身：驾乘舱用高强度钢形成"保护笼"；在车头车尾设计溃缩区吸收碰撞能量。

车门防撞梁：侧撞时防止驾乘人员的胸部受伤害。

第3步
关注"保命装备"：核心安全配置

看主动安全配置：
基本版：防抱死制动系统、车身稳定系统、胎压监测。
升级版：盲区监测系统、车道保持系统等。
高级版：自动紧急制动、全速域自适应巡航系统。

看被动安全配置：
数一数安全气囊/气帘的数量，起码也得6个。再看安全带是否有预紧装置。

扫码观看预紧式安全带视频

第4步
参考"实战数据"：真实事故统计

查询机构报告：比如美国 IIHS 每年发布的死亡率最低车型榜单。
关注特殊场景：比如电动汽车动力电池碰撞后是否起火、同款车翻车事故中车顶天窗强度等。
口碑调查：上论坛，看老车主反馈的亲身体验。

14.2　谁能主动防止事故发生？

主动安全性配置是避免事故发生的配置，比如制动系统、前照灯、刮水器、胎压监测以及各种电子辅助驾驶系统，比如ABS、EBD、ESP、AEB等。

扫码观看防抱死制动系统视频

制动防抱死系统（ABS）："老司机点制动"

在紧急制动时，ABS会根据车轮的转速检测到即将打滑的车轮，然后自动调整制动压力，就像"老司机"能快速"点制动"一样，使车轮处于边滚边滑的临界状态，从而避免车辆在制动时因车轮抱死而失控打滑。

出现转向过度时，对弯道外侧前轮进行制动，阻止车辆冲出车道

车身稳定系统（ESC）："电子保镖"

当打方向准备转弯时，如果出现转向不足或转向过度的趋势，车身稳定系统（ESC等）会自动调整某个车轮上的制动力，调整车身姿态，像有个"电子保镖"暗中帮你拽住车子，阻止车辆冲出车道或甩尾、原地打转等，而是让车辆正常转弯。

出现转向不足时，对弯道内侧后轮进行制动，阻止车辆甩尾

车身稳定系统工作原理示意图

自动紧急制动（AEB）："电子副驾"

利用雷达或摄像头等传感器监测车辆前方的障碍物或行人。当检测到即将发生碰撞且驾驶人没有采取足够的制动措施时，系统会自动触发紧急制动，以避免或减轻碰撞的严重程度。AEB就像是一位"电子副驾"，时刻帮你踩制动。

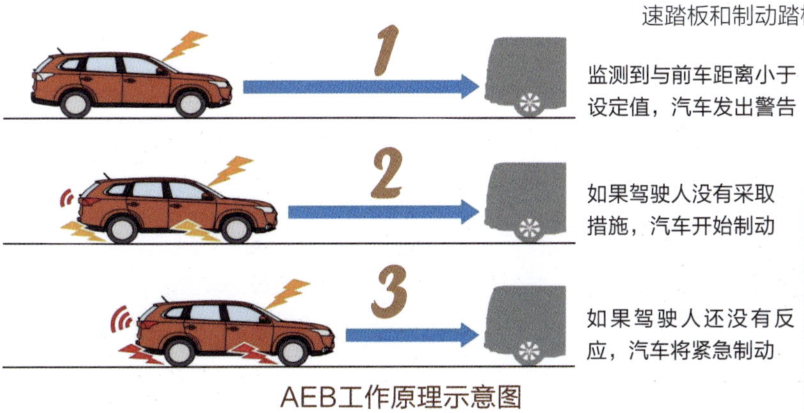

自适应巡航控制（ACC）："千里眼"

利用雷达或摄像头等传感器，实时监测与前方车辆之间的距离。当开启ACC功能后，车辆能够自动保持与前车的安全距离。在长途驾驶中减轻驾驶人的疲劳，同时避免因驾驶人疏忽而导致的追尾事故。特别是在交通拥堵的情况下，ACC能自动跟车行驶，减少频繁踩加速踏板和制动踏板的操作。

1　监测到与前车距离小于设定值，汽车发出警告

2　如果驾驶人没有采取措施，汽车开始制动

3　如果驾驶人还没有反应，汽车将紧急制动

AEB工作原理示意图

扫码观看车身稳定系统视频

扫码观看自适应巡航控制视频

145

车道偏离警告（LDW）："车道哨兵"

车道偏离警告使用前置摄像头来监控车辆与车道标线的关系。当车辆在未开启转向灯的情况下偏离车道时，它会发出警告，提醒驾驶人把车开回车道。这种警告可能是视觉的、听觉的、触觉的，或者三者的某种组合。

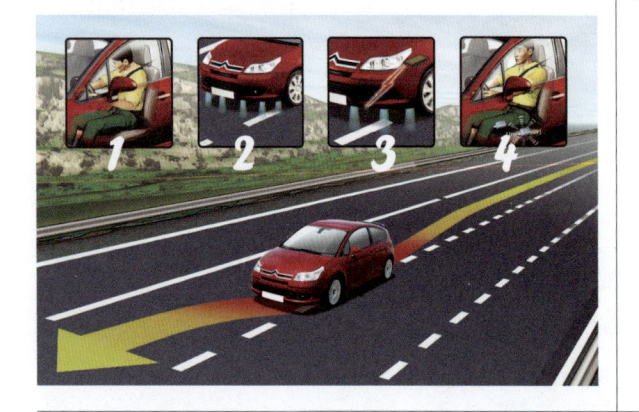

车道保持辅助（LKA）："车道保镖"

车道保持辅助是比车道偏离警告更高阶的驾驶辅助系统，同样由前方摄像头根据车道标线监视车辆。当发现车辆未开启转向灯而偏离车道时，LKA像坐在副驾上的教练员一样，会轻轻帮你转动方向盘，或对某个车轮轻轻施加制动力，将车辆引导回车道。

盲区监测系统（BMS）："第三只眼"

当在变道或超车时，如果监测到盲区有来车时，相应一侧的车外后视镜上的LED指示灯会亮起，提醒驾驶人注意来车。如果驾驶人还打算变道，方向盘甚至会振动警告。

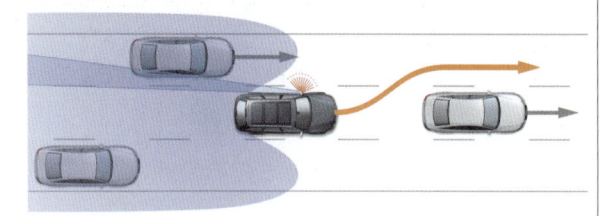

胎压监测（TPMS）："预警卫兵"

1）直接式监测：在轮胎内部安装传感器，直接测量气压和温度，通过无线传输将数据反馈到仪表盘。气压异常时（如漏气或过高），系统会立即发出警告。

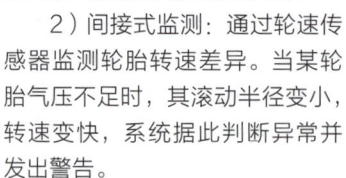

2）间接式监测：通过轮速传感器监测轮胎转速差异。当某轮胎气压不足时，其滚动半径变小，转速变快，系统据此判断异常并发出警告。

扫码观看胎压监测系统视频

疲劳驾驶预警系统："守护天使"

以奔驰汽车上的疲劳驾驶警告系统为例，它通过持续识别超过70个与驾驶人相关的参数，敏感地监视驾驶人的注意力水平。在每次行车最初的十几分钟内，疲劳驾驶警告系统会自动生成驾驶人个人状态，随后不间断地对当前传感器数据和原始信息进行对比，当高度敏感的转向角度传感器捕捉到驾驶人的呆滞或开始昏昏欲睡等行为的时候，系统就会发出响亮的警告声，提醒驾驶人集中注意力。

前方碰撞预警（FCW）："预判大师"

利用摄像头、雷达、激光或三者的某种组合，前方碰撞预警可以检测车辆或车辆前方的其他物体。更复杂的FCW还可以监测到前方的行人、骑自行车的人，甚至动物。

当配备FCW的车辆靠近被检测到的物体并感知到潜在的碰撞时，系统会发出警告。这种警告可能是视觉的、听觉的、触觉的，或者三者的某种组合。

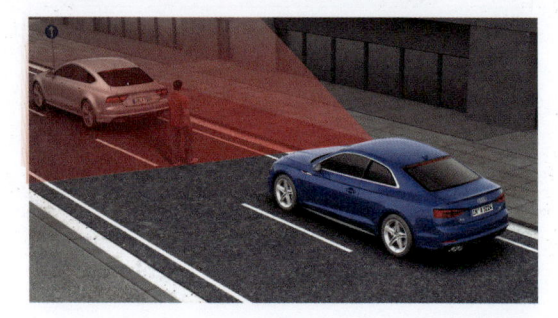

14.3 发生事故时谁能保护你？

笼式车身："生命笼"

通过车身纵横梁的坚固设计，提高驾乘舱的抗撞击能力。这样的驾乘舱结构像"生命笼"一样坚固，采用超高强度钢材，保证撞击后不变形，确保乘员拥有完整的生存空间。

两厢轿车笼式车身结构图

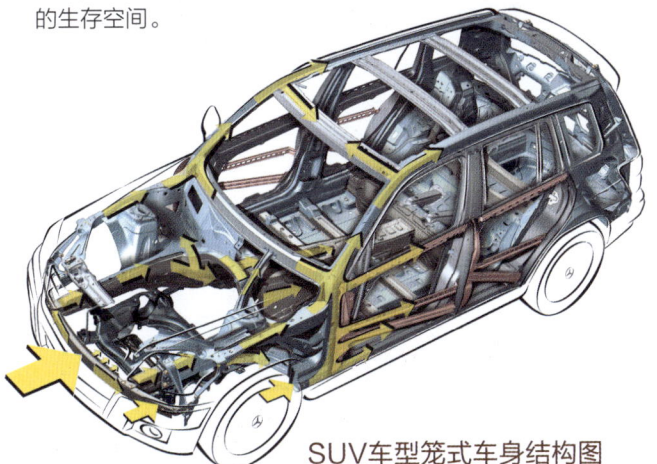

SUV车型笼式车身结构图

三厢轿车笼式车身结构图

吸能车身："弃车保帅"

就像快递盒里的蜂窝纸托，在车头和车尾的纵梁采用"褶皱"设计，构成"冲击溃缩区"。当遇到正面或后面的强烈碰撞时，这些区域会像手风琴一样有序折叠，吸收部分碰撞能量，减小和阻止传向驾乘舱的撞击力。

"褶皱"设计　　安全车身结构

碰撞前

碰撞后

吸能车身设计示意图

汽车正面碰撞测试

147

撞击力引导："化整为零"

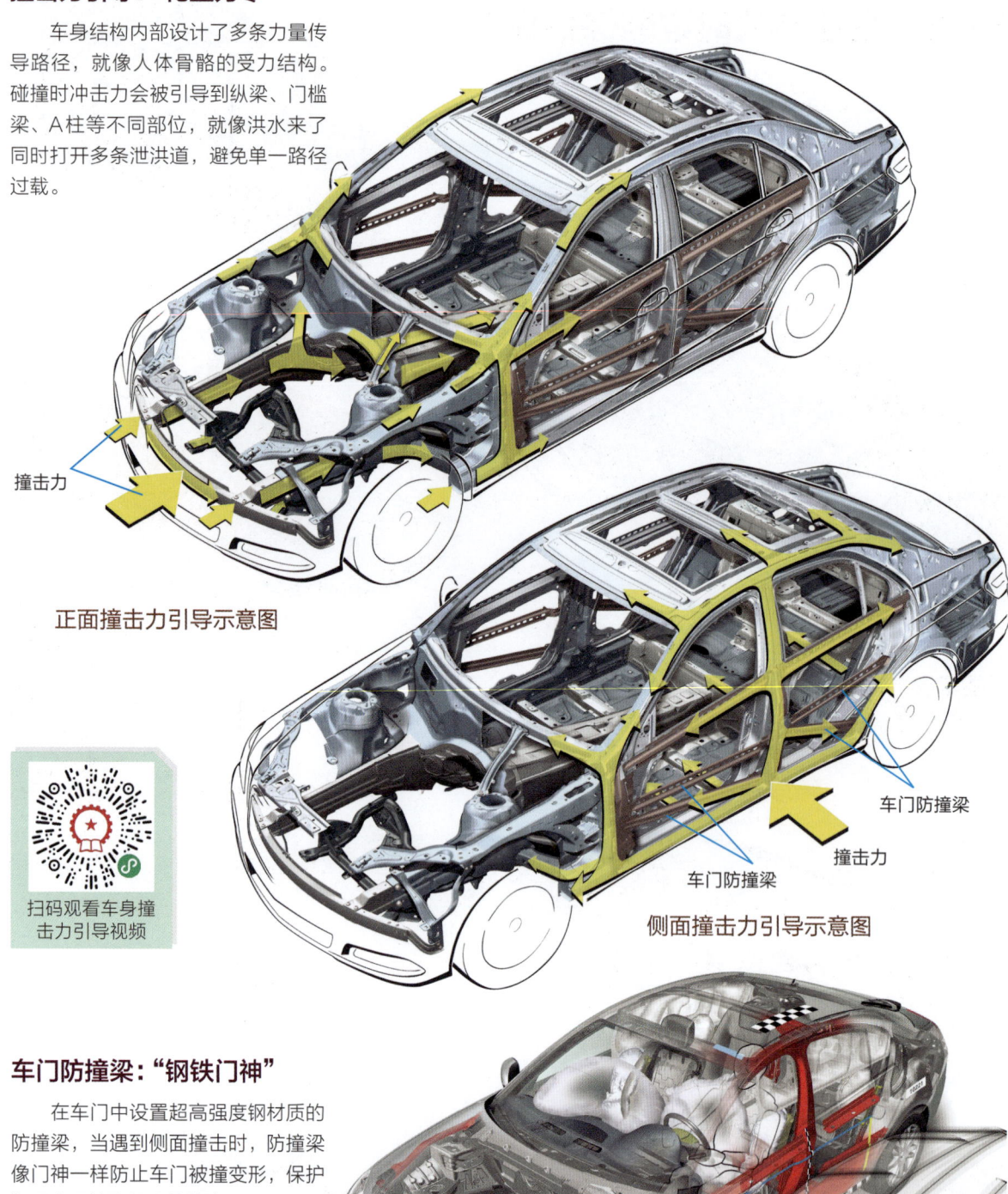

车身结构内部设计了多条力量传导路径，就像人体骨骼的受力结构。碰撞时冲击力会被引导到纵梁、门槛梁、A柱等不同部位，就像洪水来了同时打开多条泄洪道，避免单一路径过载。

正面撞击力引导示意图

扫码观看车身撞击力引导视频

侧面撞击力引导示意图

车门防撞梁："钢铁门神"

在车门中设置超高强度钢材质的防撞梁，当遇到侧面撞击时，防撞梁像门神一样防止车门被撞变形，保护驾乘人员的胸部不被伤害。

驾乘人员的胸部与车门之间的空间非常小，一旦车门被侵入，伤害将极重。

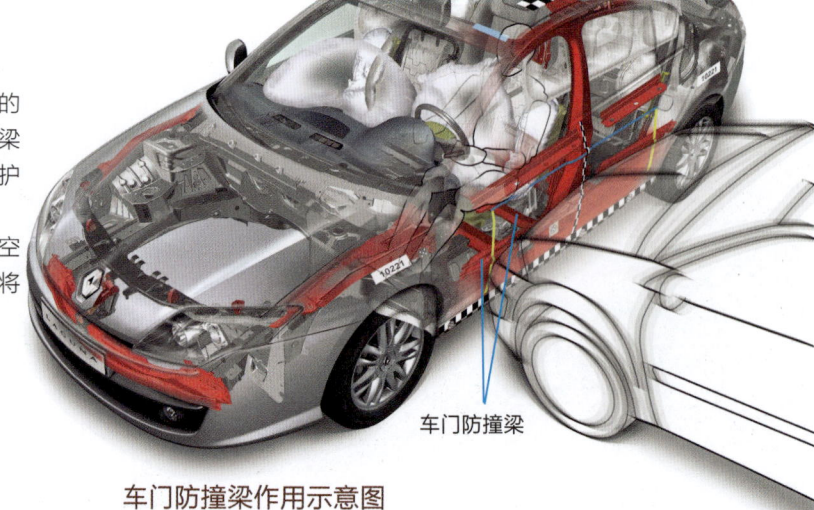

车门防撞梁作用示意图

安全带:"人体保险带"

就像游乐场过山车的安全压杆,当急制动或碰撞时,内部的锁止机构会像螃蟹钳子一样突然收紧,把乘员牢牢固定在座椅上。现代安全带还会配合气囊智能调节拉力,既保证安全又避免勒伤。

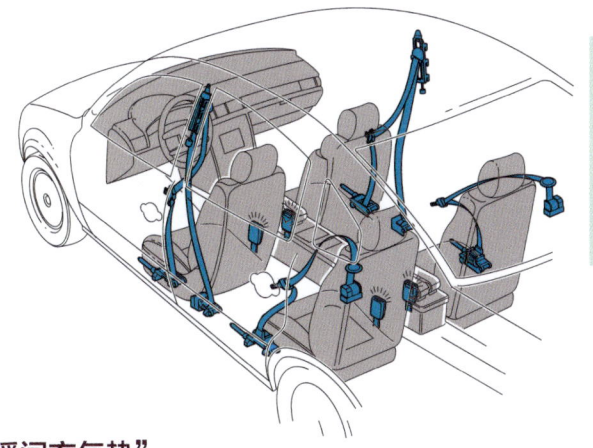

扫码观看后排系安全带视频

安全气囊:"瞬间充气垫"

安全气囊就像是一个藏在方向盘里的折叠气球,当碰撞传感器检测到相当于从3楼坠落的冲击力时,0.03s内就会用微型炸药引爆生成氮气,以比吹生日蜡烛还快100倍的速度充气,在乘员撞向硬物前形成缓冲层。

扫码观看汽车安全气囊视频

主动式头枕:"预防鞭打"

车辆被追尾时,座椅内部的机械连杆会自动推动头枕前移,像托住后脑勺的手掌,使头颈相对位移减少45%,有效预防头部弹回或"鞭甩"晃动而受伤。整个过程不需要电子元件参与。

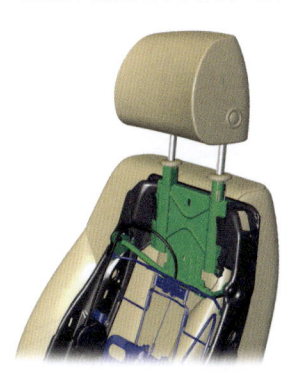

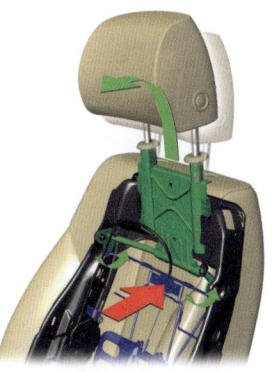

主动式头枕工作原理示意图

汽车冷知识

轿车中哪个位置最危险?

轿车中最安全的位置是驾驶人后面乘员的位置,而最危险的位置是前排乘员位置。

驾驶人在面对危险而采用应急措施时,通常都是本能地避开自己,而将前排乘员座位和右侧车身置于最危险境地。因此,前排乘员位置是最危险位置,通常安排陪护人员乘坐在此。

14.4 电动汽车为什么会着火？

元凶1：热失控

热失控是指由于自身反应产生的热量无法有效散发，导致动力电池内部温度不断升高，进而引发连锁反应和失控现象。锂离子电池容易产生热失控，因为它们含有易燃的液体电解质，一旦热失控开始，它会释放出大量的热量，这些热量像多米诺骨牌那样，会进一步破坏相邻的电芯，最终导致火灾。

元凶2：设计制造缺陷

如果动力电池的结构设计不合理，可能会导致动力电池内部的电极、电解液等组件之间发生异常反应，或因电路设计不合理而有太多电子元件同时从单个电路中汲取电力而使电路过载，这些都会导致动力电池组件过热，最终引发火灾。制造中的缺陷，比如应该保持正负极分开的隔膜失效时，就可能导致动力电池内部短路和随后的过热。

元凶3：高温环境

如果长时间暴露在高温环境中，或在高温环境下长时间行驶，动力电池的热管理系统无法有效散热，会导致动力电池内部过热。过热会加速动力电池内部的化学反应，当温度超过动力电池所能承受的极限时，就可能引发热失控，进而导致起火。

元凶4：过充电

充电系统的故障或者充电控制策略的不合理，可能会导致动力电池过充电。多余的能量会导致动力电池内部的电压过高，引发动力电池内部的电解液分解、电极材料结构破坏等问题，从而可能产生大量热量，最终引发火灾。

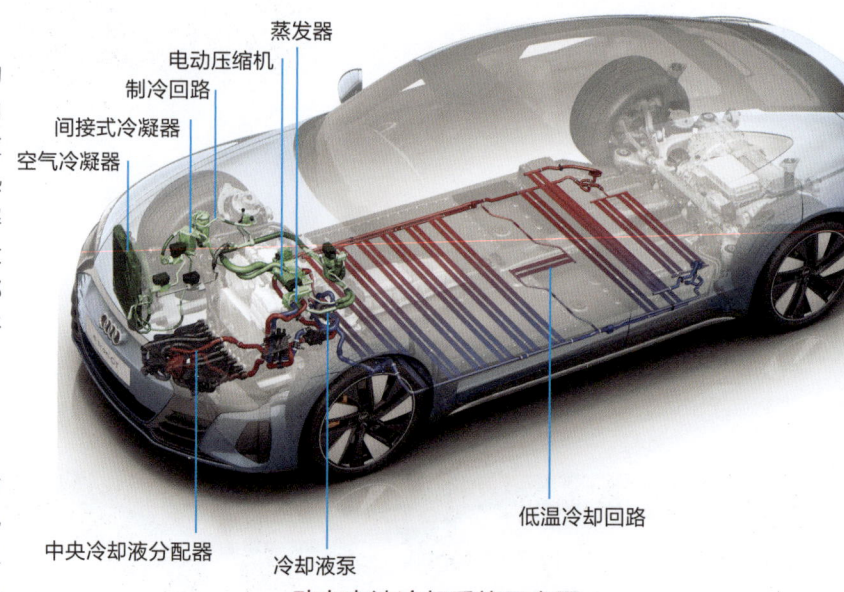

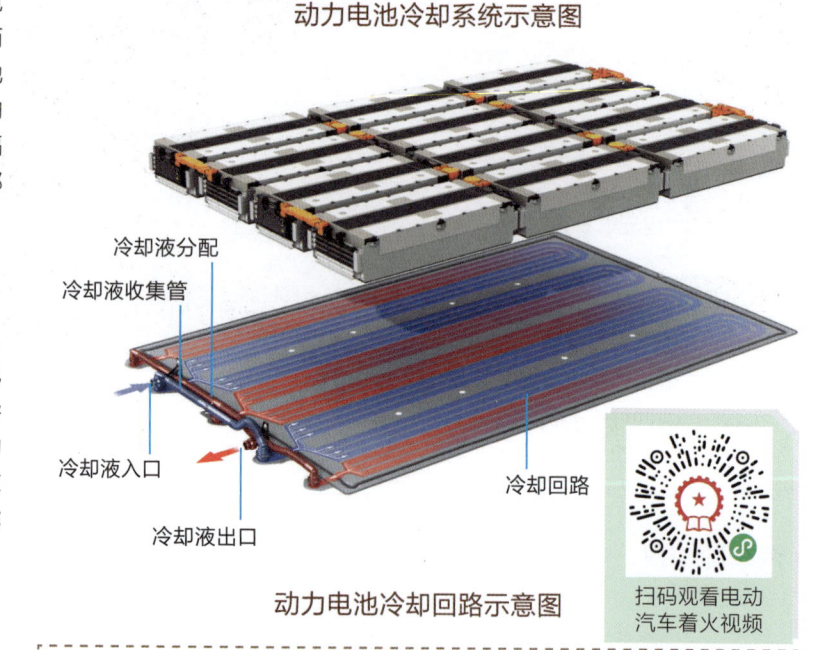

动力电池冷却系统示意图

动力电池冷却回路示意图

扫码观看电动汽车着火视频

车圈"黑话"解码

"针刺测试"

"针刺测试"是测试锂离子电池安全性能的一种方法，简单说来就是用钢针猛戳电池，看它会不会爆炸起火，相当于给电池做"抗极端短路能力考试"。

针刺实验用直径3~8mm的钢针（约铅笔芯到吸管粗细），以25~40mm/s的速度刺穿电池，人为制造最狠的短路场景，模拟车辆事故中金属碎片扎入电池包的极端情况。穿刺后持续观察1h，重点监测是否有冒烟/喷火（热失控）、电解液喷溅等现象。

元凶5：物理损坏

如果电动汽车的动力电池组受到物理损坏，例如在碰撞中或由于运输或安装过程中的粗暴处理，外部物体挤压、穿透动力电池时，动力电池内部的结构会被破坏。这可能会使动力电池的正负极直接接触，造成短路，短路瞬间产生的大量热量会引发火灾。

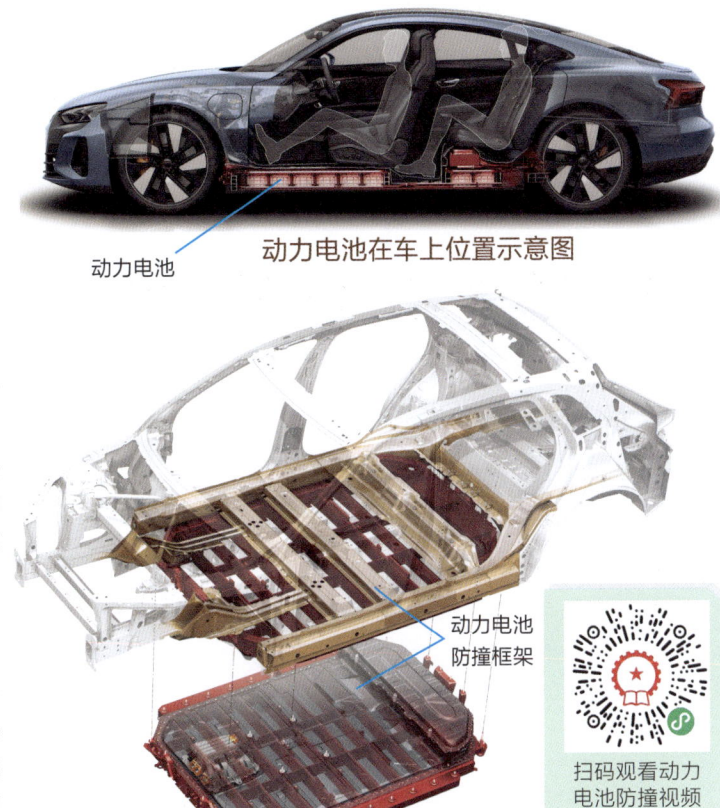

动力电池

动力电池在车上位置示意图

元凶6：电线故障

随着时间的推移，电动汽车的线路可能会因磨损、受潮或安装不当而出现故障。磨损的电线会引起电弧，这是一种通过空气的高温放电。这种电弧可以产生足够的热量点燃附近的易燃材料，如绝缘材料或车辆中的其他部件。

元凶7：动力电池老化

随着电动汽车使用时间的增长，动力电池会逐渐老化。动力电池老化可能会导致动力电池内部的隔膜破损、电极材料性能下降等问题。这些问题会使动力电池的安全性降低，容易出现内部短路等故障，进而引发火灾。不过动力电池老化引发火灾通常是一个渐进的过程，在动力电池使用后期更容易出现这种风险。

动力电池防撞框架

扫码观看动力电池防撞视频

动力电池防撞框架示意图

元凶8：外部火源

如果电动汽车暴露在外部火灾中，例如附近的车辆或着火的建筑物，热量会损坏电动汽车的部件，并可能点燃车内的易燃材料。此外，如果动力电池被外部火加热过多，也可能进入热失控。

动力电池包构造图

汽车冷知识

电动汽车起火怎么办？

不要试图自己灭火

试图用传统方法扑灭电动汽车火灾可能是危险的。由于动力电池火灾的化学性质，专业干预是必要的。优先考虑个人安全并立即呼叫紧急服务是至关重要的。

立即断开电源

在安全的情况下，立即断开电动汽车与任何充电站或电源的连接可以防止进一步的损坏。只有在安全的情况下，才应该谨慎地采取这一步。

远离和报警

个人的安全始终是最重要的考虑因素，应尽快远离车辆，因为动力电池释放的气体是有害的。立即报警并疏散火灾附近的人员。

CAR TEST

小白成长测验（第14级）

1）什么是笼式车身？
2）什么是主动安全性和被动安全性？
3）怎样评价汽车的安全性？
4）轿车中哪个座位相对最危险？
5）安全气囊通常在多长时间内起爆？
6）什么是电池热失控？

第15章 汽车怎样才能跑得聪明？

什么是智能网联汽车？自动驾驶是怎样分级的？自动驾驶是怎样实现的？
什么是驾驶模式？为什么一些汽车上要安装激光雷达？
OTA 是什么？什么是智能座舱？

15.1 汽车是怎样逐步变聪明的？

划重点：汽车变"聪明"的过程，类似一个婴儿成长为学霸的过程。

1 长出"眼睛耳朵"的阶段
（1980 年代 –2000 年代）

早期的汽车就像闭着眼睛走路的盲人，直到开始安装各种传感器。

倒车雷达
在1990年代普及的"倒车雷达"相当于后脑勺长出的触角探测障碍物。其实"倒车雷达"并不是"雷达"，它只是超声波传感器

胎压监测
在2000年代出现的胎压监测系统，像能感知"脚底起泡"的智能袜子，为防止爆胎和安全行车提供有效保障

雨量传感器
在2000年代普及的雨量传感器，如同自动感应雨伞，刮水器会自己起动并调节速度

这些基础感知能力，让汽车首次具备了"条件反射"式的反应能力。

2 装上"小脑"的阶段
（2000 年代 –2010 年代）

汽车内部出现了数十个电子控制单元（ECU），每个电子控制单元分别负责特定功能。

车身稳定系统
像平衡大师，通过对某个车轮上制动力的单独调整防止打滑

制动系统 ECU
相当于肌肉记忆，紧急情况时自动"点制动"（ABS）

动力系统 ECU
像心脏监护仪，实时调整加速踏板和变速器

此时汽车开始有了初步的协调能力，但各系统仍是"各自为政"。

3 诞生"大脑"的革命
（2010 年代至今）

特斯拉 Model S（2012年）带来了真正的车载计算机，相当于给汽车装上了思考中枢。

多传感器感知
摄像头+雷达组成"复眼"，能同时追踪8个方向的目标

芯片处理提速
芯片处理速度比手机快10倍，1s能完成5000次路况计算

信息存储量暴增
记忆存储相当于100本百科全书，记录着全路网信息

这时的汽车开始有了初步的自动驾驶功能，但只是相当于车上多了一位"副驾"。

你的汽车有多聪明？

自动驾驶功能是汽车最重要的智能化体现，因此一般按自动驾驶技术水平高低来划分智能汽车的智能级别。通常将自动驾驶技术水平划分为6个级别，从L0~L5，自动驾驶技术水平逐步提高，实际上是将驾驶权限逐步转让，直到最高级别的无人驾驶。

无人驾驶

完全自动驾驶
在全道路和全天候下，可由车辆完成所有驾驶操作，车内所有乘员可以从事其他活动甚至睡眠，不需要人员监控车辆的行驶状态

脑眼手脚

高度自动驾驶
由车辆完成所有驾驶操作，驾驶人无须保持注意力来监控车辆及周围情况，但对道路和环境条件还有一定的要求

脑眼手脚

有条件自动驾驶
车辆能够在大部分时间内代替驾驶人操作，但仍需驾驶人对车辆的运行状态进行监控，在必要时仍需要驾驶人接管车辆的操控

脑眼手脚

组合驾驶辅助
在驾驶人收到警告却未能及时采取相应行动时，车辆能够自动进行干预，如自适应巡航控制、车道保持等

脑眼手脚

部分驾驶辅助
车辆配备一些驾驶辅助系统，如定速巡航控制系统、变道警告系统等

脑眼手脚

完全人工驾驶
完全由驾驶人操作车辆，需要驾驶人脑、眼、手、脚并用

L0 级　L1 级　L2 级　L3 级　L4 级　L5 级

汽车智商越来越高

汽车自动驾驶等级示意图

扫码观看自动驾驶级别视频

5 向"智能终端"发展
（未来趋势）

汽车正在从"机械产品"转变为"智能终端"，2030年可能出现能主动帮车主规划行程、自动寻找充电桩，甚至参与交通调度的"出行管家"。

就像20年前我们无法想象手机能付款、打车一样，汽车的智能化将超出我们现在的想象边界。

4 学会"上网课"，远程升级
（2015年至今）

OTA 升级	云数据学习	高精地图	车联网
像手机系统更新，一些车型每年推送10+次软件升级	每辆车的驾驶数据上传云端供分享，形成集体智慧	获取实时路况如同查看"动态活地图"	车与车之间能"交头接耳"，提前300m预警危险

这时汽车的知识库像学生刷题一样持续积累经验，不断学习进步。

15.2 驾驶模式："性格切换键"

汽车的驾驶模式可以理解为车辆预设的"性格切换键"，通过调节发动机、变速器、方向盘、前照灯、制动系统和悬架等系统的协同工作方式，让同一辆车展现出不同的性能，适应不同路况和驾驶需求。

转向 可变转向助力

动态转向 可变转向传动比

加速踏板/发动机 可变动力性能

ACC 可变纵向加速性能

驾驶模式选项

减振控制 可变减振性能设定

运动差速器 可变横向转矩分配

排气系统 可变排气声音节奏

自动变速器 可变换档程序

汽车驾驶模式工作原理示意图

经济模式（ECO）："吝啬鬼"
　　降低加速踏板灵敏度+提前升档，相当于给车戴"节能手环"。系统会主动限制动力输出，加速踏板踩下1/3实际只给20%的动力。空调自动调低功率，启停系统更积极介入。
　　适合场景：城市拥堵路段大约可省油15%~20%，新手驾驶更平顺。

运动模式（Sport）："运动员"
　　唤醒车辆的"运动基因"，进入"备战"状态。转速保持2000r/min以上随时待命，降档响应提速约0.5s，方向盘变沉增强路感，悬架变硬减少侧倾。
　　适合场景：山路攻弯/高速超车时，动力响应能提升30%。

舒适模式（Comfort）："大沙发"
　　打造"移动沙发"般的乘坐体验。悬架自动软化，过滤60%以上的颠簸振动。加速踏板和制动踏板行程延长20%，减少顿挫感。
　　适合场景：长途驾驶/接送老人小孩，后排晕车概率降低50%。

特殊路况模式："越野老炮儿"
　　雪地模式：限制转矩输出，二档起步防打滑，相当于给轮胎穿"防滑鞋"。
　　越野模式：关闭ESP，锁定差速器，底盘升高变身"爬山虎"。
　　雨天模式：雨刮自动提速，大灯提前开启，ABS介入更积极。

智能模式（AI Drive）："神机妙算"
　　通过"车载摄像头+GPS"预判路况。识别到收费站前1km自动切换ECO模式。检测到连续弯道时提前激活运动模式。夜间行车自动增强近光灯亮度。

15.3 什么是智能网联汽车？

智能网联汽车像"会跑的手机"

智能网联汽车就像一台"会跑的大号手机"，它通过电子大脑（车载计算机）和各类传感器（相当于眼睛、耳朵），让传统汽车具备感知环境、自主决策和智能交互的能力。这类车不仅能载人出行，还能像贴心助手一样主动提供服务。

智能网联汽车又像一台"会思考的轮式机器人"，能智能驾驶帮你转向、制动和泊车（自动驾驶）；能连Wi-Fi与其他车辆或服务机构沟通，还能更新系统（OTA升级）和远程启动（远程控制）；能用语音控制、手势控制（智能座舱），甚至能为你设置导航并自动避开堵车路段（云端导航）。

智能网联汽车的核心技术

智能技术
1. 自动驾驶系统（ADS）　从L1~L5不同等级的自动驾驶功能。
2. 智能座舱（HMI）　人车之间交互方式实现变革，打造智能移动空间。

网联技术
3. 远程升级（OTA）　通过通信网络对车辆系统进行更新，不断提升性能。
4. 车联网（V2X）　与其他车辆及基础设施实时通信，实现远程控制。

智能≈汽车的"智商"

网联≈汽车的"情商"

智能网联电动汽车构造图

汽车冷知识

智能网联汽车VS传统汽车

动力来源不同
传统汽车依赖化石燃料，智能汽车采用清洁能源。

控制方式不同
传统汽车由人工操控，智能汽车实现自主驾驶。

功能定位不同
传统汽车是交通工具，智能汽车是智慧移动空间。

15.4 自动驾驶是怎样实现的?

划重点：模仿人类驾驶

智能汽车其实是模仿人类的驾驶思维，一看、二算、三操作，即"感知-决策-执行"这一流程，实现自动驾驶。

扫码观看汽车自动驾驶视频

感知系统像"千里眼"

摄像头就像人的眼睛，能够识别交通标志、车道线和前方障碍物。

毫米波雷达像是人的耳朵，用声波探测周围车辆的距离和速度，帮助汽车准确判断周围物体的位置。

激光雷达用激光扫描周围三维环境，就像一位精确的测绘师，能够绘制出三维环境图。

超声波传感器像人的触觉，近距离探测停车时的障碍物。

决策系统像"大脑"

高性能计算平台就像汽车的大脑，把摄像头、雷达的数据拼成一张"实时地图"，知道哪里是路、哪里有车。

决策系统会结合导航，考虑交通规则、行车安全等因素，规划出最优的行驶路径，决定什么时候转弯、变道、减速，避开障碍物。就像你开车时，脑子快速判断："前面有行人，得制动！"

执行系统像"手脚"

自动驾驶系统通过控制方向盘、加速踏板和制动踏板等部件，实现精准的驾驶操作。这些部件就像你的手脚，听大脑指挥操作汽车。这种控制比人类驾驶人更加精确和稳定。

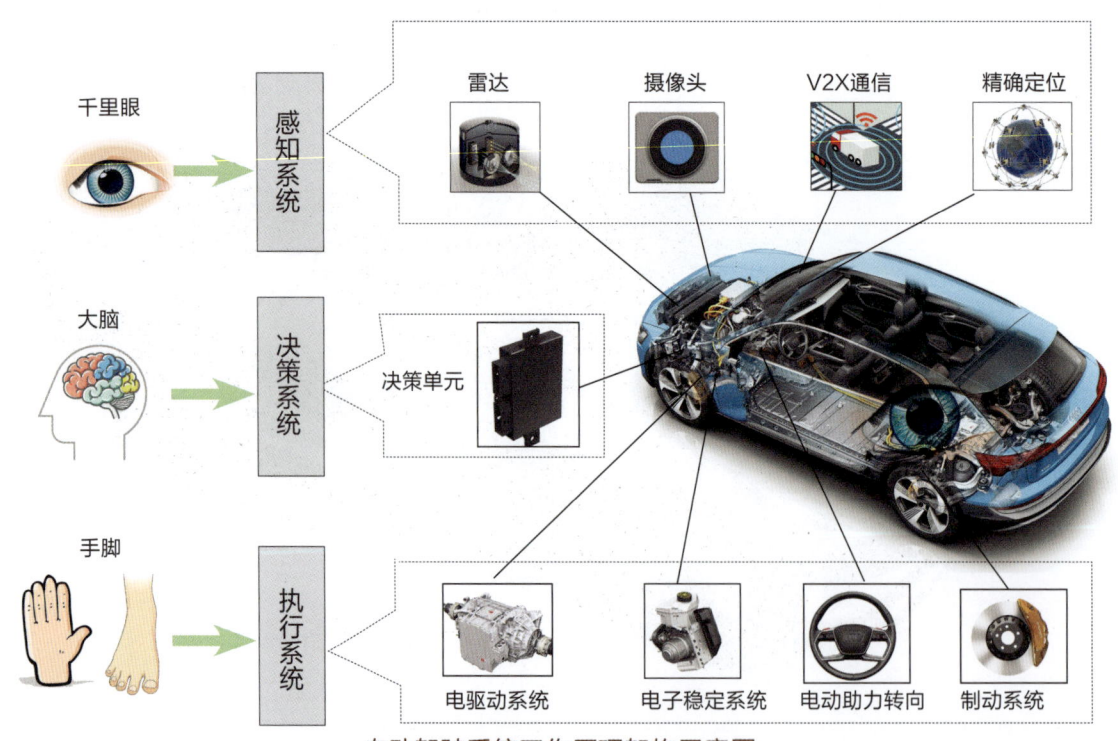

自动驾驶系统工作原理架构示意图

车圈"黑话"解码

"人工智能训练"

自动驾驶系统平时会"看"大量人类开车的视频，学习驾驶人的驾驶经验。比如遇到突然窜出的电动自行车，系统会模仿驾驶人紧急避让动作。这种训练学习就是"人工智能训练"。

汽车冷知识

为什么自动驾驶还没普及？

复杂路况难处理：比如修路临时改道、交警手势指挥。
极端天气干扰：大雨大雪时摄像头和雷达可能"看不清"。
安全问题：机器犯错后果严重，所以需要反复测试。

15.5 智能汽车的"眼睛"怎样看路?

划重点:感知系统≈汽车上的"电子眼"

自动驾驶汽车的感知系统就像人类驾驶人的眼睛和大脑结合体,不仅能"看",还能"识别"。

激光雷达(LiDAR):"三维扫描仪"

像蝙蝠用声波探测环境,激光雷达每秒发射百万束激光,通过反射时间计算距离。

激光雷达能生成厘米级精度的三维点云图,精准识别物体轮廓(如区分行人和电线杆),但遇雨雪天气可能影响精度,成本较高。

毫米波雷达:"全天候哨兵"

类似高速公路上的测速雷达,毫米波雷达通过无线电波探测金属物体,穿透雨雾能力强(比激光更适合恶劣天气),能在暴雨、大雾中探测200m外的物体,因此擅长测速(误差小于0.1km/h),主要用于自动跟车时保持安全距离,盲区监测防碰撞。

摄像头:"智能识别专家"

复眼系统:前视8K高清主摄+环视鱼眼镜头,像"人眼+后视镜"组合,能识别交通信号灯颜色(色盲也不会犯错)、读取限速标志、判断行人表情意图。其缺点是在夜间或强光下可能"眼花",需其他传感器辅助。

超声波传感器:"泊车小能手"

超声波传感器仿海豚声呐,发射高频声波探测近距障碍物,不论是不是金属,都可探测,主要适用于5m内的精细探测(相当于停车场的"触须"),自动泊车时主要使用超声波传感器,可避开低矮石墩等障碍物。

自动驾驶感知系统示意图

标注:360°环视摄像头、远程雷达、360°环视摄像头、前方摄像头、中程雷达、360°环视摄像头、夜视摄像头、超声波传感器、中程雷达、侧向超声波传感器、360°环视摄像头、侧向超声波传感器、中程雷达

汽车冷知识

各种"眼睛"是如何协同工作的?

当前主流车型配备10~32个各类感知传感器,就像驾驶人同时用眼睛观察、耳朵听声、皮肤感知振动来判断路况。它们就像是各有所长的侦探团队,遇到情况时会各尽所能,发挥各自长处。比如:

摄像头:"我看到前方30m有个红白相间的立柱,可能是限速牌。"
激光雷达:"目标物高度3.2m,直径25cm,金属材质。"
毫米波雷达:"目标静止,距离28.7m。"
系统综合判断:"确认是限速60km/h的标志,启动调速程序。"

15.6 什么是智能座舱?

划重点:智能座舱≈"智能管家"

智能座舱是指可以与人、路、车进行智能交互的座舱,利用人工智能等技术,提供触摸操作、语音控制、手势识别、面部识别等交互方式,保证驾乘人员获得舒适的环境和便捷的操作体验。智能座舱就像给车辆装了一个"智慧管家",把原本分散的按钮、屏幕、功能全都整合起来,变成一个更聪明、更贴心的"驾驶助手"。

智能座舱有哪些功能?

汽车的智能座舱就像给驾驶舱装了一个"聪明的大脑",把原本冷冰冰的机械空间变成了能与人互动的智能空间。

1 "一块大屏管所有"
传统汽车的中控台全是按键,现在变成一块大触摸屏甚至多块屏,像操作平板电脑一样控制音乐、地图、空调等功能,还能联网更新软件。

2 像智能手机一样的操作
通过人脸或指纹解锁车辆,通过语音调控一些功能,如导航、按摩、开窗、空调和音响等。

3 懂你的"驾驶管家"
上车后自动调节座椅位置、喜欢的音乐、空调温度等。开车犯困时提醒你休息,甚至根据路况推荐餐厅。

4 "手机和车无缝联动"
手机上的导航、歌单、App直接同步到车机,下车还能用手机远程查看车辆状态(比如车窗关没关),甚至提前起动空调。

5 "移动的娱乐空间"
副驾和后排都有独立屏幕,支持多屏互动(前排给后排分享电影);5G网络支持车载KTV、云游戏(比如用方向盘玩赛车游戏)。

6 应用场景举例
冬天早上上班,你靠近车辆时,它已经通过手机定位自动起动暖车,座椅加热到适宜温度。上车后说"去公司,走不堵车的路",系统会综合实时路况、你的驾驶习惯,规划出最优路线。途中收到微信会议通知,可以直接用车载系统接入,通话自动转为隐私模式。

汽车冷知识

语音唤醒词

汽车语音唤醒功能是一种通过语音识别技术,使汽车能够识别并执行用户语音指令的功能。当用户说出预设的唤醒词时,车载系统会启动并识别用户的语音命令,进而执行相应的操作,如导航设置、音乐播放、电话接听等。主流品牌汽车的唤醒词:

理想:"理想同学"
比亚迪:"你好,小迪"
吉利:"你好,吉利"
蔚来:"Hi NOMI"
小鹏:"你好,小P"
红旗:"你好,红旗"
长安:"小安,你好"
小米:"小爱同学"
五菱:"你好,小菱/五菱"
特斯拉:"特斯拉"
宝马:"你好,宝马"
梅赛德斯-奔驰:"你好,奔驰"
奥迪:"嗨,奥迪"
丰田:"你好,丰田"

15.7 什么是车联网？

划重点：让汽车变成"社交达人"

车联网是指车与云平台（V2I）、车与车（V2V）、车与路（V2R）及车与万物（V2X）的全方位网络连接、信息交流与共享。车联网技术让汽车能够与外界进行实时通信，获取最新信息，让汽车成为互联网的一部分，与外界互通互联，成为道路上的"社交达人"。

车联网支持哪些功能？

1. 和云服务器互联
实时更新路况，提前避开拥堵，像有个千里眼。当检测到前方交通事故时，系统会自动规划新的路线。

2. 远程控制车辆起动/熄火
夏天出门前用手机起动空调，上车就是凉爽的感觉；或者在寒冷的冬天，你可以提前打开车内暖气。

3. 车与车对话
前车紧急制动，你的车会提前预警，比人反应快10倍。

4. 与手机互联
手机没听完的播客，上车自动续播。

5. 支持远程升级
就像给手机安装新系统一样，车辆的功能可以通过网络不断更新改进。

车圈"黑话"解码

"感知融合" "单车智能" "车路协同"

"感知融合"指车辆通过摄像头、雷达、激光雷达等多种传感器获取数据，并进行融合处理，以更准确地识别周围环境。

"单车智能"是指通过车辆自身安装的传感器（如雷达、激光雷达、摄像头等）对周边环境进行感知、决策和执行。

"车路协同"指通过车辆与道路设施（摄像头、雷达等）实时联网，共享位置、路况等信息，让车与路"智能对话"。例如前方事故，路侧设备会提前预警车辆减速；红绿灯自动调节时长疏导车流，提升通行效率与安全。